역사에 대한 접근도 마찬가지입니다. 이제는 '왜?'라는 생각을 떠올릴 수 있어야 제대로 한국사를 공부하는 학생이 됩니다. '몇 년도에 무슨 일이 있었다.'라는 사실보다 당시 사람들이 왜 그러한 선택을 했는지에 대해 생각하는 것이 중요하지요. 과거 조상님들의 판단에 대해 그 배경과 결과까지 전체적인 흐름을 잡을 수 있어야 합니다.

이 책은 아이들에게 한국사를 잘하려면 요점 정리를 보며 암기하라고 강요하지 않습니다. 오히려 무작정 외우는 것은 가장 나쁜 공부법이라 말하고 있어요. 책을 읽으며 정보만 얻는 것이 아니라 책을 통해 저자와 대화하며 우리 역사에 대해 이해할 수 있는 시간이 되길 바랍니다. 우린 책을 읽지만, 분명 많은 이야기를 나누는 시간이 될 거예요.

선생님은 여러분과 우리 역사에 대해 수다를 떨고 싶습니다.

저자 **김경섭**

〈왕으로 읽는 초등 한국사〉 소개

어떤 책인가요?

약 70만 년 동안 이어졌고, 지금 이 순간에도 흐르고 있는 한국사의 시간. 우리는 이렇게 많은 양을 어떻게 공부해야 할까요?

☑ **Point 1 역사의 기본은 흐름!**

역사는 일반적인 암기 과목과 달리 시대의 흐름에 따라 학습해야 합니다.

일반적인 학습법

각 시대별로 중요한 사건들을 나열해 암기합니다.

하지만, 단순히 사건을 나열해 암기하는 것만으로는 왜 이러한 사건이 일어났는지 이해하기 어렵습니다.

☑ **Point 2 각 시대를 이끈 인물!**

역사의 흐름을 파악하기 위해서는 각 시대의 주요 인물을 알아야 합니다.

일반적인 학습법

각 시대의 주요 인물들이 어떠한 업적을 남겼는지 암기합니다.

하지만, 어떤 인물을 중심으로 학습해야 효과적으로 역사의 흐름을 파악할 수 있을지 판단하기 어렵습니다.

한국사를 처음 접하는 어린 학생들이 이 두 가지를 파악해서 학습할 수 있을까요?
〈왕으로 읽는 초등 한국사〉는 바로 이 고민에서 출발했습니다.

어린 학생들이 한국사를 처음 접할 때
그 시대 사람들의 삶을 자연스럽게 이해하고, 술술 읽으며 재밌게 공부할 수 있도록

'왕' 에서 시작합니다.

오호라,
구성이 좋군.

왕으로 시대의 중심을 잡아 주어
한국사의 큰 틀을 학습할 수 있습
니다.

왕을 중심으로 관련 인물과 사건이
자연스럽게 연결되도록 구성했습
니다.

스토리텔링 방식의 설명으로 쉽게
공부하는 동시에 문해력을 향상시
킬 수 있습니다.

저자 선생님의 강의를 통해 좀 더
풍부한 학습이 가능합니다.

※엘리하이 저자 직강 교재

왕으로 읽는
초등 한국사

이 책의 구성과 특징

준비해 볼까요?

역사는 흐름이 중요합니다. 선생님의 길잡이와 각 시대별 주요 왕을 미리 확인하고 어떤 왕을 중심으로 시대가 흘러가고 있는지 확인해 봅시다.

선생님의 길잡이

각 장을 시작하기 전에 어떤 내용을 배울지, 어떤 부분을 중심으로 공부해야 할지 생각해 볼 수 있어요.

6장

세계 속의 조선을 꿈꿨던 사람들

01 우리 조선이 달라졌어요!

02 영조와 정조의 같은 꿈? 어쩌면 다른 꿈!

03 정조의 죽음, 선장을 잃은 조선호

04 난 왕이 아니야. 하지만 내 아들은 왕이지.

05 이제 새로운 조선이 시작될 거예요.

06 백성이 없는 나라 본 적 있나요?

07 왕으로 안 되면, 황제로 해 보자.

❝ 안타깝게도 이번 장에서는 무너지는 조선을 공부할 거예요. 당시 국제 사회에서 조선이 약소국에 해당하는 건 어쩔 수 없는 사실이었어요. 하지만 그렇다고 우리가 아무런 저항조차 하지 않고 순순히 나라를 넘긴 것은 아니었습니다. 무너져 가는 나라를 지키기 위해 목숨을 바치고 희생하신 분들에 대해 생각해 보는 시간이 되길 바랍니다. ❞

King's Road

각 장의 첫 페이지에서 시대별 주요 왕을 미리 확인하고,
어떤 왕을 중심으로 공부해야 할지 생각해 볼 수 있어요.

공부해 볼까요?

많은 사건과 인물로 복잡한 역사! 걱정하지 마세요. 선생님의 수업을 듣는 듯한 스토리텔링 방식으로 설명했어요. 어려운 내용도 쉽게 학습해 봅시다.

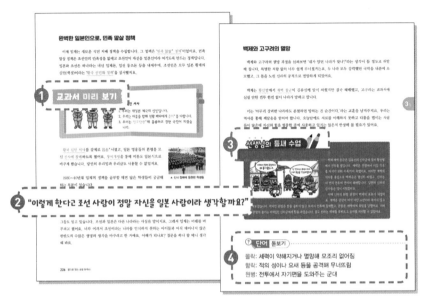

❶ 교과서 미리 보기

본문과 관련된 교과서 내용과 역사 사료 등을 확인할 수 있어요.

❷ 틈새 질문

본문 중간에 주어진 질문에 혼자 생각해 보며 사고력을 기를 수 있어요.

❸ 선생님의 틈새 수업

추가적으로 알아 두면 좋을 사건과 개념 등을 함께 배울 수 있어요.

❹ 단어 돋보기

어려운 단어는 따로 모아 풀이했어요. 몰랐던 단어도 공부할 수 있어요.

정리해 볼까요?

열심히 공부했나요? 마지막으로 확인 문제와 한 장 정리로 공부한 내용을 완벽히 내 것으로 만들어 봅시다.

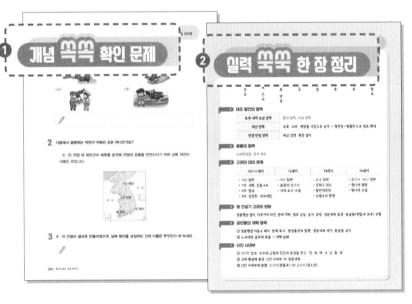

❶ 개념 쏙쏙 확인 문제

간단한 확인 문제를 풀어 보며 배운 내용을 확인할 수 있어요.

❷ 실력 쏙쏙 한 장 정리

핵심 개념만 모아 간단히 정리했어요. 정확하게 이해했는지 다시 한 번 확인할 수 있어요.

이 책의 차례

1장

" 안녕하세요~ 앞으로 우리는 한반도에 사람이 살기 시작하면서부터 지금까지 약 70만 년이라는 꽤 오랜 시간을 함께 공부할 거예요. 그렇다고 너무 걱정하지는 말아요. 69만 8천 년의 시간은 1장에서 끝이 난답니다! "

King's Road

?~?
단군왕검

BC 69~4년
박혁거세

단군왕검, 그가 남긴 우리 역사의 첫걸음

?~?
주몽

?~28년
온조

?~199년
김수로

언제부터 사람들은 한반도에 살았을까?

역사의 기준, '문자'

오늘날 우리가 과거에 존재했었던 사람들의 삶의 흔적을 알 수 있는 방법은 두 가지가 있어요. 조상들이 남긴 유물이나 유적을 토대로 그들의 삶을 추측하거나 조상들이 남긴 기록을 해석하는 것입니다. 이를 바탕으로 인간의 역사도 두 가지로 나뉘게 됩니다. 문자의 유무에 따라 선사 시대와 역사 시대로 구분하지요. 문자가 쓰이기 전을 선사 시대, 문자가 쓰인 이후를 역사 시대라 부릅니다.

선사 시대의 사람들은 문자를 사용할 지적 능력을 갖추지 못했기 때문에 기록을 남기지 못했어요. 게다가 상당한 시간이 흘러서 그들에 대한 자료는 거의 없고, 우리는 지금까지 남아있는 소수의 유물과 유적을 토대로 당시의 삶을 추측해 볼 뿐입니다. 특별한 몇 가지를 제외하면 그들의 삶에는 커다란 변화가 자주 있지는 않았어요.

약 70만 년 전 처음으로 한반도에 사람들이 살기 시작한 이후 우리 민족 최초의 국가인 고조선이 수립*되어서야(BC 2333) 비로소 역사 시대가 시작됩니다. 그 전까지 이 땅에 선사 시대는 약 69만 5천 년이나 지속되었어요.

바위에서 떼어낸 '뗀석기'

선사 시대는 사람들이 사용했던 도구에 따라 구석기 시대와 신석기 시대로 구분합니다. 우리 역사에서 구석기 시대는 약 70만 년 전에 처음 시작돼요. 이 시기 한반도에 살았던 사람들에게는 생존이 가장 중요한 문제였어요. 그들은 의식주*를 해결하는 것에 모든 관심을 쏟았습니다. 특히 먹을 것을 구하는 일이 첫 번째 과제였는데, 열매를 채집하거나 물고기를 잡고, 동물을 사냥해 식량을 구했습니다.

이러한 작업들을 맨손으로 하는 것이 어렵다는 것을 깨닫자 그들은 자연스럽게 커다란 바위에서 떼어낸 날카로운 돌을 도구로 사용했습니다. 우리는 이것을 <u>뗀석기</u>라 불러요.

한 지역의 동식물을 어느 정도 소비하면, 사람들은 다른 지역으로 이동을 했어요. 끊임없이 <u>이동 생활</u>을 했기 때문에 튼튼한 집보다는 잠시 몸을 보호하고 휴식을 취할 수 있는 공간이면 충분했습니다. 사람들은 주로 <u>바위그늘</u>이나 <u>동굴</u>에서 생활했고, 때때로 <u>막집</u>을 짓기도 했어요. 그리고 동물의 가죽을 걸쳐 몸을 보호하거나 추위를 피했습니다.

선생님의 틈새 수업

기원전, 기원후는 무엇일까요?

기원전(BC)	기원후(AD)
예수님의 탄생	

역사를 공부하다 보면 '기원전(BC)', '기원후(AD)'라는 용어를 만나게 됩니다. 기원전, 기원후는 우리가 사용하는 시간의 개념이에요. 여러분은 몇 년도에 태어났나요? 그리고 이 책으로 공부하고 있는 지금은 몇 년도인가요? 이렇게 우리가 사용하는 시간에는 기준이 있습니다. 인류가 살아온 수많은 시간의 흐름에서 어느 한 시점을 기준으로 삼고 계산을 하게 되었지요.

오늘날 우리가 일반적으로 사용하는 시간의 기준은 예수님의 탄생입니다. 이는 서양의 관점에서 정립되었는데, 현재 대부분의 국가가 사용하고 있어요. 예수님의 탄생을 기준으로 그 이전을 '기원전(BC)', 이후를 '기원후(AD)'라 표현합니다. BC는 영어 'Before Christ(그리스도 이전)', AD는 라틴어 'Anno Domini(그리스도의 해)'의 약자예요. 이 책에서는 기원전을 BC로 표시하고, 기원후는 연도만 표시할게요.

? 단어 돋보기

수립: 국가나 정부, 제도, 계획 등을 이뤄서 세움
의식주: 인간 생활에 필요한 세 가지 기본 요소로 옷, 음식, 집을 통틀어 이르는 말

갈아 만든 도구 '간석기'

▲ 갈판과 갈돌

약 1만 년 전 사람들은 돌을 갈아서 도구를 만들기 시작합니다. 우리는 이것을 간석기라 부르지요. 날카롭고 단단한 도구를 만들기 위해 돌을 갈았다는 건 단순히 구석기에서 신석기로 시대가 바뀐 것을 넘어 드디어 사람들이 '생각'을 하기 시작했음을 나타냅니다. 이전 시대를 살았던 사람들이 본능에 의한 삶을 살았다면, 지금부터는 이성*이 등장하게 된 것입니다.

떼석기는 사실 단단한 도구는 아니었어요. 커다란 바위에서 약한 부분을 부수어 떼어내 만든 도구였거든요. 그래서 단단한 바위는 부실 수 없었지요. 좀 더 튼튼하고, 여러 용도에 맞는 도구를 만들기 위해 단단한 돌을 갈아야 한다는 생각을 하는 데는 무려 69만 년의 시간이 필요했답니다.

농경과 목축의 시작

사람들이 생각을 하게 되면서 삶의 모습은 다양하게 변화합니다. 가장 큰 변화는 '신석기 혁명*'이라 불리는 농경과 목축의 시작이에요. 사람들은 조, 피, 수수 등을 농사짓고, 가축을 기르기 시작했어요.

이제부터는 식량 문제를 자연에만 의존하는 것이 아니라 인간의 힘으로 해결하기 시작했다는 의미입니다. 식량을 구하기 위해 이동을 할 필요가 없어진 사람들은 자연스럽게 강가나 해안가에 정착 생활을 하게 됩니다.

한곳에 정착해 살아간다면, 제대로 된 집도 필요하겠지요? 사람들은 움집을 만들어 생활했어요. 또한, 뼈바늘과 가락바퀴를 이용해 옷을 만들어 입었고요, 음식을 만들고 식량을 저장하기 위해 빗살무늬 토기도 만들어 사용했답니다.

▲ 가락바퀴

▲ 빗살무늬 토기

? 단어 돋보기

이성: 생각하는 능력으로, 인간을 다른 동물과 구별시켜 주는 인간의 본질적 특성
혁명: 이전의 방식을 단번에 깨뜨리고 더 유용한 방향으로 새로운 것을 급격하게 세우는 일

1 다음 그림 속 등장인물이 했을 말로 옳지 <u>않은</u> 것은 무엇인가요?

① "우리 가족은 움집에 모여 잠을 자요."
② "사냥이나 채집, 낚시를 통해 먹을 것을 얻습니다."
③ "내일은 언덕 너머 새로운 동굴로 이사를 갈 거예요."
④ "커다란 바위에서 떼어낸 돌을 도구로 사용하고 있어요."

2 인간의 역사를 선사 시대와 역사 시대로 구분하는 기준은 무엇인지 써 보세요.

3 다음에서 설명하는 시기의 사람들이 사용했던 유물이 <u>아닌</u> 것은 무엇인가요?

농경과 목축의 시작으로 사람들이 정착 생활을 하게 되었습니다.

①
가락바퀴

②
주먹도끼

③
빗살무늬

④
갈판과 갈돌

02

이제 세상은 더 이상 평등하지 않아!

최초의 금속, 청동의 등장

BC 2000년경, 최초의 금속인 청동이 등장하면서 청동기 시대가 시작됩니다. 구리와 주석의 합금*인 청동은 제작 방법을 아는 사람들도 적었고, 제작 방법을 알아도 구리와 주석이라는 재료를 모두 가지고 있어야만 만들 수 있는 매우 희소*한 도구였어요.

청동기 시대의 가장 큰 특징은 불평등의 시작입니다. 구석기 시대와 신석기 시대에 사용되었던 뗀석기와 간석기는 주변에서 쉽게 구할 수 있는 돌로 만들었기 때문에 누구나 가질 수 있었지만, 청동은 그렇지 못했습니다. 청동을 가진 자와 갖지 못한 자가 구분되면서, 청동을 가진 소수의 사람들이 갖지 못한 다수를 지배하게 되었습니다. 이로 인해 청동기 시대에 계급이 발생하고, 국가가 나타나게 되었지요. 우리나라 최초의 국가인 고조선도 청동기 시대에 세워졌어요.

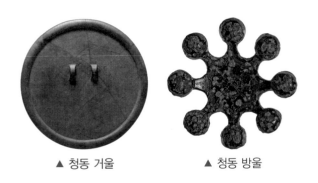

▲ 청동 거울　　　▲ 청동 방울

대표적인 청동기 유물로는 비파형 동검과 청동 거울, 청동 방울이 있어요. 이렇듯 청동은 지배층의 무기와 장신구로 사용되었습니다. 그리고 하늘에 제사를 지내는 도구로도 사용되었어요. 이건 매우 중요한 개념이고요, 한국사와 세계사에서 공통으로 나타나는 현상이기도 합니다.

피지배층을 위한 청동기가 없었다는 것을 꼭 기억해 줘요.

❓ **단어** 돋보기

합금: 하나의 금속에 성질이 다른 하나 이상의 금속이나 금속이 아닌 것을 섞어서 녹여 새로운 성질의 금속을 만듦
희소: 매우 드물고 적음

벼농사의 시작과 국가의 출현

▲ 반달 돌칼

시간이 흐르면서 점차 농업이 발달했고, 사람들은 벼농사를 짓기 시작했습니다. 조, 피, 수수 등을 농사지었던 신석기 시대에는 사냥이나 채집에도 많은 비중을 두었지만, 청동기 시대에는 벼농사가 시작되면서 본격적인 농경 사회로 접어들게 돼요. 주로 농업을 담당했던 피지배층은 여전히 석기를 사용했어요. 이들은 반달 돌칼을 이용해 곡식을 수확했습니다. 식량 생산의 증가와 청동기의 사용으로 사람들의 다툼은 빈번해졌고, 계급의 발생은 가속화*되었습니다.

그럼, 우리 여기서 하나만 생각해 봅시다.

"계급은 갑자기 발생했을까요?"

역사를 공부할 때 어떤 공식이나 계산을 통해 정답을 찾으려는 학생들이 있습니다. 역사는 사람들이 살아가는 모습을 살펴봐야 해요. 사람들은 단순히 하나의 원인으로 하나의 결과를 만들어 내지 않습니다. 다양한 사건들이 복합적으로 영향을 미쳐 전혀 예상하지 못했던 결과를 이끌어 내지요.

학교에서 친구의 장난에 화를 냈던 경험이 있나요? 친구는 매번 비슷한 장난을 하는데, 그때의 기분에 따라 넘어가기도 하고 또는 화를 내기도 했을 겁니다. 시험을 잘 봐서 부모님과 선생님께 칭찬을 받아 기분이 좋은 날이었다면 친구의 장난을 웃어 넘겼을 테지만, 늦잠을 자서 부모님께 잔소리를 듣고 지각까지 해 선생님께 혼이 난 상황이라면 짜증을 냈을 거예요. 즉, 그때 나의 행동은 단순히 친구의 장난으로만 만들어진 결과가 아니라는 거예요. 역사는 사람들의 선택을 공부하는 과목입니다. 사람들의 선택을 이해하려면 단순히 한 사건을 살펴보는 것이 아니라, 이처럼 전체적인 상황을 이해할 수 있어야 해요.

이 이야기가 이해가 됐다면, 이제 다시 청동기 시대로 돌아와 봅시다. 벼농사의 발달과 청동기의 사용이 공통적으로 사람들에게 영향을 미친 결과 계급이 발생하고 국가가 출현하게 된 거예요. 이 과정을 이해하는 것이 중요합니다. '청동기 → 벼농사 → 계급 발생 → 국가 출현'이 아니라 '청동기 + 벼농사 → 계급 발생 + 국가 출현'이라는 것을 꼭 기억해 줘요.

권력의 상징, 고인돌

고인돌은 지배자의 무덤이에요. 대부분의 사람들은 고인돌을 사진으로만 보기 때문에 실제 크기를 정확히 알지 못합니다. 고인돌은 여러분이 생각하는 것보다 훨~씬 더 커요.

현재 세계에서 가장 큰 고인돌은 우리나라 경남 김해시 구산동에 있는 고인돌이며, 무게는 약 350톤 정도 됩니다. 크기에 따라 차이가 있겠지만, 일반적으로 고인돌을 제작하려면 건강한 성인 남자 500~2500명 정도가 필요하다고 알려져 있습니다.

즉, 고인돌의 주인은 무덤을 만들기 위해 하루에 500~2500명 정도를 동원*할 수 있는 힘을 가졌다는 뜻이지요. 따라서 고인돌은 계급이 발생했음을 알려 주는 중요한 증거가 된답니다.

❓ **단어** 돋보기

가속화: 속도를 더하게 됨
동원: 어떤 목적을 이루기 위해 사람을 모으거나 물건, 방법 등을 한곳에 집중함

1 다음 중 인류가 사용한 최초의 금속은 무엇인가요?

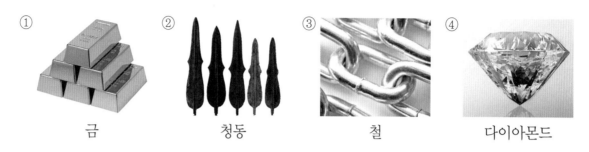

① 금　　　② 청동　　　③ 철　　　④ 다이아몬드

2 다음 선생님의 질문에 올바른 대답은 무엇인가요?

이 유물을 통해 알 수 있는 역사적 사실은 무엇인가요?

고인돌

① 계급이 발생했음을 알 수 있어요.

② 사람들의 이동 생활을 알 수 있어요.

③ 벼농사가 시작되었음을 알 수 있어요.

④ 사람들이 문자를 사용했음을 알 수 있어요.

3 청동기 시대에 곡식을 수확하기 위해 사람들이 사용했던 농사 도구는 무엇인지 써 보세요.

03 우리 민족 최초의 국가가 출현하다!

고조선의 건국과 단군왕검 이야기

서양 역사의 시작이 그리스·로마 신화라면 우리 역사의 시작은 단군왕검 이야기라 할 수 있습니다. 혹시 여러분은 단군왕검 이야기를 알고 있나요? 우리 먼저 한번 읽어봅시다.

교과서 미리 보기

아주 오랜 옛날 하늘나라를 다스리는 환인의 아들 환웅이 어지러운 인간 세상으로 내려와 널리 인간을 이롭게 하고자 했다. 이에 환인은 환웅의 뜻을 허락했고, 환웅은 비, 바람, 구름을 다스리는 신하와 무리 3000여 명을 이끌고 태백산 꼭대기 신단수 아래로 내려왔다. 환웅은 그곳을 신시라 부르고 곡식, 질병, 형벌 등 360여 가지 인간의 일을 다스리기 시작했다.

그러던 어느 날, 곰과 호랑이가 찾아와 인간이 되길 빌자 환웅은 그들에게 쑥과 마늘을 주며 '이것을 먹고 100일 동안 햇빛을 보지 말거라.'고 말했다. 동굴로 들어간 곰과 호랑이는 쑥과 마늘만 먹으며 햇빛을 보지 않고 지냈으나, 결국 호랑이는 참지 못하고 뛰쳐나갔다. 하지만 곰은 잘 참아내 21일 만에 여자로 변했다. 여자가 된 곰은 환웅과 결혼해 자식을 낳

았는데, 이 사람이 바로 단군왕검이다. 단군왕검이 자라서 아사달에 도읍*을 정하고 나라를 세우니 그 나라가 바로 조선이었다.

— 단군왕검 이야기(『삼국유사』) —

? 단어 돋보기

도읍: 그 나라의 수도를 정함

대부분의 친구들은 단순한 옛날이야기 정도로 생각하겠지만, 이 이야기 속에는 고조선에 관한 엄청난 비밀이 숨겨져 있답니다. 마치 지도 안에 숨겨진 비밀을 풀어야만 찾을 수 있는 해적들의 보물 지도처럼 말이에요.

그럼 지금부터 단군왕검 이야기 속 고조선의 비밀을 하나씩 파헤쳐 볼까요?

단군왕검 이야기 속에 숨겨진 첫 번째 비밀은 바로 '출생의 비밀'입니다. 단군왕검은 환웅의 아들이었어요. 그럼 환웅은 누구일까요? 환웅은 환인의 아들입니다. 환인은 하늘나라를 다스리는 신이고요. 즉, 단군왕검은 신의 손자예요. 그는 평범한 사람이 아니라 신의 피를 물려받은 특별한 존재입니다. 고조선은 신의 선택을 받은 국가인 거지요. 우리는 이것을 <u>선민사상</u>이라 부릅니다. 신의 선택을 받았다는 것은 다른 사람보다 우월하다는 뜻이고, 그렇기 때문에 주변의 다른 부족들을 정복하는 것이 당연하다는 논리적 근거가 됩니다. 고조선은 엄청난 우월감을 지닌 국가였어요.

두 번째 비밀의 열쇠는 '<u>비, 바람, 구름의 신</u>'입니다. 왜 환웅은 하늘나라의 수많은 신 중에서 하필이면 비, 바람, 구름의 신을 데리고 갔을까요? 만약 나에게 선택권이 주어진다면 어떤 신을 데리고 갈지 생각해 봅시다. 맛있는 음식을 먹기 위해 하늘나라 최고의 요리사를 데려가는 건 어떨까요? 멋진 옷을 만들어 줄 수 있는 신을 데려갈 수도 있겠지요. 하지만 환웅은 우리와 다른 선택을 했습니다. 왜일까요?

이건 당시 사람들에게 가장 중요하고 가치 있는 것이 비, 바람, 구름이라는 뜻이에요. 환웅의 선택은 고조선이 농경 사회였음을 알려 줍니다. 농사는 날씨에 따라 풍년과 흉년으로 결과가 달라져요. 비, 바람, 구름은 날씨를 결정하는 중요한 요소이고요. 사람들의 생존이 걸린 중요한 문제였기 때문에 환웅은 당연히 비, 바람, 구름의 신을 선택한 것입니다.

세 번째 비밀은 '곰과 호랑이'입니다. 단군왕검 이야기에서 곰이 쑥과 마늘을 먹고 사람이 되었다는 것은 진짜 곰이 사람이 되었다는 말이 아니에요. 곰을 믿는 부족과 호랑이를 믿는 부족이 있었는데, 그중 곰을 믿는 부족이 하늘의 신을 섬기는 부족과 힘을 합쳐 단군왕검을 만들었다는 것을 의미합니다. 특정 동물을 믿는 사상은 어려운 말로 토테미즘이라 불러요.

네 번째 비밀은 '고조선의 건국 이념*'이에요. 환웅이 널리 인간을 이롭게 하려고 인간 세상에 내려온 것을 기억하나요? 단군왕검은 아버지의 뜻을 물려받아 고조선을 건국했습니다. 즉, 고조선은 널리 인간을 이롭게 한다는 의미의 홍익인간을 실천하기 위해 만들어진 국가인 거지요.

마지막 비밀은 충격을 받는 친구들이 많을 것 같네요. 단군왕검은 사람의 이름이 아니라 관직의 이름입니다. 왕이나 대통령과 같은 관직을 고조선에서는 단군왕검이라 불렀습니다. 단군은 제사장, 왕검은 정치적 지배자를 뜻하는데, 고조선은 한 사람이 제사장과 정치적 지배자를 동시에 맡았다는 것을 의미합니다. 이는 고조선이 강력한 왕권이 확립되지 못한 국가임을 알려 줍니다. 정치적 지배자가 자신의 명령으로 할 수 있는 것에 한계가 있었기 때문에 신의 뜻임을 앞세워 사람들을 설득했다는 말이거든요. '내 말을 들어라!'가 아니라 '신의 뜻이니 따라라!'라 외쳤다는 건, 아직 왕권이 강하지 않다는 의미입니다.

❓ **단어** 돋보기 ···

건국 이념: 어떤 나라를 세울 때 바탕으로 삼는 정신

나라를 운영하는 여덟 가지의 법

지금까지 단군왕검 이야기 속에 숨겨진 고조선의 비밀들을 살펴봤습니다. 정말 재밌는 비밀들이 많이 있었지요? 우리가 고조선에 대해 알 수 있는 자료는 8조법도 있어요. 고조선에는 8개의 법이 있었다고 전해지는데, 안타깝게도 오늘날에는 그중 3개의 법만 정확하게 내용을 알 수 있습니다.

3개의 법을 같이 하나씩 알아볼까요?

"사람을 죽인 자는 사형에 처한다."

고조선은 생명을 중요하게 생각하고 엄격하게 법을 집행하는 국가였음을 알 수 있습니다.

"남에게 상처를 입힌 자는 곡식으로 갚는다."

고조선 사람들은 개인이 재산을 소유할 수 있었고, 농경 중심의 사회였음을 확인할 수 있습니다.

"도둑질한 자는 데려다 노비로 삼는다. 용서를 받으려면 50만 전을 내야 한다."

고조선은 계급 사회이며, 화폐*를 사용했음을 알 수 있습니다.

고조선의 발전과 멸망

고조선을 대표하는 유물은 비파형 동검, 미송리식 토기, 탁자모양 고인돌이 있어요. 과거에는 오늘날처럼 나라 간의 경계가 명확하지 않았기 때문에 정확한 고조선의 영역을 확인하는 건 쉽지 않아요. 그래서 학자들은 고조선을 대표하는 유물들이 출토*된 지역을 기준으로 고조선의 세력 범위를 추측한답니다.

청동기를 배경으로 수립된 고조선에 철기가 보급되면서 사람들은 철제 무기와 철제 농기구를 사용하게 됩니다. 철기는 청동과 달리 자연에서 구할 수 있었기 때문에 지배층과 피지배층 모두 사용할 수 있었어요.

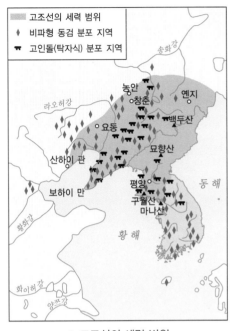

▲ 고조선의 세력 범위

철기의 사용은 농업 생산량의 증가와 정복 전쟁의 확대를 가져왔습니다. 이러한 고조선의 성장에 불안을 느낀 한나라 무제는 고조선에 쳐들어와 전쟁을 일으켰어요. 고조선은 약 1년간 저항했지만 지배층의 내분으로 우거왕이 죽게 되면서 BC 108년에 멸망하게 됩니다.

❓ 단어 돋보기 ....

화폐: 돈이라고도 부르며, 일정한 가치를 가지고 사람과 사람 사이의 교환을 맺어주는 수단

출토: 땅속에 묻혀 있던 물건이 밖으로 나옴

1 다음 중 고조선에 대한 설명이 <u>아닌</u> 것은 무엇인가요?

① 철기를 배경으로 수립된 우리나라 최초의 국가입니다.

② 8개의 법이 있었으나 현재는 3개만 전해지고 있습니다.

③ 중국 한나라 무제의 공격과 지배층의 내분으로 멸망했습니다.

④ 『삼국유사』에 실린 단군왕검 이야기를 통해 당시의 생활 모습을 알 수 있습니다.

2 다음 중 고조선을 대표하는 유물이 <u>아닌</u> 것은 무엇인가요?

①
비파형 동검

②
탁자식 고인돌

③
가락바퀴

④
미송리식 토기

3 인간을 널리 이롭게 한다는 뜻을 가진 고조선의 건국 이념은 무엇인지 써 보세요.

고조선의 뒤를 이은 여러 국가들

여러 나라의 형성

▲ 여러 나라의 성장

고조선이 멸망한 후 한나라는 그 땅에 낙랑, 임둔, 진번, 현도의 4군을 설치하고 직접 통치했습니다. 시간이 지나면서 한나라의 지배를 벗어나려는 움직임이 나타나는데, 이 과정에서 새로운 국가들이 등장했어요. 특히 고구려는 한나라의 통치에 강력하게 반발했고, 313년 미천왕이 낙랑군을 몰아내면서 한반도에서 한나라의 세력은 완전히 사라졌습니다.

그럼 이 시기에 등장한 국가들의 특징을 간단히 살펴볼까요?

네 개의 큰 길로 다스린 나라, 부여

부여는 왕이 중앙을 통치하고, 마가, 우가, 저가, 구가의 부족장이 따로 사출도를 다스리는 5부족 연맹 왕국이었어요. 왕은 부족장들의 추대*로 선출*되었고, 나라에 흉년이나 재해가 발생하면 왕의 자리에서 물러나거나 죽는 것으로 책임을 졌습니다. 이를 통해 왕권이 약했음을 알 수 있지요.

? 단어 돋보기

추대: 윗사람으로 떠받드는 일
선출: 여럿 가운데서 골라냄

부여는 왕이 죽으면 껴묻거리*와 함께 사람들도 묻는 순장이라는 풍습이 있었고, 흰 옷을 즐겨 입었답니다. 전쟁이 일어나면 우제점법으로 운이 좋을지 나쁠지를 알아보기도 했어요. 우제점법은 소를 죽인 뒤 그 소의 발톱으로 점을 치는 것을 말해요. 12월에는 영고를 열어 하늘에 제사를 지냈어요. 이렇게 하늘에 제사를 지내는 것을 제천 행사라 부릅니다.

압록강 유역에서 성장한 나라, 고구려

BC 37년 주몽이 압록강 유역에 고구려를 건국했습니다. 처음에는 주변의 견제*로 산악 지대였던 졸본을 수도로 정했어요. 그 후 점차 세력을 넓혀 평야로 나아가면서 3년에는 국내성으로 수도를 옮겼습니다.

고구려는 왕족인 계루부와 절노부, 소노부, 순노부, 관노부로 구성된 5부족 연맹 왕국이었는데, 부여와 마찬가지로 왕권이 약했어요. 부족장들은 독자적인 세력을 형성했고, 국가의 중요한 일은 제가 회의라 불리는 귀족 회의를 통해 결정되었답니다.

고구려에는 서옥제라는 혼인 풍습이 있었어요. 결혼 후에 남자가 여자의 집에 서옥이라는 집을 짓고 살다가 자식이 다 크면 남자의 집으로 가서 사는 방식이었지요. 매년 10월에는 동맹이라는 제천 행사도 열었습니다.

해안 지방의 부족, 옥저와 동예

옥저는 함경도의 해안 지방에 위치한 나라예요. 그래서 소금과 어물이 풍부했지요. 혼인 풍습으로는 민며느리제가 있었습니다. 혼인을 약속하면 여자가 어린 나이일 때부터 남자의 집에 들어와 살다가 시간이 지나 여자가 성장했을 때 혼인을 했답니다. 고구려의 서옥제와는 반대되는 모습이지요? 그리고 가족이 죽으면 함께 묻는 가족 공동묘가 있었습니다.

강원도의 해안 지방에 자리 잡은 동예는 과하마와 반어피가 유명했어요. 과하마와 반어피는 무엇일까요? 과하마는 과일 나무 아래를 지나갈 수 있을 정도로 작은 말인 조랑말을 뜻합니다. 반어피는 바다표범의 가죽이에요. 동예는 옥저와 마찬가지로 해안 지방에 위치한 나라였기 때문에 바다표범인 반어가 많아서 반어피를 구하기 쉬웠지요.

동예의 부족들은 서로의 영역을 존중하기 위해 책화라는 제도를 만들었어요. 다른 부족의 영역을 침범하면 소나 말, 노예 등을 주면서 사과하도록 했습니다. 혼인 풍습으로는 다른 부족의 사람과 결혼하는 족외혼이 있었고요, 고구려처럼 매년 10월에 무천이라는 제천 행사를 열었습니다.

옥저와 동예는 지리적으로 선진 문물을 받아들이기가 쉽지 않았어요. 게다가 바로 옆 나라인 고구려의 압박 때문에 제대로 된 나라를 갖추지 못했습니다. 앞서 말한 것처럼 나름의 풍습도 있었지만 왕이 존재하지 않아 읍군, 삼로라 불리는 군장이 부족을 이끄는 수준에서 성장이 멈춰 버렸어요. 이후 두 나라는 고구려에 복속되었답니다.

삼한(마한, 변한, 진한)

한반도 중남부에는 삼한이 있었어요. 삼한은 마한, 진한, 변한을 한 번에 부르는 말이에요. 이 지역에는 다양한 소국들이 등장했는데 이들을 묶어 각각 마한(경기 · 충청 · 전라), 진한(대구 · 경주), 변한(김해 · 마산)이라 불렀습니다.

? 단어 돋보기

껴묻거리: 죽은 사람과 함께 묻는 물건
견제: 일정한 작용을 가해서 상대편이 자유로운 행동을 하지 못하게 억누르는 것

평야가 많은 지역적 특성으로 인해 삼한에는 벼농사가 발달했고, 이를 위해 저수지를 만들기도 했습니다. 씨를 뿌리는 5월에는 수릿날, 수확을 하는 10월에는 계절제라 불리는 제천 행사가 있었어요. 그리고 변한은 철이 매우 유명해 왜나라(일본)에 수출*도 했습니다.

삼한은 신지, 읍차라 불리는 정치적 지배자와 천군이라 불리는 종교적 지배자가 따로 구분되었어요. 이를 제정 분리 사회라 합니다. 천군은 소도라는 특별 구역을 다스렸는데, 이곳은 신지와 읍차의 힘이 미치지 못하는 신성한 지역이었어요.

? 단어 돋보기

수출: 국내 상품이나 기술을 외국으로 팔아 내보냄

1 다음 지도에서 설명에 해당하는 나라는 어디인가요?

- 지배자: 읍군, 삼로
- 풍습: 민며느리제
- 특산물: 소금, 어물

① 부여   ② 고구려   ③ 옥저   ④ 동예

2 다음 질문에 대한 답으로 옳은 것은 무엇인가요?

타임머신을 타고 삼한으로 간다면 어떤 모습을 볼 수 있을까요?

① 소도를 다스리는 천군
② 제천 행사인 무천에 참여하는 사람들
③ 서옥을 짓고 부인의 집에서 사는 남편
④ 왕이 죽자 사람들을 왕과 함께 묻는 사람들

3 국가의 중대사를 의논하고, 결정했던 고구려의 귀족 회의는 무엇인지 써 보세요.

알에서 태어난 사람들

삼국을 세운 왕들의 신성한 출생

고조선이 청동기를 배경으로 수립된 국가라면, 이후에 등장했던 국가들은 철기를 바탕으로 수립되었습니다. 한나라의 지배에 맞서 싸우는 과정에서 부족들이 힘을 합치기 시작했고, 그 결과 앞에서 살펴본 다양한 나라들이 등장한 거예요.

커다란 세력을 만들기 위한 부족들의 끊임없는 노력은 부족 간의 연합*과 정복 전쟁으로 나타났어요. 그러한 노력 끝에 고구려, 백제, 신라 그리고 가야가 승자의 영광을 차지합니다. 마침내 삼국 시대의 문이 열리게 된 것이지요. 한반도 북부는 고구려에 의해 통합되고, 마한은 백제로, 진한은 신라로, 변한은 가야로 통일돼요. 참! 가야는 하나가 아닌 6개의 연맹체로 구성되는데요, 이 부분은 2장에서 자세히 다루도록 할게요.

이렇게 세력을 통합한 나라들에도 고조선의 단군왕검 이야기처럼 출생에 관한 특별한 이야기가 전해져 오고 있어요. 어떤 이야기인지 궁금하지요? 신성한 핏줄을 이어받아 고구려, 백제, 신라, 가야를 건국한 왕들의 이야기를 해 봅시다. 기록에 의하면 박혁거세가 가장 먼저 태어났지만 이 책에서는 고구려의 주몽부터 이야기를 시작할게요.

신의 아들, 주몽

고구려를 건국한 주몽은 알에서 태어났다고 전해집니다. 정말 특별한 출생의 비밀을 가지고 있지요? 사람이 알에서 태어났다니 말이에요! 주몽은 천제(하늘의 황제)의 아들 해모수와 강물의 신 하백의 딸 유화의 아들로, 신성한 핏줄을 가지고 태어났습니다.

그럼 어떻게 주몽이 태어나게 되었는지 자세히 알아볼까요?

유화는 아버지인 하백의 허락 없이 해모수와 혼인했다는 이유로 집에서 쫓겨났어요. 이를 불쌍히 여긴 부여의 왕 금와가 유화를 돌봐 주었습니다.

그러던 어느 날, 유화에게 신비한 빛이 계속 비추더니 얼마 후 유화는 알을 낳았습니다. 유화가 알을 낳았다는 사실을 알게 된 금와왕은 불길한* 생각이 들어 그 알을 버리려 했지만, 신기하게도 짐승과 새들이 알을 보호했어요. 금와왕이 직접 알을 깨뜨리려 했는데도 알은 깨지지 않았어요. 금와왕은 어쩔 수 없이 어머니인 유화에게 알을 돌려줍니다. 유화가 알을 잘 싸서 따뜻한 곳에 두었더니 알에서 한 아기가 태어났어요.

그 아기는 어려서부터 모든 면에서 뛰어났고, 특히 활을 매우 잘 쏘았습니다. 사람들은 그를 활을 잘 쏘는 사람이라는 뜻으로 '주몽'이라 불렀어요. 주몽이 훌륭하게 성장할수록 금와왕의 일곱 왕자들은 주몽을 시기하고 질투했습니다. 결국 그들은 주몽을 죽이려고 계획을 세웠지요. 이를 알게 된 주몽은 자신을 따르는 사람들을 이끌고 부여를 떠났어요. 주몽은 졸본에 도착한 후 그 지역의 세력과 연합해 나라를 세웠습니다. 그 나라가 바로 고구려예요.

하늘이 주신 임금, 박혁거세

신라의 원래 이름은 '사로'였어요. 사로는 경주 지방에 있던 여섯 마을이 결합해 만들어진 국가로, 진한 12국 가운데 하나였습니다. 어느 날 여섯 마을의 촌장들은 덕*이 있는 사람을 왕으로 뽑아 도읍을 정하고 나라를 세우기 위해 회의를 했어요.

? 단어 돋보기

연합: 두 가지 이상의 사물이 서로 합동해 하나의 조직체를 만들거나 그렇게 만든 조직체
불길하다: 운이 좋지 않음
덕: 공정하며, 남을 넓게 이해하고 받아들이는 마음이나 행동

그때 양산 기슭의 우물 옆에 신성한 기운이 맴돌더니 흰 말이 무릎을 꿇은 채 울고 있었습니다. 그 모습을 이상하게 여긴 촌장들이 다가가자 말은 하늘로 날아갔고, 말이 떠난 자리에는 커다란 알이 하나 남아 있었어요.

촌장들이 너무 신기해서 알을 깨뜨려 보았더니 안에서 남자아이가 나왔습니다. 사람들은 이 아이가 보통 아이가 아니라는 것을 깨닫고 그를 높이 받들었어요. 이후 아이가 성장해서 '사로'를 세우니 이 사람이 바로 박혁거세입니다.

여섯 개의 알에서 태어난 사람들

아직 나라도 없고, 임금도 없던 시절이었어요. '간'이라 불리는 아홉 명의 사람들이 추장이 되어 마을을 다스리고 있었습니다. 그러던 어느 날 하늘에서 신비한 목소리가 들렸어요.

**"봉우리 꼭대기의 흙을 한 줌씩 쥐고
'거북아 거북아 머리를 내밀어라. 만약 내놓지 않으면 불에 구워 먹겠다.'는
노래를 부르며 춤을 추면 왕을 만나게 될 것이다."**

아홉 명의 간이 그 말대로 모두 노래를 부르고 춤을 추니 하늘로부터 보랏빛 노끈이 내려왔어요. 그 끝에는 붉은 보자기로 싼 금합*이 있었지요. 합을 열어보니 안에는 황금알 여섯 개가 있었습니다. 사람들은 모두 기쁘고 놀라워 수없이 절을 했어요.

이후 알 여섯 개가 사내아이로 변했는데 모두 신비로운 모습을 가지고 있었어요.

여섯 개의 알 중에 가장 먼저 사람으로 변한 아이가 자라 가야를 세우고 임금이 되니, 사람들은 그를 '수로'라 불렀습니다. 이후 남은 다섯 사람도 각각 다섯 가야의 우두머리가 되었답니다.

온조, 새로운 땅을 찾다

백제를 건국한 온조에 대한 설화는 몇 종류가 전해지고 있어요. 그래서 각 이야기에 공통으로 담겨있는 내용만을 살펴볼게요.

부여를 떠나 졸본에 나라를 세운 주몽은 새로 아내를 맞이해 '비류'와 '온조'라는 두 아들을 얻게 됩니다. 부여에서 이미 혼인을 했었지만 탈출하는 과정에서 아내와 아들은 죽었다고 믿었거든요. 그런데 고구려가 성장하는 동안, 죽은 줄 알았던 주몽의 아들 '유리'가 아버지를 찾아옵니다.

고구려의 왕위가 유리에게 넘어갈 것을 알게 되자 비류와 온조는 자신을 따르는 세력과 함께 남쪽으로 떠났습니다. 두 사람은 각각 나라를 세웠지만 비류의 나라는 곧 무너지고, 온조의 나라가 비류의 세력을 흡수해 백제를 세우게 되었어요.

❓ **단어 돋보기**

금합: 금으로 된 그릇 또는 상자

1 다음 스피드 퀴즈에서 빈칸 ㉠에 들어갈 말로 가장 적절한 것은 무엇인가요?

① 활을 잘 쏘는 사람이란 뜻을 가진 이름이야.

② 6개의 알 중에서 가장 먼저 사람으로 변했어.

③ 우물 옆에 있던 흰 말이 가져온 알에서 태어났어.

④ 유리에게 왕위가 넘어가자 남쪽으로 내려와 새로운 나라를 만들었어.

2 다음 노래와 관련된 나라는 어디인가요?

역사 노래 부르기 대회

① 고구려   ② 백제   ③ 신라   ④ 가야

3 주몽, 박혁거세, 김수로의 출생에 담긴 공통점은 무엇인지 써 보세요.

실력 쑥쑥 한 장 정리

1 선사 시대와 역사 시대의 구분

문자의 유무에 따라 선사 시대와 역사 시대로 구분

2 선사 시대(구석기 시대~신석기 시대)

구석기 시대	신석기 시대
• 시기: 약 70만 년 전 • 도구: 뗀석기 → 주먹도끼, 슴베찌르개 • 경제: 사냥, 채집, 낚시 • 생활: 동굴, 바위그늘, 막집 → 이동 생활 • 동물의 가죽을 덮어 추위를 피함	• 시기: 약 1만 년 전 • 도구: 간석기 → 갈판과 갈돌, 빗살무늬 토기 • 경제: 농경, 목축 시작 → 신석기 혁명 • 생활: 강가, 해안가, 움집 → 정착 생활 • 뼈바늘, 가락바퀴 → 옷 제작

3 역사 시대(청동기 시대~현재)

청동기 시대	철기 시대
• 청동 → 비파형 동검, 청동 거울, 청동 방울 • 경제: 벼농사 시작 → 반달 돌칼 • 사회: 계급 발생 → 고인돌	• 철 → 무기, 제기 등 • 경제: 벼농사 확대 → 철제 농기구 사용 • 사회: 정복 전쟁 활발

4 고조선

① 단군왕검 이야기: 선민사상, 농경 사회, 토테미즘, 제정 일치, 홍익인간

② 8조법: 법 집행, 생명 존중, 농경 사회, 사유 재산, 화폐 사용, 계급 발생

③ 대표적 유물: 비파형 동검, 미송리식 토기, 탁자모양 고인돌

5 고조선 이후의 국가들

① 부여: 5부족 연맹체, 사출도, 순장과 껴묻거리, 흰옷, 우제점법, 영고

② 고구려: 5부족 연맹체, 서옥제, 제가 회의, 동맹

③ 옥저와 동예: 읍군·삼로, 옥저(민며느리제), 동예(책화, 족외혼, 무천)

④ 삼한(마한, 변한, 진한): 제정분리 사회(신지·읍차, 천군), 벼농사, 수릿날(5월)·계절제(10월), 철 풍부(변한)

6 삼국 시대를 수립한 왕

① 고구려: 주몽   ② 백제: 온조   ③ 신라: 박혁거세   ④ 가야: 김수로

2장

우리는 '왕'을 절대적 권력자로 생각합니다. 하지만 앞서 살펴본 1장에 등장하는 왕은 그렇지 못했어요. 나라를 대표하지만 나라의 주인은 아니었습니다. 사람들에게 '나의 뜻을 따르라!'는 말 대신, '이건 신의 뜻이야!'라 외치거나 자신의 정책이 가진 장점을 부지런히 설명해야 했어요. 사람들은 신의 바람을 실천했고, 스스로의 판단에 의해 왕의 정책을 지지했습니다. 오늘날의 '왕의 이미지'와는 전혀 다르지요. 그럼 어떻게 우리는 왕을 절대적 권력자로 인식하게 되었을까요? 2장에서는 왕이 나라의 주인이 되는 이야기를 나눠 봅시다.

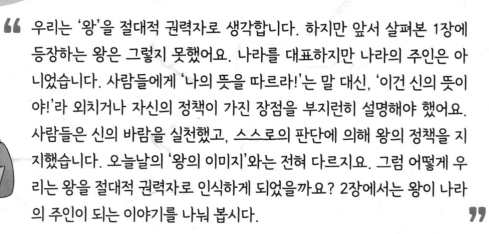

King's Road

?~375년
근초고왕

374~412년
광개토 대왕

왕,
나라의 주인이 되다

394~491년
장수왕
▼

534~576년
진흥왕
▼

01

삼국 시대, 왜 가야는 포함되지 않을까요?

연맹 왕국에서 고대 국가로

고구려, 백제, 신라의 삼국 시대가 형성되기 전에 있었던 국가들을 연맹 왕국*이라 부릅니다. 연맹 왕국과 고대 국가의 가장 큰 차이점은 강력한 왕권을 바탕으로 하는 중앙 집권 체제의 확립이에요. 고대 국가는 왕을 중심으로 나라의 힘을 하나로 모아 주변 국가와의 정복 전쟁을 통해 영토를 확장하면서 성장합니다.

우리 역사에서 고구려, 백제, 신라만이 고대 국가로 성장했으며, 같은 시대에 존재했던 가야는 연맹 왕국 단계에 머물렀기 때문에 우리는 이 시기를 삼국 시대라 불러요.

그렇다면 고대 국가로 발전하기 위해 강력한 왕권을 확립하는 방법은 무엇이었을까요? 역사 학자들은 크게 세 가지를 이야기합니다. '불교 수용', '왕위의 부자 상속제' 그리고 '율령 반포'예요. 이제부터 하나씩 알아봅시다.

▲ 삼국 시대의 형성

▲ 가야 연맹

마음을 하나로 합치는 힘, '불교'

교과서를 보면 '백성들의 사상을 통일하기 위해 불교를 수용한다.'고 적혀 있습니다. 많은 친구들은 이 문장을 암기하기 위해 노력하지요.

학교 시험에서 서술형 문제로 출제되거나 객관식 보기의 정답으로 나오니까요. 그런데 잠깐, 외우기 전에 한 가지 생각해 봅시다.

"왜 백성들의 사상을 통일하려 했을까요?"

이 질문에 답할 수 있나요? 지금까지 시험 문제의 정답만 찾는 공부를 하고 있었다면, 아마 답하기 어려울 지도 모르겠네요. 그건 진짜 역사 공부가 아니었거든요. 이 책을 통해 제대로 역사 공부를 해 봅시다. 정확히 알고 문제를 풀 수 있도록 말이에요. 어때요? 마음의 준비가 되었나요? 그렇다면 우리 차근히 생각해 봐요.

사람이 죽으면 어떻게 될까요? 하나님을 믿는 크리스트교에서는 착하게 살다 죽으면 천국에 가고 나쁜 짓을 하다가 죽으면 지옥에 간다고 합니다. 그럼 불교에서는 어떻게 얘기할까요? 다시 태어난다고 말합니다. 이걸 우리는 '윤회'라 불러요. 중요한 점은 다시 태어날 때 전생의 삶에 따라 각자 다르게 태어난다는 거예요. 전생을 사람답게 살았다면 사람으로 태어나고, 사람답지 못하게 살았다면 그에 걸맞게 태어나는 겁니다. 동물로 태어나거나 어쩌면 벌레로 태어나겠지요. 지금 삶의 모습은 전생을 어떻게 살았는지에 대한 평가인 거지요.

불교에서 모든 인간은 이러한 윤회를 끊임없이 반복하는데, 윤회를 끝내고 부처가 되는 것을 해탈(열반)이라 해요. 천국에 가는 것이 크리스크교의 목표라면, 끊임없이 반복되는 삶의 고통을 끝내고 부처가 되는 것이 불교의 목표예요. 그래서 불교는 다신교입니다. 해탈하면 누구나 부처가 될 수 있으니까요. 불교에서의 인간은 자신이 해탈하는 존재가 되길 꿈꿉니다.

그럼, 이제 다시 생각해 봅시다.

"불교를 수용하는 것이 왜 왕권 강화일까요?"

그건 사람들의 삶이 불공평하기 때문입니다. 이 시기는 태어나는 순간 자신의 운명이 정해지는 신분제 사회였어요. 극소수의 사람들은 왕족으로, 소수의 사람들은 귀족으로 그리고 대부분의 사람들은 평민이나 노비로 태어났습니다.

? 단어 돋보기

연맹 왕국: 독자적으로 운영되는 여러 부족이 힘을 합쳐 형성한 국가

"왜 우리는 불공평한 삶을 살아야 하지?"

사람들이 이러한 불만을 갖게 되었을 때 불교는 윤회 사상으로 답했어요.

"사람으로 태어났지만 그렇다고 모두 똑같은 사람은 아니다."

쉽게 말해, 전생을 사람답게 살긴 했지만 그 삶 안에서도 등급이 나뉜다는 거예요. 정말 멋진 사람으로 살았다면 귀족의 자식으로 태어나는 것이고, 그냥 사람답게 살았다면 평민의 자식으로, 사람답기는 했는데 살짝 아쉽다면 노비의 자식으로 태어난다는 것이지요. 즉, 신분의 불평등은 사회적 문제가 아니라 전생을 제대로 살지 않았던 본인의 문제인 겁니다. 그래서 사람들이 불공평한 신분 제도를 겪으면서도 불평을 할 수 없도록 만들었어요.

그렇다면 왕은 어떤 존재일까요? 왕족으로 태어난다는 것은 정말 엄청난 삶을 살았던 전생에 대한 보상입니다. 너무 아깝게 태어난 존재예요. 조금만 포인트를 더 쌓았으면 부처가 되었을 텐데 살짝 부족해서 인간으로 태어난 거예요.

왕족으로 태어난다는 것은 단순히 운이 좋았기 때문이 아니라 스스로 열심히 노력했기 때문입니다. 그래서 왕족으로 태어나지 못한 사람들은 왕족을 인정하고 존중해야 돼요. 왕은 곧 부처가 될 사람이니까요. 이를 어려운 말로 '왕즉불 사상'이라 부릅니다. 이러한 이유로 왕은 왕권 강화를 위해 불교를 수용했답니다. 드디어 첫 번째 질문에 대한 답을 찾았네요!

아들에게로 이어지는 왕의 자리

이제 두 번째로 왕위의 부자 상속제를 살펴봅시다. 이 제도는 왕이 죽었을 때 자신의 아들에게 왕위를 물려주는 것을 말해요. 아마 '이게 뭐예요? 이건 너무 당연하잖아요!'라 말하는 친구들이 많을 것 같네요.

그럼, 너무 쉽다고 생각한 친구들에게 질문을 하나 할게요.

"누가 맨 처음 왕이 되었을까요?"

단군왕검이나 주몽, 박혁거세, 온조, 김수로처럼 어떤 특정한 국가의 첫 왕이 아니라 이 세상에서 처음으로 누군가 왕이 된다면, 혹은 아직 국가의 개념이 정립되지 않아 왕이 존재하지 않는 상황에서 지배자가 된다면 누가 처음으로 그 자리를 차지했을까요? 답은 간단해요. 가장 센 사람이 왕이 됩니다. 정답이 너무 허탈한가요?

질문을 하나 더 해 볼게요. 이번엔 어려운 질문이니까 맞춰서 자존심을 회복해 봐요.

"가장 센 사람이 어떻게 왕이 되었을까요?"

답을 찾았나요? 이 질문에는 대부분의 친구들이 똑같은 오답을 말합니다. "가장 세니까 사람들을 굴복*시켜서 왕이 될 것 같아요." 이렇게 말이에요. 어때요? 혹시 다른 답을 생각했나요?

가장 센 사람이 왕이 되는 건 맞지만 사람들을 힘으로 굴복시켜서 왕이 되는 것은 아니에요. 오히려 정반대입니다. 사람들을 지켜 주기 때문에 왕이 되는 거예요. 무슨 뜻인지 우리 조금 더 이야기해 봐요.

? **단어** 돋보기 ···

굴복: 힘이 모자라서 복종함

계급이 발생하는 과정을 살펴보면, 부족 간의 전쟁을 통해 승리한 부족이 지배 계급이 되고 패배한 부족이 피지배 계급이 됩니다. 전쟁에서 패배하는 것은 단순히 전쟁터에 참여한 사람들이 목숨을 잃는 것으로 끝나는 것이 아니라 패배한 부족 전체가 피지배층으로 떨어지는 것을 의미해요. 그렇기 때문에 사람들은 자신뿐만 아니라 가족의 운명을 짊어지고 승리를 위해 목숨을 걸고 싸웁니다.

부족 간의 전쟁에서는 월등*한 체격이나 무기 혹은 지능을 가진 특별한 1인이 전쟁을 승리로 이끄는 경우가 많았어요. 그래서 사람들은 자신들을 지켜 주는 누군가를 원하게 되었고, 이러한 사람들의 바람을 실현해 주는 사람이 지배자가 될 수 있었습니다.

우리 이번에는 이러한 왕이 죽었을 때를 가정해 봅시다. 다음 왕은 누가 되어야 할까요? 당연히 사람들을 지켜 줄 힘을 가진 이가 왕이 되어야겠지요. 이전의 왕과 비슷한 힘을 가진 왕의 동생이 자리를 물려받거나 커다란 세력을 가진 누군가가 왕이 되었습니다. 물론 아들의 능력이 뛰어나다면 아들이 왕위를 물려받는 경우도 있었지요. 하지만 여기서 중요한 점은 아들이라 해서 무조건 왕위를 물려받은 건 아니라는 거예요.

그럼, 아들의 현재 능력과 상관없이 어린 아이라도 왕위를 물려받는 왕위의 부자 상속제는 어떻게 가능해졌을까요? 그건 바로 왕의 혈통에 대한 신성함을 인정받았기 때문입니다. 사람들에게 왕의 아들은 왕의 피를 물려받았으므로 보통 사람과는 다른 특별한 존재라는 믿음이 생긴 거예요.

왕의 핏줄에 대한 믿음은 왕권 강화에 직접적인 영향을 미쳐요. 아무나 왕을 할 수 없으며, 왕은 특별한 존재라는 믿음을 사람들에게 심어주기 때문입니다. 앞에서 언급한 왕즉불 사상과도 의미가 통하지요. 하나 더 추가하자면 고구려의 주몽, 신라의 박혁거세 그리고 가야의 김수로가 모두 알에서 태어났다는 신화를 가진 것도 왕의 혈통이 신성하다는 것을 상징하는 겁니다.

나라의 법, 율령

이제 마지막으로 '율령 반포'를 알아볼게요. 율령이란 말이 조금 낯설지요? 율령은 '법'을 뜻합니다. 율령을 반포했다는 건 국가의 통치 조직이나 왕권을 보장하기 위한 다양한 제도를 법으로 만들어 발표했다는 말이에요.

혹시 지금 머릿속에 궁금증이 하나 생겼나요?

"법을 만들면 왜 왕권이 강화될까요?"

이 질문이 떠올랐다면 여러분은 제대로 책을 읽고 있는 겁니다. 그렇지 않았더라도 너무 우울할 필요는 없어요. 이제 겨우 2장인데요. 책을 끝까지 읽으면 암기가 아닌 이해하는 역사 공부를 느끼게 될 거예요. 질문을 한 번 더 할게요!

"법을 만들면 지배층과 피지배층 중에서 누가 좋을까요?"

"지배층이요!"이라 대답하는 친구들이 훨씬 더 많을 것 같은데, 아쉽게도 정답은 '피지배층'입니다. 법은 피지배층에게 유리한 제도예요. 우리는 법을 통해 세금을 걷거나 벌을 줄 수 있기 때문에 법이 지배층에게 유리한 제도라 착각을 합니다. 잘 생각해 봐요. 불평등이 당연했던 신분제 사회였어요. 지배층은 법이 없어도 얼마든지 세금을 걷고 벌을 줄 수 있었습니다.

？ 단어 돋보기 ┄┄

월등: 수준이 정도 이상으로 뛰어남

그런데 법이 만들어지면서 세금을 걷을 수 있는 경우와 벌을 줄 수 있는 상황이 정해진 거예요. 예전에는 지배층의 마음대로 빼앗거나 때릴 수 있었는데, 이제는 그럴 수 없게 된 거지요.

피지배층의 삶은 편안해졌습니다. 정해진 만큼만 세금을 내면 되었고, 법에 잘못이라 적혀 있는 행동만 하지 않으면 되었으니까요. 더 이상 귀족들의 기분이나 눈치를 살필 필요가 없어졌습니다.

이러한 법을 왕이 만들었으니 백성들은 왕에게 더욱 높은 충성심*을 갖게 되었겠지요? 마침내 강력한 왕권을 바탕으로 하는 중앙 집권 국가가 탄생하게 됩니다. 물론 시간이 지나면서 법을 악용하는 지배층들이 등장했고, 안타깝게도 피지배층들은 잘못된 법에 의해 많은 피해를 입기도 해요. 하지만 법이 만들어지는 과정에 왕권의 강화와 피지배층을 보호하려는 목적이 있었다는 것을 꼭 기억해 줘요.

?단어 돋보기

충성심: 나라 또는 높은 사람에게 마음 깊은 곳에서부터 우러나오는 정성스러운 마음

2장

1 (가)에서 (나)로 바뀌는 과정에서 사람들에게 영향을 미친 종교는 무엇인가요?

(가)

(나)

① 불교   ② 힌두교   ③ 이슬람교   ④ 크리스트교

2 다음에서 설명하는 제도는 무엇인지 써 보세요.

왕이 죽었을 때 자신의 아들에게 왕위를 물려주는 제도입니다.

3 다음 선생님이 준비한 카드에서 빈칸 ㉠에 들어갈 말은 무엇인지 써 보세요.

다음은 중앙 집권 국가가 되기 위한 조건들이에요. 마지막 카드에 들어갈 말을 맞춰 봅시다.

불교 수용   왕위의 부자 상속제   ㉠

02 근초고왕, 광개토 대왕, 장수왕 그리고 진흥왕이 사랑했던 한강

전성기의 상징, '한강'

이번에는 고구려, 백제, 신라의 전성기에 대해 이야기해 볼 거예요. 먼저 삼국의 전성기 지도를 살펴봅시다.

▲ 백제의 전성기

▲ 고구려의 전성기

▲ 신라의 전성기

세 장의 지도를 보면서 공통점을 발견했나요? 상당히 까다로운 질문이지만 관찰력이 뛰어나거나 눈치가 빠른 친구들은 정답을 찾았을 겁니다. 혹시 모르겠으면 우리 이 문장을 다시 읽어봐요.

"근초고왕, 광개토 대왕, 장수왕 그리고 진흥왕이 사랑했던 한강"

이제는 알 것 같나요? 정답은 바로 '한강'입니다. 4세기 백제, 5세기 고구려 그리고 6세기 신라의 전성기 지도를 살펴보면 모두 한강 유역을 점령*하고 있음을 알 수 있어요.

역사 학자들이 삼국의 전성기를 판단하는 기준은 '누가 한강 유역을 점령하고 있는가?'입니다. 교과서에는 '삼국이 전성기에 한강 유역을 점령했다.'고 간단하게 한 줄로 언급되지만, 실제 역사에서 한강 유역이 갖는 의미는 상당하거든요. 이제부터 왜 한강 유역이 중요한지, 그 시대를 살았던 사람들은 왜 한강 유역을 선택했는지 대해 진지하게 고민해 봅시다. 역사 공부를 위해 정말 중요한 부분이니 집중해 줘야 해요!

자, 그럼 지금부터 한강 유역이 삼국의 전성기를 판단하는 기준이 되는 까닭을 살펴봅시다.

선생님의 틈새 수업

세기(C)는 무엇일까요?

역사를 공부하다 보면 '세기(C)'라는 용어를 만나게 됩니다. 세기는 시간을 100년 단위로 끊어서 표현하는 말이에요. 역사에서 '1세기'라 하면 기원후 1년에서 100년까지를 의미합니다. 예를 들어, '4세기'는 301~400년을 나타내지요. 그리고 여러분은 '21세기'를 살고 있습니다.

한강은 한반도의 허리

한강은 <u>한반도 중앙부에 위치한</u> 강입니다. 한강 유역을 점령했다는 것은 한반도의 세력 싸움에서 주도권을 쥐고 있다는 뜻이에요. 북쪽으로 진출할 것인지, 남쪽으로 진출할 것인지에 따라 한반도의 정세를 바꿀 수 있었어요.

또한, 북쪽에서 밀고 내려오는 적과 남쪽에서 올라오는 적을 모두 방어할 능력도 된다는 뜻입니다. 2대1의 싸움을 버텨낼 수 있는 힘을 가졌다는 말이지요. 즉, 한강은 힘이 있는 나라만이 점령할 수 있었어요.

? **단어 돋보기**
....

점령: 어떤 장소를 차지해 자리를 잡음

한강은 중국 교류의 중심지

오늘날 우리나라는 세계의 다른 국가와 어깨를 나란히 할 만큼 성장했어요. 그만큼 멋진 역사를 가지고 있고요. 역사는 최대한 객관적인 시선에서 공부해야 하지만 공부하다 보면 우리가 성장해 온 과정에 자부심이 느껴질 거예요. 우리나라는 어떻게 멋진 나라가 될 수 있었을까요? 우리가 처음부터 멋지게 태어났기 때문일까요? 아니에요. 사람은 언제나 서로 교류하고, 서로의 장점을 수용하면서 발전합니다. 국가도 마찬가지예요.

삼국의 발전 과정을 살펴보면 중국의 선진 문물을 일부 수용해 새로운 우리의 문화를 창조했습니다. 이건 나쁘거나 창피한 것이 아니라 당연한 과정이에요. 오늘날에도 나라와 나라 사이의 다양한 교류에 의해 새로운 문화가 만들어지지요? 과거에도 주변 국가와의 교류를 통해 좋은 것이 있다면 받아들이고, 우리 것으로 발전시켜 나라가 성장하는 데 원동력으로 삼았습니다.

지금은 정보·통신 기술의 발달로 인터넷 등을 이용한 교류가 활발하지만, 약 1,500년 전에는 주로 배를 이용해 다른 나라와 문물을 주고받았어요. 왜냐고요? 예전에는 잘 갖춰진 길이 없었거든요. 게다가 길에는 야생 동물이 넘쳤고, 소나 말로 물건을 싣고 산을 넘는 것은 한계가 있었어요. 그래서 한강을 통해 바다로 나가 다른 나라와 교류했습니다. 이 시기에는 육로보다 바닷길이 더 중요한 통로였다는 걸 꼭 알아 둡시다!

"우리나라는 삼 면이 바다인데 왜 꼭 한강을 이용했나요?"

혹시 이런 궁금증이 생겼나요? 이유를 알려 줄게요. 당시에 모든 바닷길이 안전했던 건 아니에요. 오늘날과 같은 항해 기술이 없어서 바다에서 사고가 나는 경우도 많았지요. 그래서 중국과 교류하기 쉬운 바다를 찾아야 했습니다. 한반도에서는 세 바다 중 서해가 중국으로 가기 제일 쉬운 바다였어요. 한강은 서해로 연결되는 가장 안전한 통로였고요. 그래서 배를 이용해 중국을 왕래하기 위해서는 한강 유역이 꼭 필요했던 거예요.

백제가 삼국 중 가장 먼저 전성기를 맞이할 수 있었던 것도 바로 한강을 차지했기 때문이에요. 한강 유역을 점령한다는 것은 수월하게 중국과 교류하고, 그들의 선진 문물을 수용해 나라를 발전시킬 수 있다는 것을 의미합니다.

한강은 비옥한 토지의 젖줄

이 시기의 주요 산업은 농업이었습니다. 안과 밖이 모두 튼튼한 국가를 목표로 한다면 농업을 발전시키고 생산량을 늘리는 것이 매우 중요했지요. 인류는 끊임없이 농업 기술을 발전시켜 왔지만, 농업 생산량을 증가시키는 가장 근본적인 해결책은 비옥한 토지를 확보하는 것이었어요. 한강 유역은 한반도의 대표적인 곡창* 지대랍니다. 즉, 한강 유역을 확보하면 농업을 발전시키고 인구를 증가시켜 국력을 향상시킬 수 있었지요.

지금까지 언급한 세 가지가 삼국의 전성기를 판단할 때 한강을 기준으로 삼는 까닭입니다. 정말 한강은 중요한 역할을 맡고 있지요?

그럼 이번엔 각 나라의 전성기를 이끈 한강을 사랑한 왕들에 대해 조금 더 자세히 알아봅시다!

바다를 품은 근초고왕

백제와 고구려는 서해의 지배권을 두고 일찍부터 다툼을 벌이고 있었습니다. 앞에서 언급했듯이 서해는 중국과의 주요 교역로이자 왜나라와 교류할 수 있는 통로였거든요. 백제는 한강 유역에서 국가를 수립했지만 마한 54개의 소국 중 하나였기 때문에 한강의 지리적 장점을 제대로 누릴 수는 없었습니다. 마한 국가들과 경쟁해야 했고, 고구려와도 다툼을 벌이고 있었으니까요. 이러한 상황에서 백제를 전성기로 이끈 인물이 바로 백제의 제13대 왕인 근초고왕입니다.

근초고왕은 먼저 남쪽으로 내려와 마한의 전 지역을 정복하고 전라도 남해안까지 진출했어요. 이후 한강 북쪽 지역에 대한 지배권을 두고 고구려와도 몇 차례 전투를 치릅니다. 이 과정에서 고구려의 평양성을 공격해 고구려의 고국원왕이 전사하지요. 대승을 거둔 백제는 한강 유역을 완전히 손에 넣으며 서해의 지배권을 확립하고, 한반도의 주도권을 갖게 됩니다.

? 단어 돋보기

곡창: 곡식이 많이 생산되는 지방을 비유적으로 이르는 말

▲ 백제의 전성기

백제는 우리가 생각하는 것보다 훨씬 더 위대한 제국이었어요. 일부 사람들은 고구려, 백제, 신라의 삼국 중에서 백제를 가장 약한 나라로 착각하는데, 전성기의 백제는 한반도를 뛰어넘어 동아시아를 호령*하던 국가였습니다. 고구려와의 전쟁에서 승리한 근초고왕은 바다 건너 중국의 요서 지방과 산둥 반도 그리고 왜나라의 규슈 지역까지 세력을 넓혔습니다.

일본에서 발견된 '칠지도'는 근초고왕이 왜나라의 왕에게 하사한 칼이에요. 이를 보면 근초고왕의 힘이 어디까지 미쳤는지 잘 알 수 있지요.

▲ 칠지도

안타깝게도 오늘날에는 근초고왕의 해외 진출에 대한 자세한 기록이 남아 있지 않아 '근초고왕이 중국과 일본에 진출했다.' 정도로만 배우고 있어요. 하지만 백제는 여러분이 알고 있는 것보다 훨씬 더 위대한 국가였어요. 한반도를 뛰어넘는 동아시아의 대제국이었고, 근초고왕은 그 중심에 선 왕이었답니다.

만주를 호령한 광개토 대왕

고구려의 전성기는 '만주벌판 달려라~'로 유명한 광개토 대왕과 그의 아들 장수왕이 이끌었던 5세기예요.

4세기 고구려는 백제 근초고왕의 공격으로 왕이 전사하는 등 큰 위기를 겪었지요. 주몽에 의해 나라가 만들어진 이후로 여전히 다섯 부족의 독자적인 성격이 강했던 연맹 왕국 고구려는 이러한 위기 상황에서 오히려 강력한 중앙 집권 국가로 성장하게 됩니다. 왕을 중심으로 나라의 힘을 똘똘 뭉친 백제를 보면서 왕권 강화의 필요성을 깨달았거든요.

고대 국가로 성장한 고구려는 광개토 대왕이 등장하면서 전성기를 맞이하게 됩니다. 많은 사람들이 광개토 대왕을 단순히 싸움을 잘했던 위대한 정복왕으로만 생각하는데, 이건 광개토 대왕에 대해 절반만 알고 있는 거예요.

위대한 정복왕은 맞지만 싸움만 잘했던 왕은 아니었습니다. 광개토 대왕은 뛰어난 전략가였어요. 국제 정세를 꿰뚫어 보고 정확한 판단을 했습니다.

당시 중국은 분열되어 있었고, 한반도는 근초고왕이 죽은 뒤에도 여전히 백제의 전성기가 지속되고 있었어요. 광개토 대왕은 우선 분열된 중국의 상황을 이용하기로 했습니다. 거란과 숙신(여진), 후연, 동부여를 차례로 공격해 만주와 요동을 확보했어요. 이후 남쪽으로는 백제를 공격해 한강 상류 지역을 차지했지요. 한강 전체가 아니라 상류임을 기억해 둡시다.

한강을 뺏긴 백제의 저항이 상당했겠지요? 백제는 후에 고구려에 대항하기 위해 신라와 나제 동맹을 맺기도 해요.

광개토 대왕의 뛰어난 외교 능력을 보여주는 단적인 예는 신라에 침입한 왜구를 격퇴한 부분이에요. 광개토 대왕은 백제를 견제하기 위해 신라를 활용합니다. 위기에 처한 신라를 도와 서로의 관계를 돈독하게 만들고, 무엇보다 신라가 무너지지 않게 해 백제와 신라의 대립 구도가 유지될 수 있도록 힘의 균형을 맞춘 거예요. 백제와 신라가 서로 경쟁을 해야 고구려는 편하게 북쪽으로 진출할 수 있으니까요.

이쯤에서 우리 또 한번 생각해 볼까요?

"왜 고구려는 강한 백제랑 친하게 지내지 않고 약한 신라랑 친했을까요?"

당시 백제가 신라보다 강했기 때문에 고구려는 신라와 친하게 지낸 거예요. 무슨 말이냐고요? 백제와 사이가 좋아진다면 고구려가 북쪽으로 진출하는 동안 백제가 신라를 점령할 수도 있으니까요. 그럼 한반도에서 백제와 고구려의 1 : 1 상황이 만들어지는데 고구려가 원한 건 그런 상황이 아니에요. 백제와 신라가 서로 대립하면서 국력을 낭비하는 동안 고구려만 성장하는 것이 목표였어요.

? **단어 돋보기**
....

호령: 부하나 동물 등을 지휘하고 명령함

광개토 대왕은 가야에도 영향력을 행사했습니다. 신라에 침입한 왜구를 격퇴할 때의 일이에요. 광개토 대왕을 피해 도망가던 왜구들이 본국으로 가지 못하고 변한 때부터 철을 수입하면서 사이가 가까웠던 가야로 도망갔어요. 그래서 이때 해안가에 위치했던 금관가야가 고구려에게 막대한 피해를 입게 되고, 가야 연맹의 주도권이 금관가야에서 대가야로 넘어가게 됩니다. 대가야는 산속에 위치하고 있어서 상대적으로 피해를 덜 입었거든요.

이처럼 광개토 대왕은 단지 싸움만을 잘했던 인물이 아니라, 세상을 읽고 움직일 줄 알았던 전략적인 정복왕이었다는 것을 기억해 둡시다.

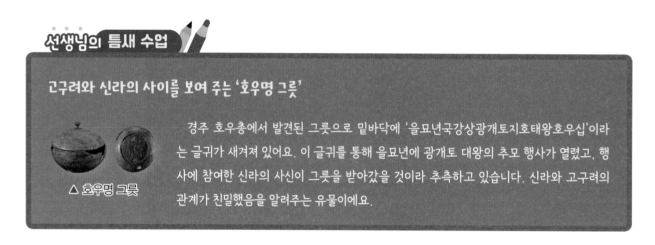

선생님의 틈새 수업

고구려와 신라의 사이를 보여 주는 '호우명 그릇'

△ 호우명 그릇

경주 호우총에서 발견된 그릇으로 밑바닥에 '을묘년국강상광개토지호태왕호우십'이라는 글귀가 새겨져 있어요. 이 글귀를 통해 을묘년에 광개토 대왕의 추모 행사가 열렸고, 행사에 참여한 신라의 사신이 그릇을 받아갔을 것이라 추측하고 있습니다. 신라와 고구려의 관계가 친밀했음을 알려주는 유물이에요.

아버지보다 더 넓은 영토를 가진 장수왕

광개토 대왕의 뒤를 이은 장수왕은 본격적인 남하 정책을 추진합니다.

"그런데 왜 남쪽일까요?
아버지에 이어 계속 북쪽으로 진출해도 되잖아요?"

혹시 이런 궁금증이 들었나요? 멋진 생각이었어요. 우리 고구려의 전성기 지도를 다시 보면서 생각해 봅시다.

▲ 고구려의 전성기

광개토 대왕과 장수왕은 왜 지도에 표시된 것만큼만 정복했을까요? 마음만 먹으면 북쪽으로 얼마든지 더 넓은 영토를 얻을 수 있었는데 말이에요. 그 이유는 필요 없는 땅이기 때문입니다. 북으로 갈수록 기온이 낮아지기 때문에 농사를 지을 수 없었고, 사람이 살기 힘들었어요. 광개토 대왕과 장수왕은 사람이 살 수 있는 곳까지만 점령한 겁니다.

"그럼 중국 쪽은요?"

중국 쪽으로는 왜 안 갔을까요? 중국이 있는 서쪽으로 더 나아가는 건 중국과의 전면전*을 뜻 해요. 고구려가 강대국이긴 하지만 이건 수많은 희생이 따르는 일이거든요. 당시 중국이 남북조 로 분열되었다고 해도 본토를 공격하는 건 결코 쉬운 선택이 아니었습니다. 100% 확실한 승리 를 장담할 수 없다면 고구려 국민 전체의 목숨을 걸고 벌이는 전투는 할 수 없었지요.

이런 이유로 장수왕은 한반도 남쪽으로 시선을 돌리게 됩니다. 제일 먼저 수도를 국내성에서 남쪽으로 진출하기에 유리한 평양성으로 옮겼 어요. 그리고 바둑을 좋아하던 백제 개로왕에게 바둑의 고수였던 승려 도림을 잠입*시켜 왕과 친해지도록 만들었어요. 백제의 힘을 약화시키 기 위한 전략이었지요. 개로왕과 친해진 도림은 고구려에 대한 거짓 정 보를 전달했고, 백제는 도림의 조언대로 궁궐을 화려하게 다시 짓는 등 국력을 낭비했습니다.

백제의 힘이 약해지고 방비*가 허술해지자 장수왕은 백제를 공격해 한강 유역을 완전히 점령 해요. 이 과정에서 개로왕은 전사하게 됩니다. 이후 백제는 웅진으로 도읍을 옮기고, 남쪽으로 세력이 크게 위축되었습니다.

❓ 단어 돋보기
....

전면전: 일정한 범위 전체에 걸쳐 벌어지는 전쟁
잠입: 남몰래 숨어듦
방비: 적의 침입이나 피해를 막기 위해 미리 지키고 대비함

장수왕의 이러한 업적은 충주(중원) 고구려비에 자세히 나타나 있어요. 참! 광개토 대왕의 업적은 광개토 대왕릉비에 나와 있고요, 두 비석은 모두 장수왕이 세웠습니다. 광개토 대왕릉비는 광개토 대왕의 무덤에 세운 비석이고, 충주 고구려비는 장수왕의 업적을 기념하기 위해 세운 거예요.

장수왕은 아버지의 유산을 물려받는 것에 만족했던 인물이 아니라 자신의 나라를 만들기 위해 노력했던 왕이었답니다.

▲ 광개토 대왕릉비   ▲ 충주(중원) 고구려비

한강 쟁탈전 최후의 승자, 진흥왕

태백 산맥과 소백 산맥에 가로막혀 다른 나라와 교류가 적었던 신라는 삼국 중 가장 늦게 고대 국가로 성장합니다. 초기에는 백제와 가야의 압박과 왜구의 끊임없는 노략질에 나라가 위기에 놓이는 상황이 반복돼요.

내물왕이 고구려 광개토 대왕에게 도움을 청한 후에 점차 나라가 안정되기 시작하지요. 박, 석, 김 세 개의 성씨가 돌아가면서 왕을 하다가 내물왕 이후 김 씨가 왕위를 세습하게 되는데, 이는 왕권이 강화되고 나라가 안정되었음을 보여 주는 증거입니다.

박혁거세의 사로국에서 시작한 신라는 지증왕 때 국호를 '신라'로 변경하고 '왕'의 칭호를 사용하기 시작해요. 이후 법흥왕 때 불교를 수용하고 율령을 반포하면서 고대 국가로 성장하지요. 그리고 6세기 진흥왕 때 드디어 전성기를 맞이합니다.

진흥왕은 인재를 육성*하려고 '화랑도'를 개편해 국가 조직으로 만들었어요. 원래 화랑은 청소년들의 몸과 마음을 단련하는 수련 단체였습니다.

이후 원광 스님의 '세속오계'를 바탕으로 국가에 충성하는 조직으로 발전하지요. 그리고 이들이 신라 삼국 통일에 커다란 역할을 하게 됩니다. 이건 3장에서 다시 이야기할게요.

고구려가 전성기를 누리고 있었을 때 백제와 신라는 여러 차례 동맹을 맺었어요. 이를 나제 동맹이라 합니다. 장수왕이 남하 정책을 시행했을 때도 백제와 신라는 고구려에 대항하기 위해 동맹을 맺었지요. 이때의 동맹을 바탕으로 진흥왕은 백제 성왕과 연합해 고구려와 전투를 벌입니다. 진흥왕과 성왕은 고구려를 이기면 한강 상류(강원도 지역)는 신라가, 한강 하류(경기도 지역)는 백제가 나눠 갖기로 약속했어요. 신라와 백제의 연합군이 고구려를 이기고 한강 유역을 점령하면서 동맹은 성공적인 결말을 맺는 듯 보였지요.

하지만 고구려와의 전쟁이 끝나자 한강의 중요성을 알고 있던 진흥왕은 이 약속을 깨고 백제를 공격해 한강 전체를 점령합니다. 이에 화가 난 성왕이 신라를 공격해 관산성 전투가 일어나요. 이 전투에서 백제 성왕이 전사하면서 신라와 백제의 동맹은 끝이 납니다. 그리고 한강은 신라의 차지가 되었어요.

⟨?⟩ **단어** 돋보기 ⟩ ·········

육성: 길러 자라게 함

▲ 진흥왕 순수비

▲ 단양 적성비

신라의 진흥왕은 한강 유역을 점령한 이후에도 고령의 대가야를 정복해 낙동강 유역도 확보하고, 옛 옥저와 동예가 있던 함경도까지 진출합니다.

진흥왕의 이러한 업적은 네 개의 진흥왕 순수비(북한산비, 창녕비, 황초령비, 마운령비)와 단양 적성비를 통해 알 수 있어요. 순수비는 진흥왕이 그 지역을 순행*한 기념으로 세우는 비석이고, 단양 적성비는 고구려와의 전투에서 승리한 것을 기념하기 위해 세운 비석입니다.

진흥왕은 고구려와 백제가 이끌었던 한반도의 역사를 신라의 시대로 새롭게 바꾼 위대한 지도자였답니다.

선생님의 틈새 수업

세속오계는 무엇일까요?

세속오계는 신라의 승려인 원광 법사가 남긴 화랑이 지켜야 할 다섯 가지 계율을 말합니다. 그 의미를 하나씩 알아볼까요?

- 사군이충(事君以忠): 임금을 충성으로 섬긴다.
- 사친이효(事親以孝): 어버이에게 효도를 다한다.
- 교우이신(交友以信): 벗을 사귈 때는 믿음을 가진다.
- 임전무퇴(臨戰無退): 싸움에 임해서는 물러서지 않는다.
- 살생유택(殺生有擇): 산 것을 죽일 때는 가려서 한다.

? 단어 돋보기

순행: 임금이 나라 안을 두루 살피며 돌아다니던 일

1 다음 지도에서 삼국의 전성기를 판단하는 기준이 되는 강은 어디인가요?

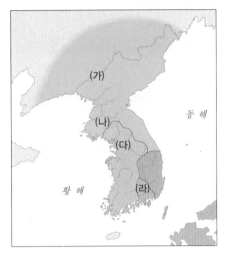

① (가)   ② (나)   ③ (다)   ④ (라)

2 다음 사진 속의 비석을 만든 왕은 누구인가요?

① 진흥왕   ② 장수왕   ③ 근초고왕   ④ 광개토 대왕

3 다음에서 설명하는 왕은 누구인가요?

> 화랑도를 개편해 인재를 육성하고, 한강 유역을 점령했으며 단양 적성비와 네 개의 순수비를 세웠습니다.

① 근초고왕   ② 광개토대왕   ③ 장수왕   ④ 진흥왕

1 고대 국가의 의미

① 강력한 왕권을 바탕으로 중앙 집권 체제를 확립
② 정복 전쟁을 통해 영토를 확장

2 고대 국가를 이루기 위한 조건

① 불교 수용
② 왕위의 부자 상속제
③ 율령 반포

3 삼국의 전성기 판단 기준

한강 유역 점령

4 한강의 중요성

① 한반도의 중앙부에 위치해 주도권 확보 가능
② 비옥한 토지를 바탕으로 경제력 성장
③ 중국과의 교류를 통해 선진 문물 수용

5 삼국의 전성기

▲ 백제(4세기)
근초고왕

▲ 고구려(5세기)
광개토 대왕, 장수왕

▲ 신라(6세기)
진흥왕

6 근초고왕의 업적

① 마한 정복

② 고구려의 평양성 공격 → 고구려 고국원왕 전사

③ 중국의 요서 지방과 산둥 반도, 왜나라의 규슈 지역에 영향력 행사

④ 칠지도: 근초고왕이 왜나라의 왕에게 하사한 칼

7 광개토 대왕의 업적

① 거란, 숙신(여진), 후연, 동부여 공격 → 만주와 요동 확보

② 백제 공격 → 한강 상류 지역 점령

③ 신라에 침입한 왜구 격퇴 → 금관가야 쇠퇴, 가야 연맹의 주도권이 대가야로 넘어감

8 장수왕의 업적

① 남하 정책 추진: 수도를 국내성에서 평양성으로 옮김

② 백제 공격 → 한강 유역 전체 점령

③ 광개토 대왕릉비, 충주(중원) 고구려비 건립

9 진흥왕의 업적

① 화랑도 개편: 국가 조직화, 인재 육성 목적, 원광 스님의 '세속오계'(진평왕)

② 나제 동맹: 고구려 공격, 백제와 한강 유역 나눠서 점령 약속

③ 관산성 전투

• 배경: 진흥왕이 나제 동맹을 깨고 백제 공격 → 한강 유역 전체를 차지하려는 의도

• 전개: 백제 성왕이 신라 공격 → 성왕 전사

• 결과: 나제 동맹 결렬, 신라의 한강 유역 전체 점령

④ 대가야 정복 → 낙동강 유역 점령

⑤ 함경도 지역 진출

⑥ 진흥왕 순수비, 단양 적성비 건립

3장

> 여러분은 삼국을 통일한 나라가 어디인지 알고 있나요? 역사에 관심을 가진 친구들이라면 아마 알지도 모르겠네요. 하지만 몰라도 괜찮아요. 이제부터 고구려, 백제, 신라 중에 신라가 삼국을 통일할 수 있었던 까닭과 그 과정에 대해 공부할 거니까요!

King's Road

603~661년
무열왕

626~681년
문무왕

무열왕과 고왕이 만든
새로운 시대

01 동서 세력과 남북 세력의 한판 승부!

02 진골이면 어때? 이젠 내가 왕이라고!

03 우리 역사에는 남북국 시대가 있었습니다.

동서 세력과 남북 세력의 한판 승부!

6세기 말~7세기 초 동아시아의 국제 정세

삼국 시대를 공부하다보면 신라가 삼국을 통일한 것에 대해 아쉬움을 느끼는 친구들이 종종 있습니다. 이 책으로 공부하고 있는 친구들 중에도 이런 생각을 해본 사람이 있을 거예요.

"만약 고구려가 삼국을 통일했다면 훨씬 더 위대한 나라가 되지 않았을까?"

역사를 공부할 때 '만약'은 정말 위험한 생각이 될 수 있어요. 앞에서도 말했듯이 역사에서는 하나의 사건이 하나의 결과를 만들지 않으니까요. 시간 속에는 수많은 변수*들이 있고 그것들이 모여 새로운 방향을 만들거든요. 신라의 삼국 통일을 속상해 하는 친구들에게 이렇게 말해 주고 싶네요.

"고구려가 통일했다면, 세종 대왕님은 없었을지도 몰라요."

'만약'은 즐거운 상상으로 충분합니다. 우리가 공부하는 역사는 그 시대를 살았던 사람들이 한 최선의 선택이었어요. 우린 왜 그들이 그러한 선택을 했는지 수많은 상황들을 함께 엮어 이해해야 해요.

676년 신라의 삼국 통일을 정확히 이해하려면 당시 동아시아의 국제 정세를 알아야 해요. 신라의 한반도 통일은 단순히 고구려, 백제, 신라의 문제가 아니라 중국과 일본까지 참여했었던 국제 사회의 커다란 움직임이었습니다.

우리는 이 시기를 크게 세 가지 측면에서 살펴볼 거예요. 한반도와 왜나라(일본), 중국으로 나눠서 말이지요.

동서 세력과 남북 세력의 수립

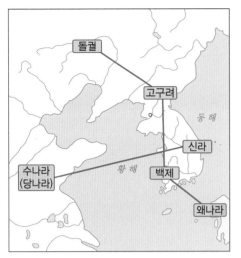

▲ 6세기 말~7세기 초 동아시아의 국제 정세

먼저 한반도는 신라가 전성기를 맞이한 때에서 시작할게요. 한강 유역을 빼앗긴 고구려는 신라와 적대 관계가 되었어요. 백제 역시 진흥왕의 배신으로 한강 유역을 상실하는 과정에서 성왕까지 전사하는 아픔을 겪었기 때문에 신라와 원수지간*이 되지요. 역사적으로 반복된 삼국의 세력 균형을 고려할 때 전성기에 있는 국가를 견제하기 위해 나머지 두 나라가 힘을 합치는 것은 당연한 일이에요. 따라서 이 시기 한반도에는 '고구려, 백제 VS 신라'의 구도가 형성됩니다.

왜나라는 일찍부터 백제와 밀접한 관계를 유지하고 있었습니다. 앞에서 언급한 '칠지도'가 양국의 우호적인 관계를 보여 주는 대표적인 사례예요. 왜나라는 백제의 선진 문물을 수용하며 발전했고, 가야의 철을 수입했습니다. 거리는 가깝지만 상대적으로 교류가 적었던 신라는 부족한 식량을 구하기 위한 노략질의 대상으로 삼았어요. 신라의 힘이 약화되기를 원한다는 점에서 백제와 왜나라의 이해관계가 맞아떨어졌겠지요? 이제 다시 각 국가의 관계를 살펴보면 '고구려, 백제, 왜나라 VS 신라'로 정리할 수 있습니다.

이번에는 중국을 살펴봅시다. 당시 수나라는 오랜 시간 남·북조로 분열되어 있던 중국을 통일했어요. 분열된 국가의 왕은 통일을 꿈꾸고, 통일된 국가의 왕은 확장을 꿈꿉니다. 약 300년 동안 분열되어 있던 중국이 수나라에 의해 통일되면서 인접해 있던 국가인 고구려와 돌궐은 위기의식을 느끼게 되지요. 이로 인해 '수나라 VS 고구려, 돌궐'의 세력 구도가 형성돼요. 나중에 수나라가 멸망한 후 당나라가 세워질 때까지도 이러한 세력 구도는 계속 유지됩니다.

? 단어 돋보기

변수: 어떤 상황에서 변할 수 있는 요소
원수지간: 자기나 자기 집안에 피해를 입혀 원한이 맺히게 된 사이

주변 국가들이 힘을 합치자 고립될지도 모른다는 위기감에 수·당나라와 신라는 손을 잡기로 하지요. 자, 이제 마지막으로 정리해 봅시다. 당시 한반도와 왜나라, 수·당나라의 움직임은 '남북 세력(돌궐, 고구려, 백제, 왜나라)과 동서 세력(수·당나라, 신라)의 대립'으로 설명할 수 있겠네요!

고구려와 수나라의 대결

남북, 동서 두 세력이 대치하는 상황에서 고구려와 수나라가 전쟁을 벌이게 됩니다. 보스끼리의 맞대결? 살짝 이런 느낌이지요! 여기시 중요한 점은 고구려가 수나라의 진략직 요충지*인 요서 지방을 먼저 공격했다는 거예요. 수나라 황제가 고구려에 보낸 국서의 내용이 매우 예의가 없어서 고구려를 화나게 했거든요. 그런데 사실 요서 지방을 공격하는 데는 고구려의 숨겨진 의도가 있었습니다. 수나라의 전략적 요충지를 제거하는 동시에 수나라가 안정을 갖추기 전에 고구려의 힘을 보여 주려 한 것이랍니다.

이후 수나라는 고구려에 복수하기 위해 112만 대군이라는 엄청난 숫자의 군대를 이끌고 고구려를 공격했지만, 을지문덕 장군의 '살수 대첩'에서 크게 패배하면서 전쟁은 고구려의 승리로 끝이 납니다.

선생님의 틈새 수업

을지문덕 장군의 살수 대첩

적을 모두 살수로 몰아넣어라!

와아!

우와!

무찔러라리!

살수는 평안북도와 평안남도 사이를 가로질러 남해로 흐르는 강을 말합니다. 오늘날 우리가 청천강이라 부르는 곳이지요. 고구려에 쳐들어온 수나라의 대군이 30만 명으로 별동대*를 구성해 평양성을 직접 공격했어요. 을지문덕 장군은 이들이 오랜 전쟁 끝에 잔뜩 지쳐있음을 눈치 채고 패배하는 척하며 살수로 유인해 큰 승리를 거뒀습니다. 결국 살수 대첩에서 패배한 수나라는 항복하고 자신의 나라로 돌아가게 되었어요.

고구려와 당나라의 대결

수나라는 무리한 고구려 원정과 대토목 공사(대운하 건설)로 망하게 됩니다. 이어서 당나라가 새롭게 중국의 주인이 되는데, 당나라는 고구려와 전쟁을 할 수밖에 없었어요. 왜냐고요? 천하의 패권을 차지하기 위해서도 있지만, 무엇보다 국민들의 분노를 해결해야 했기 때문이에요.

당나라는 수나라를 계승한 나라입니다. 황제가 바뀌었지 국민이 바뀐 것은 아니라는 거예요. 무슨 말인지 이해가 되나요? 예를 들어 볼게요. 뒤에서 배우겠지만, 우리 역사에서 조선이 일본의 식민 지배를 받은 것이지 대한민국이 일본의 식민 지배를 받은 것은 아닙니다. 하지만 우리는 분노해요. 왜 그럴까요? 조선 사람이 곧 대한민국 사람이기 때문입니다. 마찬가지예요. 무리한 고구려 원정으로 수많은 수나라 군인이 죽었지요. 수나라 사람들은 자신의 남편, 아들, 아버지를 죽인 고구려를 원망할 수밖에 없었어요. 당나라는 이러한 국민들의 분노를 해결하고, 동시에 새롭게 만들어진 당나라에 대한 국민들의 충성심을 높이기 위해 고구려 원정을 선택합니다.

초반에는 고구려의 여러 성을 점령하는 등 꽤 성과를 보였지만 양만춘 장군의 '안시성 싸움'에서 무참히 패배하면서 수나라와 마찬가지로 당나라의 고구려 원정은 실패로 끝납니다. 그런데 내부적으로는 정반대의 결과를 얻어요. 수나라는 고구려 원정 실패로 나라가 망했지만 당나라는 국민의 힘을 하나로 모으는 계기가 되었답니다. 어떻게 된 일일까요?

수나라 때는 사람들이 고구려에 질 거라는 생각을 전혀 하지 않다가 패배해서 백성들의 분노가 극에 달했던 거예요. 당나라 때는 '이번에는 이길 수 있을까?'라는 생각에서 시작해 '결국 또 졌구나!'로 끝났기 때문에 고구려에 대한 두려움이 커졌어요. 이를 극복하기 위해서는 국력을 키워야겠다는 의지를 갖게 됩니다. 국민의 마음이 하나로 모이는 동시에 고구려와의 1대1 승부는 힘들다고 판단하고 신라와 연합을 강화하게 된 거지요.

⑦ 단어 돋보기

요충지: 군사적으로 중요한 지역
별동대: 작전을 위해 본 부대에서 따로 떨어져 나와 독자적으로 행동하는 부대

나당 연합의 결성

이때 백제는 무엇을 하고 있었을까요? 4세기 근초고왕 때 삼국 중 가장 먼저 전성기를 맞이했지만 5세기 고구려 장수왕의 남하 정책으로 나라가 망할 위기에 놓였어요. 이후 한강 유역을 일시적으로 되찾았다가 신라와의 관산성 전투에서 패배하면서 한강도 신라에게 빼앗기고, 성왕마저 목숨을 잃었어요. 백제는 점점 몰락*하고 있었습니다.

그럼에도 불구하고 백제는 마지막까지 만만한 국가는 아니었어요. 바로 백제의 마지막 왕이었던 의자왕 때문입니다. 아마 의자왕을 이렇게 알고 있는 친구들이 많을지도 모르겠네요.

"삼 천 궁녀 의자왕"

정말 의자왕이 삼 천 명의 궁녀를 거느렸을까요? 조선 시대 궁녀의 수가 500~600명임을 고려할 때 삼 천 궁녀는 현실적으로 불가능합니다. 이건 후에 사람들이 기록을 남길 때 삼국 통일이 정당했다고 말하기 위해 백제 왕실의 사치와 향락을 강조했다고 보는 것이 맞습니다. 역사는 언제나 승자의 기록이니까요. 이것보다 중요한 것은 의자왕이 몰락하는 백제를 구하기 위해 어떤 노력을 했는지, 이에 신라는 어떻게 맞섰는지 살펴보는 거예요.

젊은 시절의 의자왕은 신라에 매우 위협적인 존재였어요. 직접 군대를 이끌고 전쟁에 참여해 신라의 40여 개 성을 함락*시켰고, 윤충을 보내 신라의 핵심 지역인 대야성까지 함락시킵니다. 이 과정에서 김춘추의 딸이 죽기도 해요.

신라는 백제 의자왕의 위협에 맞서기 위해 김춘추를 고구려로 보내 원병*을 요청하지만, 고구려는 한강 유역을 돌려 달라 요구하며 오히려 김춘추를 감옥에 가뒀어요. 이후 감옥을 탈출한 김춘추는 당으로 건너가 648년 나당 연합을 결성하게 됩니다. 이제 본격적인 삼국 통일의 여정이 시작되는 순간이지요.

백제와 고구려의 멸망

　백제와 고구려의 멸망 과정을 살펴보면 '내가 알던 나라가 맞나?'라는 생각이 들 정도로 허탈해 집니다. 특별한 저항 없이 너무 쉽게 무너졌거든요. 두 나라 모두 강력했던 국력을 내분에 소모했고, 그 틈을 노린 신라의 공격으로 멸망하게 되었어요.

　백제는 황산벌에서 계백 장군이 김유신에 맞서 싸웠지만 결국 패배했고, 고구려는 교과서에 실릴 만한 전투 한번 없이 나라가 망하고 맙니다.

3장

　이는 '아무리 강력한 나라라도 분열하면 망하는 건 순간이다.'라는 교훈을 남겨주지요. 우리는 역사를 통해 깨달음을 얻어야 합니다. 오늘날에도 서로를 이해하지 못하고 다툼을 벌이는 사람들이 많은데 대한민국의 힘을 엉뚱한 곳에 사용하고 있지는 않은지 반성해 볼 필요가 있어요.

선생님의 틈새 수업

관창의 용기가 바꾼 결과, 황산벌 전투

백제 계백 장군은 김유신의 신라군에 맞서 황산벌에서 전투를 벌입니다. 계백은 전쟁에서 이길 각오를 다지기 위해 가족까지 죽였어요. 이러한 계백의 의지를 중심으로 백제군은 열심히 싸웠고, 신라는 네 번의 전투에 연이어 패배합니다. 당연히 신라의 군사들은 많이 지쳤겠지요.

이때 신라의 화랑 관창이 백제의 포로가 되었어요. 계백은 관창이 아직 어린 소년이라 죽이지 않고 돌려보냈습니다. 하지만 관창은 뜻을 굽히지 않고 또다시 전투에 참여했고, 관창은 계백에게 죽임을 당했어요. 이러한 관창의 용기는 지쳐있던 신라군에게 힘을 주었습니다. 결국 신라는 백제를 무찌르고 승리를 차지할 수 있었어요.

❓ **단어 돋보기**

몰락: 세력이 약해지거나 멸망해 모조리 없어짐
함락: 적의 성이나 요새 등을 공격해 무너뜨림
원병: 전투에서 자기편을 도와주는 군대

신라와 당나라의 전쟁 그리고 삼국 통일

백제와 고구려를 멸망시킨 당나라는 신라와의 약속을 깨뜨리고 한반도 전체를 지배하려는 욕심을 나타냅니다. 당나라는 백제의 땅에 '웅진도독부', 고구려의 땅에 '안동도호부' 그리고 신라의 땅에 '계림도독부'를 설치하며 한반도를 자신의 영토에 포함시켜요.

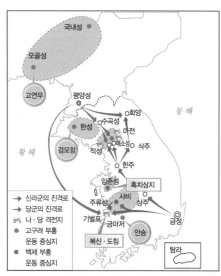

▲ 나당 전쟁과 고구려 · 백제의 부흥 운동

여러 번의 전쟁을 통해 어렵게 백제와 고구려를 멸망시켰는데 이러한 당나라의 행동에 신라는 화가 많이 났겠지요? 결국 신라와 당나라의 전쟁이 일어납니다.

신라는 675년 매소성에서 당의 육군을 격파하고, 676년 기벌포에서 당의 수군을 물리쳐 한반도를 지켜냈어요. 신라가 나당 전쟁에서 승리하면서 마침내 자주적인 삼국 통일이 완성됩니다.

백제와 고구려가 멸망한 후 나라를 되찾기 위한 부흥* 운동도 있었어요. 복신, 도침, 흑치상지 등이 주류성과 임존성에서 백제 부흥 운동을 일으켰고, 검모잠과 고연무는 한성(황해도 재령)과 오골성을 중심으로 고구려 부흥 운동을 전개했습니다. 하지만 부흥 운동은 모두 실패로 돌아갔고 신라에 흡수되었습니다.

삼국 통일이 남긴 점과 배울 점

마지막으로 신라의 삼국 통일이 갖는 의의와 한계를 살펴볼게요. 학교 시험에 서술형으로 자주 출제되는 내용이니까 꼭 기억해 둡시다.

먼저 교과서에서 설명하는 신라의 삼국 통일을 같이 읽어 봐요.

신라의 삼국 통일은 우리 민족 최초의 통일이며, 나당 전쟁을 통해 자주성을 확보했다는 의의가 있습니다. 하지만 통일하는 과정에서 외세(당나라)에 의존하고 영토가 대동강 이남에 국한된 점은 한계로 남습니다.

신라 삼국 통일의 가장 큰 의의는 우리 민족 최초의 통일이라는 점이에요. 오늘날에는 신라가 당나라와 연합해 백제와 고구려를 멸망시킨 사실에 분노하는 사람들도 많지만, 당시 신라인들의 입장에서는 백제와 고구려는 적대국이었어요. 한 민족이라는 생각을 하지 못했답니다. 신라가 삼국을 통일한 이후 드디어 '우리는 하나'라는 생각을 하게 되었지요.

예를 들어 우리가 미국과 힘을 합쳐 북한 정권을 몰아내고 한반도를 통일한다면 어떨까요? 아마 대한민국을 비난만 할 수는 없을 거예요. 오랫동안 분단되어 있던 한반도가 합쳐졌다는 것이 더 중요하니까요. 물론 스스로의 힘으로 통일하지 못한 부분은 아쉬움으로 남겠지요.

신라도 마찬가지예요. 우리 민족 최초로 통일을 해냈다는 것이 중요합니다. 삼국을 통일하는 과정에서 당나라의 도움을 받은 점이 아쉬웠다면, 우리는 이를 통해 배우면 돼요. 우리의 힘으로 한반도를 통일할 수 있도록 노력해야 합니다. 역사를 통해 깨달음을 얻는 것이 진정한 역사 공부니까요!

나당 전쟁을 통해 우리의 자주성을 지켜낸 부분도 삼국 통일의 의의라 할 수 있습니다. 당나라가 한반도를 침략했다면 과연 그 시기의 고구려와 백제가 당나라의 공격을 막아낼 수 있었을까요? 역사에 있어서 '만약'이라는 가정은 아무런 의미가 없다고 했지만, 신라만이 당나라의 침략을 막아낸 것은 사실이니까요. 우리는 인정해야 합니다. 신라 덕분에 당나라의 침략을 막아내고 우리의 정체성을 지킬 수 있었던 거예요. 다만 이로 인해 영토가 대동강 이남으로 축소된 건 아쉬운 부분이라 할 수 있습니다.

? **단어** 돋보기

부흥: 세력이 약해졌던 것이 다시 일어나거나 다시 일어나도록 함

1 다음 지도에서 같은 세력을 형성했던 국가들을 선으로 연결해 보세요.

2 다음 선생님의 질문에 대한 올바른 답은 무엇인가요?

수나라의 침략에 맞서 싸운 고구려의 장수로, 적들을 살수로 유인해 전쟁을 승리로 이끈 인물은 누구일까요?

① 계백   ② 김유신   ③ 양만춘   ④ 을지문덕

3 신라의 삼국 통일과 나당 전쟁을 통해 알 수 있는 역사적 의의는 무엇인가요?

① 우리 민족의 자주성을 지킬 수 있었다.

② 우리 역사에 남북국 시대가 열리게 되었다.

③ 신라 말 호족 세력들이 성장했음을 알 수 있다.

④ 영토가 대동강 이남에 국한되는 불안정한 통일이었다.

진골이면 어때? 이젠 내가 왕이라고!

신라의 뼈대, 골품제

대부분의 학생들이 '골품제'를 공부할 때면 골은 왕족을, 품은 귀족을 나타내는 신라의 독특한 신분 제도라 생각해요. 물론 틀린 건 아니지만 정확한 표현은 아닙니다. 우리 이 부분에 대해 조금만 더 자세히 살펴보도록 해요.

교과서 미리 보기

골품제(骨品制)

신라의 독특한 신분 제도로 골품은 뼈의 등급, 즉 혈통에 따라 타고나는 신분을 뜻합니다. 정해진 골품의 높고 낮음에 따라 관직의 범위뿐만 아니라 혼인, 가옥의 규모, 의복의 색 등 사회생활 전반에 걸쳐 여러 특권과 제약을 두었습니다. 국가 형성기에 만들어진 골품제는 6세기 초에 법제화되었으며, 신라가 멸망할 때까지 신라 사회를 운영하는 데 중요한 질서로 작용했습니다.

신라의 독특한 신분 제도인 골품제는 사람의 신분을 골과 품으로 구분합니다. 왕족은 골, 왕족이 아닌 사람은 품으로 구분하지요. 골은 다시 성골과 진골로 나뉩니다. 부모가 모두 성골인 왕족이라면 성골이 되고, 나머지 왕족은 진골이 됩니다. 성골과 진골의 가장 큰 차이는 왕위 계승에 있어요. 성골은 왕이 될 수 있었지만, 진골은 왕이 될 수 없었어요.

신라는 왕족 중에서 극소수의 성골만이 왕이 될 수 있는 국가였기 때문에 고구려와 백제에 비해 왕위 쟁탈전이 많이 발생하지 않았습니다. 왕위 쟁탈전이 발생하려면 적어도 왕과 비슷한 능력을 가진 왕족들이 등장해 욕심을 부려야 하는데요, 소수의 성골 중에서 왕이 뽑히는 구조라 경쟁 상대가 거의 없었습니다. 게다가 진골 귀족들은 아무리 능력이 뛰어나도 왕이 될 생각을 하지 못했거든요.

고구려와 백제가 멸망하는 과정에서 지배층의 분열과 내분이 큰 원인이었다는 것을 생각해보면 신라의 신분 제도는 왕권을 안정시켜 삼국을 통일하는 데도 영향을 미쳤다는 것을 알 수 있어요.

등급	관등명	공복	진골	6두품	5두품	4두품
1	이벌찬	자색				
2	이찬					
3	잡찬					
4	파진찬					
5	대아찬					
6	아찬	비색				
7	일길찬					
8	사찬					
9	급벌찬					
10	대나마	청색				
11	나마					
12	대사	황색				
13	사지					
14	길사					
15	대오					
16	소오					
17	조위					

▲ 신라의 골품제

품은 왕족이 아닌 사람들에게 부여*한 신분입니다. 1두품부터 6두품까지 구분했는데요, 1~3두품은 평민에게 부여된 신분이고 4~6두품은 귀족의 신분이에요. 점차 시간이 지나면서 평민들의 신분을 구분하는 것은 무의미해졌지요. 그래서 1두품, 2두품, 3두품의 구분은 사라지고, 귀족의 신분을 나타내는 4두품, 5두품, 6두품만이 사람들의 삶에 영향을 미치게 되었습니다.

일반적으로 이러한 과정을 생략하고 골은 왕족, 품은 귀족이라 이야기하는 경우가 많은데, 꼭 정확하게 기억해 둡시다. 품은 귀족뿐만 아니라 왕족이 아닌 사람들에게 부여된 신분이에요. 평민들도 신분을 받았어요. 다만 시간이 지나면서 사라졌을 뿐입니다.

신라의 다양한 귀족 중 '6두품'은 학교 시험에 주로 출제되는 주인공들입니다. 왜일까요? 신라는 철저한 왕족 중심의 국가였습니다. 왕위 계승권을 갖는 성골과 왕은 될 수 없지만 국가의 주요 관직을 독점했던 진골의 국가였어요. 반면 6두품 귀족들은 꿈이 없었습니다.

4두품과 5두품은 열심히 노력해서 신분을 업그레이드하겠다는 욕망을 가지고 살았지만, 6두품은 더 이상 위로 올라갈 수도 없었어요. 신라 사회에서 6두품이 이룰 수 있는 것은 아무것도 없었지요.

그러한 6두품이 신라 말에 한 단계 올라갈 수 있는 세상을 꿈꾸며 지방 세력인 호족과 손을 잡아 반신라 세력을 형성하고, 새로운 세상의 문을 엽니다. 그 결과 천 년간 이어져 내려온 신라의 시대가 마무리되고 새로운 시대가 시작되지요. 6두품은 시대를 바꾼 세력이었어요.

신라 최초의 진골 출신 왕, 태종 무열왕

김춘추는 신라 최초의 진골 출신 왕입니다. 철저한 골품제 국가였던 신라에서는 성골만이 왕이 될 수 있었다고 했지요? 고구려나 백제에 비해 왕권이 안정되었다는 장점이 있었지만, 성골의 신분을 자식에게 물려주려면 같은 성골끼리 결혼해야만 했습니다. 이러한 폐쇄적인 근친혼은 유전병을 불러왔고 결국 성골은 모두 사라지게 됩니다. 신라에 여왕(선덕 여왕, 진덕 여왕)이 존재할 수 있었던 이유도 더 이상 성골 아들이 없었기 때문이에요. 마지막 성골이었던 진덕 여왕이 사망하자 신라 사회는 커다란 혼란을 겪게 됩니다. 지금까지 경험하지 못했던 질문에 답을 찾아야 했어요.

"누가 왕이 될 것인가?"

신라인들이 찾아낸 답은 의외로 간단했어요. 너무나 당연한 규칙을 떠올린 거지요.

"가장 뛰어난 사람이 왕이 된다."

물론 왕이 될 수 있는 사람은 진골만을 의미합니다. 앞에서도 언급했듯이 신라는 철저한 골품제 국가였으니까요.

많은 진골 귀족 중에서 큰 영향력을 가진 사람이 왕의 후보에 올랐고, 그 결과 김춘추가 최초의 진골 출신 왕인 태종 무열왕이 됩니다. 사실 김춘추는 좀 특별한 진골이었어요. 신라의 제25대 왕인 진지왕의 손자였거든요.

? 단어 돋보기

부여: 사람에게 권리, 명예, 임무 등을 지니도록 해 주거나 사물이나 일에 가치를 붙여 줌

진지왕이 누구인지 먼저 알아볼게요. 신라의 전성기를 이끈 진흥왕에게는 동륜과 금륜 두 아들이 있었는데 태자였던 큰 아들 동륜이 죽자 둘째인 금륜이 왕이 돼요. 그가 바로 김춘추의 할아버지인 진지왕입니다. 진지왕은 사치와 향락 등에 빠져 재위 4년 만에 왕위에서 쫓겨납니다. 진지왕의 가문은 성골에서 진골로 신분이 떨어지게 되고요.

신라의 왕위는 동륜의 아들이 물려받았고, 그가 제26대 왕인 진평왕이 됩니다. 이후 왕위는 진평왕의 딸인 제27대 선덕 여왕 그리고 진평왕의 동생의 딸인 제28대 진덕 여왕에게 계승되지요. 더 이상 왕위를 계승할 성골이 없자 진지왕의 손자인 김춘추가 제29대 무열왕으로 등극합니다.

김춘추는 혈통을 중요시하는 신라 사회에서 다른 진골 귀족들보다 우위에 있었어요. 나당 연합을 결성하는 등 본인의 외교적 능력도 매우 탁월했습니다. 게다가 신라 최고의 무장인 김유신의 여동생과 혼인까지 하면서 강력한 군사력을 확보할 수 있었고, 넓게 보면 가야 세력까지도 자신의 영향력에 포함시켰습니다.

김춘추는 이미 왕이 되기 전부터 신라 최고의 권력자였어요. 신라에서 가장 뛰어나고 센 사람, 즉 신라인들을 지켜줄 수 있는 사람은 바로 김춘추였지요.

바다의 용이 된 문무왕

김춘추와 김유신이 삼국 통일의 문을 열었다면, 문무왕은 삼국 통일을 완성한 인물입니다. 백제를 정복한 직후 무열왕이 죽고, 나당 전쟁의 과정에서 김유신마저 죽었지만 문무왕은 흔들림 없이 신라를 지켜냈어요. 수많은 전투에 직접 참여하기도 하며 나당 전쟁을 승리로 이끌었습니다.

문무왕은 무열왕과 김유신의 여동생인 문명 왕후 사이에서 태어났어요. 진골이었던 김춘추가 왕이 될 수 있었던 이유를 기억하지요? 김춘추가 왕이 되면서부터 신라의 진골 귀족들은 왕위 계승에 관한 특별한 생각을 하게 됩니다. '가장 뛰어난 사람이 왕이 된다.'는 규칙이 '나는 김춘추보다 못해서 왕이 될 수 없었지만, 나의 자손들은 왕이 될 수 있다.'는 마음을 갖게 했어요. 무열왕의 후손들은 왕위를 계승하기 위해 엄청난 노력을 해야 했지요. 아버지가 왕이어서 왕이 되는 것이 아니라 그 시대의 가장 큰 세력을 가진 사람이어야만 왕이 될 수 있었습니다.

덕분에 성골이면 왕이 될 수 있었던 시절과 달리 삼국을 통일한 이후 신라는 엄청난 발전을 하게 되지요. 하지만 점차 시간이 지나면서 무열왕의 후손들과 다른 진골 귀족들 간의 격차*가 줄어들었고, 그 결과 신라는 150여 년 동안 약 20명의 왕이 교체되는 엄청난 혼란에 빠지게 됩니다. 이 부분은 4장에서 자세히 다루도록 할게요.

▲ 문무대왕릉

문무왕의 엄청난 능력은 무덤을 통해 알 수 있어요. 문무왕의 무덤은 다른 왕들과 달리 동해 바다 한 가운데 자리 잡고 있습니다. 문무왕은 자신이 죽으면 불교식으로 화장한 후 동해 바다에 묻어달라는 유언을 남겼거든요.

죽은 후 자신이 용이 되어 동해로 침입하는 왜구를 막겠다는 뜻이었어요. 신라를 아끼는 문무왕의 마음이 느껴지나요?

❓ **단어** 돋보기 ···

격차: 가격이나 자격, 수준 등이 서로 다른 정도

여기서 중요한 건, 실제로 신라 사람들이 문무왕을 동해 바다에 묻었다는 사실입니다. 단순히 유언 때문이었을까요? 만약 여러분 주변의 누군가가 죽을 때 유언으로 '나는 죽어서 용이 되겠다.'는 말을 남긴다면 여러분은 그 말을 믿을까요? 당연히 아무도 믿지 않을 겁니다. 신라 사람들은 문무왕이 죽어서 용이 된다는 말을 믿었어요. 그래서 바다에 무덤을 만든 겁니다. 그만큼 문무왕은 대단한 사람이었던 거예요.

죽어서 용이 될 수 있는 존재!
용이 되어 신라를 지켜 줄 것이라는 믿음을 주었던 존재!
그가 바로 문무왕입니다.

강력한 왕권을 확립한 신문왕

자식은 보통 부모와 비교되고는 합니다. 그런 면에서 신문왕은 상당히 힘들었을 거예요. 아빠가 '용'이 되었잖아요. 신문왕은 당시 사람들에게 모든 면에서 문무왕과 비교를 당했어요. 하지만 불쌍해하지 않아도 됩니다. 왜냐하면 신문왕은 문무왕보다 뛰어난 왕으로 평가받고 있거든요. 그럼 지금부터 신문왕이 얼마나 대단한 사람인지 알아볼게요.

신문왕이 왕이 되자 진골 귀족들의 반발이 있었습니다. 강력한 왕권을 행사했던 문무왕과 비교했을 때 신문왕은 강하지 않다고 느낀 것이지요. 신문왕의 장인이었던 김흠돌의 반란이 대표적인 사례입니다. 신문왕은 김흠돌의 반란을 진압하는 과정에서 자신에게 위협이 될 만한 진골 귀족 세력들을 대거 숙청*해 전제 왕권을 확립했어요. 이후로도 왕권을 더욱 강화하기 위해 정부 조직과 군대를 정비했으며, 귀족들에게 지급되었던 토지인 녹읍을 폐지했습니다.

진골 귀족들의 반발이 거세졌겠지요? 신문왕은 이를 막기 위해 '만파식적'을 적절히 활용했어요. 만파식적이 무엇인지 먼저 알아봅시다.

682년인 신문왕 2년, 한 이야기가 경주에 퍼집니다. 동해에 신비한 섬이 있는데 신문왕이 문무왕을 위해 지은 절인 감은사를 향해 움직이고 있다는 거예요. 그 섬에는 용이 된 문무왕과 천신이 된 김유신이 보낸 대나무가 있으며, 이 대나무는 낮에는 둘로 나뉘고 밤에는 하나로 합쳐진다 했습니다. 신문왕이 이를 듣고 그 섬을 찾아가자, 용이 나타나 말했어요.

▲ 경주 감은사지

"이 대나무로 피리를 만들어 불면 나라가 평안해질 것이다."

신문왕은 이 말을 듣고 대나무로 피리를 만들어 '만파식적'이라는 이름을 붙였어요.

"이게 뭐예요? 이런 이야기를 사람들이 믿었다고요?"

이 이야기를 읽은 대부분의 친구들은 아마 이런 생각을 했을 거예요. 신문왕이 대단한 건 사람들이 이러한 이야기를 믿도록 만들었다는 사실이에요. 반란이 일어나거나 국가에 심각한 문제가 발생했을 때 신문왕은 모든 것을 완벽하게 해결했습니다. 그리고 사람들에게는 '피리를 불었더니 문제가 해결되었다.'고 발표했어요. 인간이 도저히 해결할 수 없을 것 같은 문제를 모조리 스스로 해결하고 피리 덕분에 해결된 것처럼 발표한 거지요. 당연히 사람들은 피리를 믿게 됩니다. 그리고 문무왕과 김유신을 두려워하며 신문왕의 뜻을 따르게 되지요.

진골 귀족들은 자신들의 세력이 위축되는 것에 반발했지만 그렇다고 문무왕과 김유신을 이길 수는 없었습니다. 이를 통해 신문왕은 신라 역사상 가장 강력한 전제 왕권을 확립한 왕이 됩니다.

❓ **단어 돋보기** ⋯⋯

숙청: 정치에서 정책이나 조직의 일체성을 위해 반대파를 제거함

1 관직 진출 및 사람들의 일상생활까지 관여했던 신라의 독특한 신분 제도는 무엇인지 써 보세요.

2 다음과 같은 말을 한 인물은 누구인가요?

나는 죽은 후에도 용이 되어 신라를 지킬 것이다.

① 진흥왕   ② 무열왕   ③ 문무왕   ④ 신문왕

3 다음 이야기에 등장하는 피리의 이름은 무엇일까요?

자네 그 이야기 들어봤나? 동해에 신비한 섬이 있는데 감은사를 향해 움직이고 있다네. 그 섬에는 용이 된 문무왕과 천신이 된 김유신이 보낸 대나무가 있어서 임금님께서 신라의 평안을 위해 그 대나무로 피리를 만드셨다는군.

03 우리 역사에는
남북국 시대가 있었습니다.

통일 신라와 발해의 남북국 시대

예전에는 역사를 공부할 때 신라가 삼국을 통일한 이후를 '통일 신라 시대'라 불렀어요. 최근에는 이러한 표현이 역사적 오류를 발생시킬 수 있어 '남북국 시대'라 표현합니다.

신라가 삼국을 통일했지만, 한반도 북쪽에는 우리 민족이 세운 '발해'가 새롭게 등장해요. 통일 신라 시대라는 표현을 쓰면 이러한 발해를 우리 역사에서 제외하는 오류가 생깁니다. 중국이 발해를 자신들의 역사라 왜곡*하고 있는 상황에서 우리는 정확한 표현을 사용해야 해요.

다행히 오늘날에는 '남북국 시대'라는 표현을 널리 사용하고 있습니다. 하지만 어른들의 대부분은 학교에서 '통일 신라 시대'로 배워서 우리 사회에는 '통일 신라 시대'는 알지만 '남북국 시대'를 알지 못하는 사람들이 많습니다. 여러분들은 '남북국 시대'를 꼭 기억해 줘요.

선생님의 틈새 수업

통일 신라 시대? 남북국 시대?

'통일 신라 시대'라는 표현 대신에 '남북국 시대'를 쓰자고 해서 '통일 신라'라는 표현이 잘못되었다는 뜻은 아닙니다. 삼국을 통일하기 전과 통일한 이후를 구분해 신라와 통일 신라로 표현하고 있을 뿐이에요. 통일한 이후에도 여전히 국호는 '신라'였기 때문에 후세 사람들이 신라를 구분하기 위해 만든 표현이라 알아 두면 됩니다.

? 단어 돋보기

왜곡: 사실과 다르게 해석하거나 틀리게 함

발해는 고구려를 계승한 나라

발해는 고구려 장군 출신이었던 대조영이 고구려 유민을 이끌고 말갈인을 모아 세운 나라입니다. 우리 역사에 존재했던 국가들과 달리 주민 구성이 이원적*이라는 특징을 가지고 있어요. 주로 고구려인이 지배층을 형성했고, 말갈인이 피지배층을 이루었어요.

▲ 고구려 영토

▲ 발해 영토

지도를 보면 알 수 있듯이 발해의 최대 영토는 고구려보다도 넓었고, 오늘날의 중국에 해당하는 북쪽으로 상당한 지역을 확보했습니다. 말갈은 이후에 여진으로 불렸으며, 중국의 마지막 왕조인 청나라를 세운 사람들의 조상이에요. 그래서 발해에 대한 중국의 역사 왜곡이 심각한 상황입니다.

우리는 올바른 역사를 지키기 위해 끊임없이 노력하고 있지만, 안타깝게도 현재 발해 문자가 해독되지 않아 발해의 다양한 기록들을 정확히 해석하지 못합니다. 유물과 유적까지도 대부분 중국과 북한 땅에 있는 현실에서 발해의 역사를 제대로 연구하는 것은 어려움이 많답니다. 우리는 이 책을 통해 발해가 우리의 역사임을 명확히 알았으면 좋겠습니다.

발해가 고구려 유민이 주축*이 되어 세운 국가이고, 고구려의 영토를 대부분 회복했다는 사실만으로도 고구려를 계승했음이 충분하지만 우리는 좀 더 구체적인 몇 가지 증거를 살펴볼게요.

먼저 대조영의 아들로 발해의 제2대 왕이었던 무왕이 일본에 보낸 국서인 중대성첩을 보면 '고구려의 옛 영토를 회복하고 부여 이래의 오랜 풍속을 유지하고 있다.'는 표현이 등장합니다. 일본의 답서에서도 '고구려의 옛 영토를 회복하고 이전과 같이 일본과 국교를 맺는 것에 대해 축하한다.'는 내용이 담겨 있어요. 이를 통해 발해와 일본 두 나라 모두 발해가 고구려를 계승한 국가임을 분명히 한 것이지요.

▲ 발해의 중대성첩

중국의 역사서인 『구당서』에도 '발해 말갈의 대조영은 본래 고구려 별종이다.'로 기록한 것을 볼 때 중국 역시도 발해가 고구려를 계승한 나라라 인식했음을 알 수 있어요.

마지막으로 살펴볼 부분은 문화입니다. 한 사회의 문화는 쉽게 바뀌지 않고 비슷한 측면에서 변화해요. 이런 면에서도 발해가 우리의 역사임을 확인할 수 있습니다.

▲ 발해의 온돌 유적

바로 '온돌'과 같은 고구려의 문화가 발해에서도 나타나기 때문이지요. 중국 사람들은 온돌을 사용하지 않았거든요. 온돌은 우리 민족 고유의 문화예요. 발해 사람들이 온돌을 썼다는 건 우리 조상님이란 뜻입니다. 그리고 고구려와 똑같은 굴식 돌방무덤 양식이 발달한 것도 발해가 고구려를 계승한 국가임을 알려주는 증거가 됩니다.

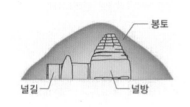

▲ 굴식 돌방무덤의 구조

─────────────────────

? 단어 돋보기

이원적: 두 가지의 다른 요소나 원리로 이루어지는 것
주축: 전체 가운데서 중심이 되어 영향을 미치는 존재나 세력

발해에 대한 연구가 활발해진다면 발해가 고구려를 계승한 나라임을 알 수 있는 증거들이 더 많이 나오겠지만 안타깝게도 현재는 이 정도만 알 수 있어요. 하루빨리 발해에 대한 다양한 연구가 진행되어 중국의 역사 왜곡을 극복하고, 우리 역사의 페이지를 넉넉하게 채워줬으면 좋겠습니다.

발해는 왕들에 대한 기록 역시 매우 부족하지만 주요 왕들을 중심으로 간단하게 정리해 봅시다.

발해를 건국한 고왕

668년 고구려가 망하자 많은 고구려 유민들은 당나라의 혹독한 지배를 받으며 힘든 생활을 이어갑니다. 당시 대조영의 아버지인 걸걸중상과 대조영은 요서 지역의 영주 지방으로 다수의 고구려 유민들과 함께 끌려갔어요. 그곳에는 말갈인, 거란인 등 다양한 이민족이 강제로 끌려와 섞여서 지내고 있었지요.

영주를 다스리던 관리의 수탈*이 심해지자 거란인들이 반발하기 시작했어요. 이때 걸걸중상과 대조영은 말갈 추장 걸사비우와 함께 유민들을 이끌고 옛 고구려의 영토로 떠나게 됩니다. 당나라는 군대를 보내 그들을 추격했고, 그 과정에서 걸걸중상과 걸사비우가 사망했어요. 대조영은 남은 유민들을 모아 동모산에 나라를 건국하고 고왕으로 즉위하는데, 이 나라가 바로 발해예요.

발해의 힘은 무왕, 외교는 문왕

대조영의 뒤를 이어 즉위한 왕은 무왕이에요. 앞서 살펴본 일본에 보낸 국서인 중대성첩에서 알 수 있듯이 무왕은 고구려 계승 의식을 가지고 있었어요. 옛 고구려의 영토를 회복해 발해를 성장시키려 노력했습니다. 그 과정에서 장문휴를 시켜 당나라의 산둥 지방을 공격하기도 했어요. 고구려를 멸망시킨 신라와도 사이가 좋지는 못했습니다.

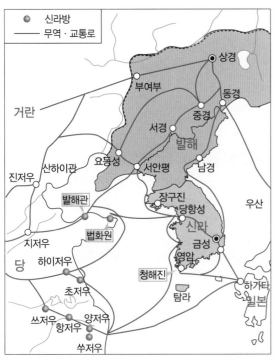

▲ 남북국 시대의 대외 무역

발해의 세 번째 왕은 문왕입니다. 문왕이 집권하던 시기에는 발해의 외교 정책에 많은 변화가 생겨요. 전쟁을 통해 발해를 성장시켰던 무왕과 달리 문왕은 다른 나라와 교류하는 정책을 선택합니다.

중국에서는 당나라에 저항하던 유목 민족들이 어느 정도 정리되면서 당나라 중심의 국제 질서가 형성되었고, 당나라와 발해 모두 계속되는 전쟁에 피로감을 느꼈기 때문이에요. 전쟁을 통한 영토 확장보다는 체제의 안정을 원했던 두 나라의 이해관계가 맞아 떨어지면서 당나라와 발해는 친선관계를 맺고 교류하게 됩니다. 또한, '신라도'를 건설해 신라와의 관계 개선에도 노력했어요.

발해의 전성기를 이끈 선왕

발해는 제10대 왕인 선왕에 이르러 전성기를 맞이하게 됩니다. 영토를 꾸준히 넓혀 중국으로부터 바다 건너 동쪽의 융성*한 나라라는 뜻의 '해동성국'으로 불렸지요. 이후로도 발해는 제14대 왕인 대위해 시기까지 강대국의 모습을 보였습니다. 하지만 제15대 왕인 대인선을 끝으로 926년 갑작스럽게 거란의 침입을 받아 멸망하게 됩니다.

발해의 멸망 원인에 대해서는 학자들마다 의견이 다양하지만 앞에서도 말했다시피 기록이 거의 없어서 거란에 의해 망했다는 사실 이외에는 어느 것도 구체적으로 확인할 수가 없어요. 너무나 갑작스러운 몰락과 부족한 기록으로 인해 발해의 멸망은 아직까지도 미스터리로 남아있답니다.

? 단어 돋보기

수탈: 강제로 빼앗음
융성: 기운차게 일어나거나 대단히 번성함

1 다음에서 선생님이 인터뷰한 인물은 누구인가요?

새로운 나라를 만드셨는데 간단히 소개를 부탁드려도 될까요?

고구려 유민과 말갈족이 힘을 모아 동모산 기슭에서 건국한 나라입니다.

① 주몽   ② 대조영   ③ 김수로   ④ 박혁거세

2 다음 중 발해가 고구려를 계승했다는 것을 보여주는 증거는 무엇인가요?

① 칠지도   ② 광개토대왕릉비   ③ 온돌 유적   ④ 반달 돌칼

3 발해의 전성기를 표현하는 단어로 '바다 건너 동쪽의 융성한 나라'라는 뜻을 가진 말은 무엇인지 써 보세요.

1 **6세기 말~7세기 초 국제 정세**

남북 세력(돌궐, 고구려, 백제, 왜나라) VS 동서 세력(수·당나라, 신라)

2 **신라의 삼국통일 과정**

나당 연합(김춘추) → 백제 멸망(660) → 고구려 멸망(668) → 나당 전쟁(매소성 전투, 기벌포 전투) → 삼국 통일(676, 문무왕)

3 **신라 삼국 통일의 의의와 한계**

① 의의: 최초의 민족 통일, 신라인의 자주성을 지킴
② 한계: 외세에 의존, 영토가 대동강 이남으로 국한됨

4 **통일 신라**

① 골품제: 신라의 독특한 신분 제도, 골(왕족)과 품(귀족과 평민)으로 구분
② 무열왕: 최초의 진골 출신 왕
③ 문무왕: 삼국 통일 완성, 문무대왕릉
④ 신문왕: 전제 왕권 확립, 녹읍 폐지, 만파식적

5 **발해**

① 대조영: 발해 건국(고구려 유민 + 말갈족)
② 무왕: 당나라와 적대 관계 → 산둥 반도 공격
③ 문왕: 당나라와 친선 관계, 신라도
④ 선왕: 발해의 전성기 → 해동성국
⑤ 멸망: 거란의 침입으로 멸망(926)

6 **발해의 고구려 계승 증거**

① 일본에 보낸 외교 문서
② 옛 고구려 영토 확보
③ 온돌, 무덤 양식 등의 문화적 동일성

4장

King's Road

867~936년
견훤

?~918년
궁예

877~943년
태조 왕건

왕건부터 공양왕까지, 끊임없는 전쟁의 시대

01 호랑이와 무지개 그리고 서해 용왕이 선택한 사람들

신라의 멸망과 후삼국 시대의 형성

새로운 나라를 배울 때 가장 먼저 할 일은 그 전에 있었던 나라가 망한 이유를 공부하는 겁니다. 4장에서 우리가 고려를 공부하려면, 먼저 신라가 망한 이유부터 살펴봐야 해요.

"서로 다른 나라인데 망한 이유를 왜 공부해야 하나요?"

나라를 바꾼다는 것은 책 한 페이지 넘기면 새로운 나라가 등장하는 것처럼 간단한 일이 아니랍니다. 그 안에 살고 있는 사람들의 생각을 바꾸고 동의를 얻어야 하는 일이에요. 오늘날 우리가 대한민국에 많은 문제가 있으니 고쳐야 한다고 주장하는 사람들은 자주 보지만, 대한민국을 없애고 새로운 나라를 만들자는 사람은 본 적 없잖아요. 나라가 바뀐다는 것은 사람들의 생각에 커다란 변화가 생길 만큼 문제가 심각하다는 뜻이에요. 그래서 이전 나라의 문제를 파악해야만 새로운 나라를 이해할 수 있습니다. 고려는 신라의 문제를 극복하기 위해 시작되었어요.

3장에서 우리는 신라의 왕권이 강화되는 과정을 살펴봤어요. 신라는 골품제라는 독특한 신분 제도로 인해 왕족 중 가장 뛰어나지 않아도 성골이면 왕이 될 수 있었습니다. 덕분에 강력한 왕권을 갖지는 못했지만, 다른 나라들보다 왕권이 안정되어 있었지요. 이런 신라에 진골이었던 김춘추가 왕이 되면서 커다란 변화가 생겼습니다. 성골이 아니더라도 강력한 힘을 가진 진골이라면 누구나 왕이 될 수 있는 세상이 열렸어요. 이제 신라의 왕들은 강력한 왕권을 가집니다. 하지만 왕위 쟁탈전이라는 불안 요소도 함께 자리를 잡게 돼요.

한동안은 무열왕의 후손들이 왕위를 독점하며 나라를 안정적으로 이끌었지만 왕권을 향한 끊임없는 도전이 계속되었지요. 결국 혜공왕이 죽은 후 150여 년간 약 20명의 왕이 교체되는 혼란을 겪습니다.

반복되는 왕위 쟁탈전으로 신라의 중앙 정부는 지방에 대한 통제력을 상실합니다. 지방에서 세금을 내지 않거나 반란이 일어나도 군대를 보낼 수 없었거든요. 군대를 보내는 동안 다른 진골 귀족이 반란을 일으킬지도 모르니까요. 이런 악순환*이 반복되면서 결국 지방에는 독자적인 세력들이 형성되었고, 우리는 그들을 호족이라 부릅니다.

호족들은 자신의 세력을 키우고 경쟁력을 갖추기 위해 인재를 얻으려 노력했습니다. 신라에 불만을 가졌던 뛰어난 엘리트 계급인 6두품은 호족들에게 너무나 매력적인 존재였어요. 6두품 역시 골품제의 한계로 아무것도 할 수 없었던 신라보다는 자신의 꿈을 펼칠 수 있도록 도와 줄 수 있는 호족들을 선택했습니다.

▲ 후삼국의 세력 범위

이러한 호족과 6두품의 결합으로 다양한 지방 세력들이 성장했고, 그들은 궁예의 후고구려와 견훤의 후백제로 통합됩니다. 한반도가 다시 셋으로 나뉘는 '후삼국 시대'가 열린 것이지요.

후삼국 시대를 공부할 때면, 우리는 복잡한 순서에 머리를 쥐어뜯게 됩니다. 짧은 시간 동안 너무나 많은 일이 일어났기 때문이에요. 그래서 간단히 기억할 수 있는 방법을 소개하려 합니다. 너무 어렵게 생각하지 말고, 웃으면서 공부하자고요!

"후후태고발공근신"

소리 내서 한번 읽어볼까요? 어색하겠지만 이 부분은 눈으로만 보지 말고, 꼭 소리 내서 읽어보길 바랍니다. 처음에는 이상해도 몇 번만 읽어보면 나중에 시험 볼 때 정말 도움이 될 거예요. 아직도 해보지 않았다면, 지금 꼭 크게 한번 읽어봅시다. 이제부터 이 순서대로 공부할 거예요!

❓ 단어 돋보기

악순환: 나쁜 현상이 끊임없이 되풀이됨

첫 번째 후, 후백제를 건국한 견훤

후백제를 건국한 견훤에게는 재밌는 이야기가 하나 전해집니다. 『삼국사기』에 의하면 견훤이 갓난아이였을 때 부모님이 농사일을 하려고 아이를 수풀에 두었는데, 호랑이가 와서 아이에게 젖을 먹였다고 해요.

로마 제국을 건설한 로물루스와 레무스가 늑대의 젖을 먹고 자란 것처럼 견훤은 호랑이가 젖을 먹여 키운 아이였어요. 용맹스러운 전사로 성장한 견훤은 이후 신라의 장군이 되었다가 자신을 따르는 세력을 모아 900년에 완산주(지금의 전주)를 중심으로 후백제를 건국합니다.

두 번째 후, 후고구려를 건국한 궁예

후고구려를 건국한 궁예도 특별한 출생의 비밀이 있습니다. 궁예가 태어날 때 이미 치아가 자라 있었고, 지붕 위로 무지개가 떴다고 전해져요. 당시 사람들은 무지개가 뜨면 커다란 인물이 태어난다고 믿었습니다. 그래서 신라의 왕은 궁예를 죽이려 했고, 그 과정에서 궁예는 한쪽 눈을 잃고 경주를 떠나게 됩니다.

역사 학자들은 이러한 궁예의 이야기를 통해 궁예가 신라 말 왕위 쟁탈전에서 패배해 몰락한 왕족이라 보고 있어요. 왕에게 위협이 된다는 건 궁예의 집안이 진골임을 알려 주는 것이고, 눈을 잃고 경주를 떠나는 내용은 왕위 쟁탈전에서 패배했다는 것을 보여 줍니다. 이후 절에서 성장한 궁예는 큰 뜻을 품고 세상으로 나와 송악(지금의 개성)을 도읍으로 삼고, 901년 후고구려를 건국합니다.

세 번째 태, 나라 이름 태봉

궁예는 송악에서 철원으로 도읍을 바꾸고, 911년에는 나라 이름도 '태봉'으로 변경합니다. 이 시기가 되면 궁예의 모습이 처음과는 많이 달라져요. 후고구려를 건국하던 시기에는 백성들을 위하는 멋진 왕이었습니다. 하지만 나라가 안정되고 발전하면서 왕위에 대한 불안감을 갖게 됩니다. 왕위 쟁탈전의 패배로 몰락한 가문 출신이어서 불안감이 더욱 심했는지도 모르겠네요.

4장

궁예는 난폭*해지고 신하들을 의심하기 시작했어요. 스스로를 미륵불이라 칭하며 관심법으로 사람들의 마음을 판단했습니다. 자신의 마음에 들지 않는 신하들을 죽이고, 결국에는 아내와 자식까지도 죽입니다. 궁예는 사람들에게 믿음을 잃고 왕의 자리에서 쫓겨나게 되었어요.

네 번째 고, 고려를 건국한 왕건

왕건은 877년 송악의 호족이었던 왕륭의 아들로 태어났어요. 아버지가 서해 용왕의 딸과 결혼해 왕건을 낳아서 왕건의 후손들은 대대로 겨드랑이에 비늘이 있다는 전설이 있답니다.

궁예가 세력을 넓히는 과정에서 왕륭은 궁예에게 충성을 맹세합니다. 왕건도 이때 궁예의 부하가 되었어요. 왕건은 전쟁터에 나아가 뛰어난 공을 세우며 궁예의 신임*을 얻게 됩니다. 또, 후백제의 요충지였던 나주를 정복했으며, 나주의 호족들도 모두 자신의 세력으로 만들었지요. 기록에 의하면 왕건은 실력도 뛰어났지만 무엇보다 덕이 많고 인품이 뛰어난 인물이었다고 해요.

? 단어 돋보기 ....

난폭: 행동이 몹시 거칠고 사나움
신임: 믿고 일을 맡기거나 그러한 믿음

태봉 말기에 궁예의 폭정*이 심해졌다고 했었지요? 왕건은 부하들과 아내의 권유로 궁예를 몰아내고 918년에 새로운 나라를 세우면서 왕의 자리에 앉게 됩니다. 새로운 나라의 이름은 고구려를 계승한다는 의미에서 '고려'로 정했어요.

다섯 번째 발, 발해의 멸망

926년 발해가 거란의 침입으로 멸망합니다. 당시 동북아시아의 강대국이었던 발해가 갑작스럽게 멸망한 것에 대해 학자들의 다양한 의견이 있지만, 안타깝게도 정확한 이유를 알지 못해요. 거란의 침입이 있었다는 것과 말갈인과 고구려인 사이에 갈등이 심했다는 정도만 연구가 되었습니다.

이후 주로 발해의 지배층을 형성했던 고구려계 발해 유민들은 남쪽에 있던 고려로 향하게 됩니다. 고려는 고구려 계승 의식을 가진 나라였으니까요. 그리고 고려는 그만큼 국력이 향상됩니다.

"발해 유민을 받아주었는데, 왜 고려의 국력이 향상되었나요?"

당연히 이러한 궁금증이 들었겠지요? 한번 생각해 봅시다. 고대 국가에서는 인구가 곧 국력이었어요. 평상시에는 농업에 종사하면서 생산량을 늘리고, 전쟁이 일어나면 군인이 되어 전쟁터에서 싸울 수 있는 사람의 수가 그 나라의 국력을 의미했습니다. 왕들은 언제나 인구를 늘리기 위해 노력했지만, 현재 인구를 유지하는 것만으로도 나라를 잘 이끌었다는 평가를 받았지요.

인구의 증가는 1~2년 만에 이뤄낼 수 있는 문제가 아니에요. 사람이 태어나서 적어도 15세는 되어야 국가에 보탬이 된다고 말할 수 있는데, 이건 최소 15년 정도의 시간이 걸린다는 뜻입니다. 그 기간 동안 흉년이나 질병과 같은 자연재해가 없어야 하고, 커다란 전쟁을 겪지 않아야만 가능한 일이었어요. 과학 기술이 발달하지 않았고, 정복 전쟁이 끊임없이 일어났던 과거에 인구가 증가한다는 건 현실적으로 매우 어려운 일이었습니다. 당연히 고려는 어느 쪽으로 생각해도 발해의 유민들을 환영할 수밖에 없었겠지요?

여섯 번째 공과 고, 공산 전투와 고창 전투

국력이 점점 약해지는 신라를 두고, 고려와 후백제 사이에 한반도의 지배권을 차지하기 위한 두 차례의 대규모 전투가 일어납니다. 첫 번째 전투인 927년 공산 전투에서는 견훤의 후백제가 승리했지만, 두 번째 전투인 930년 고창 전투에서 왕건의 고려가 승리하면서 한반도의 주도권은 완전히 고려에 넘어가게 되었습니다.

일곱 번째 신, 신라의 항복

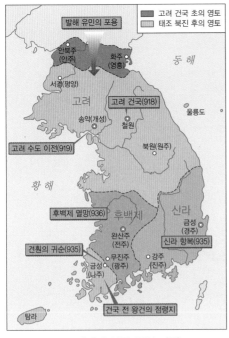

▲ 고려의 후삼국 통일 과정

고창 전투 이후 후백제에서는 내분이 일어납니다. 견훤이 넷째 아들이었던 금강에게 왕위를 물려주려 하자, 큰아들 신검이 반란을 일으켜 견훤을 금산사에 가둬 버렸어요. 이후 견훤은 금산사를 탈출해 고려의 왕건에게 몸을 의지합니다. 견훤이 고려로 떠나자 백성들의 마음이 심각하게 흔들리며 후백제는 엄청난 혼란을 겪어요.

후백제와 고려 사이에서 갈팡질팡하던 신라의 경순왕은 935년, 고려에 항복하는 것을 선택합니다. 이로 인해 신라는 멸망하게 돼요. 후백제도 936년 고려의 침입으로 멸망하는데, 이때 견훤이 왕건을 도와줍니다. 견훤은 자신이 만든 나라를 자신의 손으로 부수게 된 셈이 되었지요.

? 단어 돋보기

폭정: 사납고 악한 정치

1 다음은 선생님께서 내주신 수행 평가입니다. 주제에 적합하지 <u>않은</u> 인물은 누구인가요?

> 신라 말 진골 귀족들의 왕위 쟁탈전으로 중앙 정부의 힘이 약해지면서 지방 세력인 호족이 성장했어요. 이 시대를 대표하는 호족들을 조사해 볼까요?

① 견훤   ② 궁예   ③ 왕건   ④ 김유신

2 다음 그림에 등장하는 아기와 관련된 나라는 어디인가요?

① 발해   ② 후백제   ③ 후고구려   ④ 통일 신라

3 후삼국 시대의 성립과 고려의 통일 과정을 알려 주는 8글자 주문을 써 보세요.

29명의 아내,
왕건은 나쁜 남자?

왕건의 호족 포섭 정책

고려를 세운 왕건에게는 공식적으로 29명의 아내가 있었습니다. 이 사실을 알면 왕건을 나쁜 남자로 생각할지도 모르겠네요. 하지만 역사 학자들은 왕건을 이해합니다. 오히려 이를 왕건의 뛰어난 정책이라 평가해요. 학자들은 왜 일반 사람들과 전혀 다르게 평가할까요? 아무리 왕이라도 29명의 부인은 좀 심한 것 같은데 말이에요. 지금부터 왕건이 29명의 아내를 맞이하게 된 이유를 살펴볼게요. 왕건의 정책이 좋은 것인지 나쁜 것인지는 공부한 후 스스로 판단해 봅시다.

왕건의 결혼을 이해하려면 우선 신라 말의 상황을 떠올려야 해요. 신라 말 진골 귀족들의 왕위 쟁탈전이 심해지면서 중앙 정부는 지방에 대한 통제력을 상실했고, 그 결과 다양한 호족 세력들이 등장하게 됩니다. 기억나지요?

호족은 크게 세 가지 형태가 있었어요. 궁예처럼 왕위 쟁탈전에서 패배한 귀족이 자신의 세력을 이끌고 지방에 내려와 자리를 잡거나, 견훤처럼 신라의 군인이었다가 지방에 세력을 형성하는 경우가 있었지요. 마지막으로 왕건처럼 원래부터 그 지역의 유력자*였던 가문이 호족이 되기도 했습니다. 이렇게 등장한 수많은 호족들의 다툼이 정리되면서 후삼국 시대가 열렸고, 앞에서 살펴본 바와 같이 결국 고려로 통일되었습니다.

그렇다면 왕건은 어떻게 짧은 시간 동안 수많은 호족들을 자신의 편으로 만들 수 있었을까요? 우리가 가장 쉽게 떠올릴 수 있는 방법은 전쟁입니다. 하지만 전쟁을 통해 상대방을 무너뜨리는 것은 너무나 많은 시간을 필요로 해요. 전쟁 과정에서 사람들의 아까운 목숨도 많이 잃게 됩니다. 인구가 중요한 이 시대에 말이지요.

? 단어 돋보기

유력자: 세력이나 재산이 있는 사람

통일을 위해 모든 호족들과 맞서 싸워야 한다면, 왕건은 평생을 전쟁터에서 보내야 했을지도 몰라요. 어쩌면 평생을 전쟁터에서 보냈어도 통일을 하지 못했을 겁니다.

왕건이 전쟁 대신에 선택한 방법은 무엇일까요? 그건 바로 확실한 자기편 만들기 프로젝트였어요. 왕건은 자신에게 대항하는 상대가 강하면 강할수록 전쟁을 통해 무너뜨리는 것이 아니라 그 사람의 마음을 잡기 위해 노력했습니다. 호족의 힘을 약화시키는 대신에 그 힘을 자신의 것으로 만들었어요. 어떻게요? 바로 호족의 딸과 결혼을 하는 것이었습니다.

패배할 가능성이 높음에도 왕건과 다툼을 벌이는 호족이라면 권력에 대한 욕심이 있다는 것을 알아차린 거지요. 왕의 장인어른으로 만들어 주면서 그들의 욕망을 채워 주었습니다. 왕건 역시 강력한 호족들을 자신의 처가*로 맞이해 그들의 힘을 이용할 수도 있었지요. 이런 이유로 왕건은 29명의 아내를 맞이하게 된 겁니다.

"아무리 왕건이라도 부인이 그렇게 많은데 자기 딸을 결혼시키고 싶었을까요?"

혹시 이런 질문이 떠올랐나요? 답부터 말하면 흔쾌히 결혼을 수락했습니다. 지금의 관점으로 접근하면 안 돼요. 당시 사람들의 생각을 읽을 수 있어야 합니다.

호족들이 왕건과의 혼인을 수락했던 이유는 자신의 딸이 왕건의 아들을 낳는다면 왕위 계승을 노릴 수 있다고 판단했기 때문이에요.

호족들의 진정한 꿈은 왕의 외할아버지가 되는 것이었습니다. 자신의 딸이 왕의 어머니가 된다면, 엄청난 권력을 누릴 수 있으니까요. 왕건의 몇 번째 부인은 중요한 게 아니었어요. 왕건의 아들을 낳는 일이 중요했던 겁니다.

왕건의 호족 포섭* 정책 중에는 사성 정책도 있었습니다. 사성 정책은 왕건과 같은 성인 왕 씨 성을 주는 것을 말해요. 마땅히 혼인할 만한 딸이 없는 가문이라면 왕 씨 성을 주고 집안의 어른으로 대접해 주었어요. 왕건은 이러한 정책들을 통해 유력한 호족들의 힘을 약화시키지 않고 자신의 것으로 만들어 후삼국 통일의 기반으로 삼았습니다.

왕건의 북진 정책과 민생 안정 정책

태조 왕건은 지금까지 살펴본 호족 포섭 정책 이외에도 북진 정책과 민생 안정 정책을 펼쳤어요. 이것도 함께 알아봅시다.

▲ 태조 시기 고려의 영토

북진 정책은 고구려와 발해의 옛 영토를 회복하겠다는 의지에서 시작되었어요. 나라 이름을 '고려'로 정한 것과 평양을 '서경'으로 승격*시켜 전진 기지로 삼은 것에서도 그러한 왕건의 의도를 알 수 있습니다. 이 정책으로 고려의 영토는 대동강에서 원산만 부근까지였던 신라의 영토에 비해 청천강에서 영흥만까지 이르는 북쪽으로 넓어졌습니다.

백성들의 생활을 안정시키기 위한 민생 안정 정책으로는 호족들이 세금을 마음대로 걷지 못하게 하고, 세율을 10분의 1로 낮춰 주는 법을 시행했어요. 그리고 먹을 것이 부족한 시기에 곡식을 나눠 주고, 가을에 수확 후 갚도록 하는 흑창을 설치해 빈민을 구제하려 노력했습니다.

? 단어 돋보기 ··········

처가: 아내의 친정집
포섭: 상대편을 자기편으로 감싸 끌어들임
승격: 지위나 등급 등이 오름

마지막으로 왕건은 후대의 왕들에게 '훈요 10조'라는 유언을 남겼어요. 대표적인 조항을 같이 살펴봅시다.

교과서 미리 보기

훈요 10조

1조, 불교의 힘으로 나라를 세웠으므로 불교를 장려할 것

3조, 왕위는 맏아들이 잇는 것을 원칙으로 하고, 맏아들이 어질지 못하면, 그 다음 아들에게 전해주고, 그 아들도 어질지 못하면 형제 중에서 여러 사람의 추대를 받은 자에게 전해 줄 것

5조, 서경은 수덕*이 순조로워 우리나라 지맥*의 근본이니, 1년에 100일은 그곳에서 머물도록 할 것

7조, 왕이 된 자는 바른 말을 받아들이고 남을 헐뜯는 말을 멀리 할 것

− 「고려사」 −

훈요 10조에는 불교 숭상, 장자의 왕위 계승 원칙, 서경 중시 등 앞으로 나라를 다스리는 데 알아 두어야 할 내용들이 담겨있답니다.

? 단어 돋보기

수덕: 물의 고유한 성질을 통해 사람이 익히고 지녀야 할 품성과 덕
지맥: 풍수지리에서 땅속의 좋은 기운이 순환하는 줄기

1 다음 검색창에 입력한 질문의 답변으로 옳지 <u>않은</u> 것은 무엇인가요?

> 태조 왕건의 업적은 무엇일까요?

① 흑창을 설치해 가난한 백성들을 구제했습니다.
② 호족 세력을 포섭하기 위해 혼인정책을 실시했어요.
③ 불필요한 전쟁을 막기 위해 거란과 친하게 지냈습니다.
④ 백성들의 생활을 안정시키기 위해 세금을 줄여 주었어요.

4장

2 다음 지도에서 고구려와 발해의 영토를 회복하겠다는 의지를 담아 '서경'으로 승격한 도시는 어디인가요?

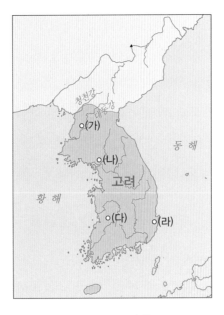

① (가) ② (나) ③ (다) ④ (라)

3 태조 왕건이 후대의 왕들에게 남긴 유언으로, 나라를 다스리는 데 알아야 할 내용이 담겨 있는 것은 무엇인지 써 보세요.

고려의 기틀을 다진 광종

광종으로 즉위한 왕소

호족들을 포섭해 국가를 안정시키려던 왕건의 혼인 정책은 왕건의 죽음으로 효력이 사라집니다. 처음부터 호족들은 다음 왕위에 관심을 가지고 충성을 맹세했기 때문에 왕건이 죽은 후 권력 다툼이 발생하는 것은 필연적이었어요. 맏아들 왕무가 왕위를 물려받아 혜종이 되었지만, 동생들의 반발과 왕규의 난으로 재위한 지 겨우 2년 만에 죽게 됩니다.

혜종의 뒤를 이어 왕요가 고려의 제3대 왕인 정종으로 즉위했어요. 왕건의 첫째 아들이라는 이유로 왕이 되었던 혜종과 달리 정종은 강력한 세력을 형성하고 있었어요. 정종은 권력 다툼을 벌였던 왕규를 제거하고, 자신의 정적*들을 없애려 노력했습니다. 하지만 개경의 호족들을 비롯한 다수는 여전히 왕에게 협력하지 않았어요. 서경으로 천도하려는 계획도 세웠으나 호족과 백성들의 반발로 실패합니다. 계속되는 정책의 실패와 호족들의 반발·숙청이 반복되자 정종은 심신이 약해졌어요. 결국 그는 병을 얻어 949년, 재위 4년 만에 죽고 맙니다. 그리고 왕소가 고려의 제4대 왕인 광종으로 즉위해요.

정종의 동생인 광종은 형보다도 강력한 세력을 갖고 있었어요. 광종의 아내는 두 명이었는데 첫째 부인은 태조의 딸로 광종의 이복동생이었고, 둘째 부인은 혜종의 딸로 광종에게는 조카였습니다. 지금 우리에게는 좀 이상하게 보이지요? 하지만 신라의 골품제처럼 혈통을 통해 권위를 내세우던 이 당시에는 왕실의 족내혼*이 당연했어요. 광종은 고려 사회의 유력 가문들과 혼인해 누구보다도 커다란 힘을 가졌습니다.

왕이 된 광종은 처음부터 힘을 사용하지 않았어요. 정종의 사례를 통해 단순히 힘으로 호족을 억누르는 것은 불가능하다 판단한 거지요. 오히려 광종은 호족들이 원하는 것을 들어줬어요.

처음에는 호족들이 의심의 눈초리로 광종을 지켜봤으나 차츰 시간이 지나면서 광종에게 호감을 갖게 됩니다. 누구든 왕이 되면 왕권을 강화하고 자신의 뜻대로 나라를 움직이려고 할 텐데, 광종이 호족들의 눈치를 보니 호족들은 자신의 집안사람이 아니더라도 괜찮다는 생각이 든 거예요. 호족들의 생각이 달라졌다는 것을 눈치 챈 광종은 드디어 왕권을 강화하기 위해 숨겨 뒀던 개혁 정책을 꺼내듭니다.

노비에게 자유를, '노비안검법'

광종 7년인 956년, 양민이었다가 억울하게 노비가 된 사람들의 신분을 해방시키는 '노비안검법'을 실시했어요. 그동안 호족들이 양민을 잡아다가 자신의 노비로 만드는 경우가 많았거든요. 노비는 단순히 일만 하는 존재가 아니라 비상시에는 군인으로 활용할 수 있어서 호족들에게 매우 중요한 재산이었어요.

하나 더 중요한 점은 노비들은 세금을 내지 않았다는 거예요. 국가에 세금을 내야 할 양민들이 호족들에 의해 강제로 노비가 되자 국가 재정이 어려워졌어요. 광종은 호족들에게 노비를 양민으로 해방시켜 주자고 설득했습니다. 호족들은 노비를 양민으로 전환시켜 국가의 재정을 확보하려는 광종의 계획에 불만을 가졌어요. 하지만 광종에게 다른 뜻이 있을 거라 의심하지 않았고, 노비안검법은 시행됩니다.

광종은 노비안검법을 통해 두 가지를 얻었습니다. 첫째는 양민의 수가 많아지면서 국가 재정을 확보할 수 있었고, 무엇보다 왕에게 충성하는 백성들을 얻게 되었습니다. 그리고 둘째는 호족의 힘을 약화시켰어요. 호족들의 노비가 양민이 되면서 그들의 재산이 줄어들었을 뿐 아니라 가장 중요했던 군사력까지 약해진 것이지요. 전에는 호족의 사병을 줄이려고 하면 호족들이 힘을 합쳐 왕에게 끝까지 저항했을 텐데, 광종이 이걸 해낸 겁니다.

? **단어 돋보기**

정적: 정치에서 대립되는 처지에 있는 사람
족내혼: 같은 씨족 · 종족 · 계급 안에서만 배우자를 구하는 혼인 형식

나라의 관리는 시험으로, '과거제'

광종 9년인 958년에 '과거제'를 처음 시행했어요. 옛날에는 무조건 과거 시험에 합격해야 관리가 된다고 알고 있는 친구들이 많은데, 광종 이전에는 과거 시험이 아닌 신분에 의해 관리가 되었습니다. 왕족이나 귀족의 가문에서 태어난 이들이 자연스럽게 관리가 되었지요. 그래서 왕에 대한 충성심보다는 가문에 대한 충성심이 강했습니다.

광종은 과거제의 시행으로 이제는 가문보다 왕에게 충성하는 신하들을 얻게 되지요. 시험 답안을 통해 왕에 대한 충성심을 엿볼 수 있었고, 무엇보다 객관식이 아닌 서술형 문제이므로 왕이 원하는 답을 고를 수 있었습니다. 왕은 누구의 눈치도 보지 않고 자신의 사람을 뽑게 되었어요.

왕권 강화를 위한 숙명

노비안검법과 과거제를 통해 호족들의 힘을 약화시키고 왕권을 강화한 광종에게도 어두운 면이 존재합니다. 광종은 호족들을 숙청하는 과정에서 참소*와 무고*를 적절히 활용했어요. 실제로 반역을 꿈꾼 이들도 존재했지만, 아무런 죄가 없는데도 광종에 의해 제거된 왕족과 호족도 상당수 있었습니다. 혜종과 정종의 아들까지도 이 과정에서 죽음을 맞이하지요. 왕건의 죽음으로 발생했던 왕권을 향한 혼돈의 시기는 광종의 노력으로 마무리됩니다.

왕권을 강화하는 과정에서 왕에게 위협이 될 만한 세력을 제거하는 건, 나라의 기틀을 다지는 왕의 필연적인 운명이었어요. 마치 조선의 태종 이방원처럼 말이에요. 그래서 광종은 종종 조선의 태종과 비교되기도 합니다. 5장에서 태종을 배우면 광종에 대해 다시 한번 떠올려 봅시다.

? 단어 돋보기

참소: 윗사람에게 남을 헐뜯고 죄가 있는 것처럼 꾸며 말함
무고: 아무런 잘못이나 허물이 없음

개념 쏙쏙 확인 문제

1 다음 질문에 정답을 쓴 학생은 누구인가요?

고려 광종이 호족 세력을 약화시키고 왕권을 강화하기 위해 시행했던 제도는 무엇인가요?

① 골품제   ② 서옥제   ③ 훈요 10조   ④ 노비안검법

4장

2 다음 인물 카드의 주인공은 누구인가요?

인물 카드

인물 설명

- 고려의 제3대 왕
- 왕규를 제거함
- 서경 천도 계획을
  세웠으나 실패함

① 혜종   ② 태조   ③ 광종   ④ 정종

3 고려 광종 때 왕권 강화를 위해 실시된 관리 선발 제도의 이름은 무엇인지 써 보세요.

똑! 똑! 똑!
고려의 문을 두드리는 사람들

10세기 동아시아의 국제 정세

4장을 시작하면서 고려는 끊임없이 전쟁을 경험한 나라라 했는데 기억하나요? 고려가 만들어지고 한반도를 통일하는 과정이 모두 전쟁이었습니다. 그리고 지금부터 공부할 고려의 대외 관계 역시 전쟁과 관련이 있어요.

우리는 전쟁을 배울 때 시간과 결과에 초점을 맞추는 경우가 많습니다. 물론 전쟁이 일어난 시기와 끝난 시기 그리고 승자와 패자를 기억하는 것은 매우 중요해요. 하지만 과거를 바라보는 현재의 우리는 전쟁의 배경과 전쟁이 사회에 미친 영향도 기억해야 합니다. 역사 공부의 목적은 숨겨진 흐름을 찾아내는 것에 있어요. 몇 년에 전쟁이 일어났다는 건 인터넷을 검색해도 나오지만, 당시 사람들이 왜 전쟁을 선택했는지는 숨겨져 있으니까요.

역사 공부는 사람들이 걸어온 발자국의 순서를 암기하는 것이 아니라 사람들이 그 길을 왜 걸었는지에 대해 고민하는 시간이 되어야 합니다. 우리는 결과도 당연히 알아야 하겠지만, 그 배경에 대해서 집중적으로 살펴보고 좀 더 특별한 것까지 알아봅시다.

▲ 10세기 동아시아의 국제 정세

고려의 역사를 살펴보면 10~11세기는 거란, 12세기는 여진, 13세기는 몽골 그리고 14세기는 왜구와 홍건적의 침입을 받았어요. 약 500년의 시간동안 외세의 침략이 없었던 시기는 극히 일부였습니다.

고려는 왜 이렇게 전쟁을 자주 겪어야 했을까요? 그건 바로 동아시아의 국제 정세와 관련되어 있어요.

10~12세기에 중국은 상당한 혼란을 겪게 됩니다. 당시 중국 대륙은 송나라가 지배하고 있었지만, 유목 민족들의 저항이 거셌어요. 특히, 송나라 초기에는 발해를 멸망시킨 거란(요나라)과 치열한 다툼을 벌였습니다. 송나라는 당나라가 멸망한 이후에 중국을 통일한 국가예요. 당나라를 기억하나요? 신라가 삼국을 통일하는 과정에서 나당 연합을 결성했다가 이후 당나라가 한반도를 지배하려 하자 나당 전쟁을 통해 삼국 통일을 완성했다고 언급했었는데, 이제는 기억이 나지요? 바로 그 당나라입니다.

당나라는 주변 국가들을 정복해 영토를 확장하려는 목표를 가지고 있었기 때문에 강력한 군사력을 강조했습니다. 왕권이 강했을 때는 왕이 강력한 군대를 통솔*했지만, 시간이 지나 왕들이 사치와 향락에 빠지자 당나라의 군대는 권력을 쥔 신하들의 손으로 뿔뿔이 흩어지게 됩니다. 군사력을 소유했던 당나라의 관리들을 '절도사'라 불러요. 당나라는 이러한 절도사들의 반란으로 망하게 됩니다.

당나라의 멸망 과정을 지켜본 송나라는 국가의 방침을 '문치주의'로 정합니다. 뛰어난 장군(무인)보다는 충성심 강한 학자(문인)를 나라의 관리로 삼았어요. 그래서 송나라는 중국에서 학문이 가장 발달한 국가가 되었지요.

송나라의 학문인 '성리학'은 고려 말에 들어와 조선 사회 전반에 영향을 미치게 됩니다. '유교'라는 말을 들어본 적이 있나요? 오늘날에도 사람들에게 영향을 미치는 유교가 바로 이 성리학의 영향을 받았다고 보면 됩니다.

학문이 최고로 발달한 송나라는 반대로 최악의 군사력을 갖게 돼요. 반란을 두려워해 군인을 우대하지 않았고, 국가의 힘을 학문에만 쏟았기 때문에 국방력*이 약해지는 건 당연한 결과였지요. 그래서 유목 민족들의 저항은 그만큼 더 강했습니다.

이 시기에 거란과 여진은 자신들의 근거지였던 초원 지대를 벗어나 중국 본토를 차지하려는 생각을 하게 돼요.

❓ **단어 돋보기**

통솔: 무리를 거느려 다스림
국방력: 국토 방위를 위한 국가적 힘

거란(요나라)의 침략과 서희의 외교 담판

먼저 북쪽의 초원 지대에서 세력을 형성했던 건 거란이 세운 요나라였어요. 발해를 멸망시킨 후 그 지역을 점령하고 있었지요. 거란은 송나라와의 본격적인 전투를 앞두고 먼저 고려를 침략합니다. 친선 관계를 맺고 있던 송나라와 고려의 관계를 차단해 송나라와의 전쟁에서 유리한 위치를 차지하려는 계획이었어요. 거란은 고려를 세 차례에 걸쳐 침입합니다.

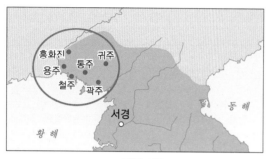

▲ 강동 6주

그중에서 첫 번째 전쟁이 상당히 인상적이에요. 성종 12년인 993년, 고려를 침입한 소손녕의 대군에 맞서 서희가 외교 담판*으로 전쟁을 끝내고 오히려 강동 6주를 얻게 됩니다. 어떻게 서희는 피 한 방울 흘리지 않고 전쟁을 해결했을까요?

소손녕이 군대를 이끌고 고려를 침입하자, 서희는 거란의 목적이 고려와의 전면전이 아니라는 것을 눈치 챘어요. 송나라와 고려의 관계를 끊게 해서 이후 송나라와 거란이 전쟁을 벌일 때 고려가 송나라를 돕지 못하게 하려는 의도를 파악한 거예요.

서희는 이러한 국제 정세를 정확히 판단한 후 소손녕을 만납니다. 그리고 요나라와 고려 사이에 자리한 여진을 몰아내고 강동 6주를 넘겨주면, 고려가 요나라와 친하게 지내겠다는 약속을 해요. 이에 소손녕은 고려에 땅을 넘겨주고 돌아갑니다. 정말 통쾌하지 않나요? 대화만으로 적의 군대를 돌려보내고, 적의 땅까지 얻어내다니!

강동 6주를 얻은 후에도 고려는 송나라와의 관계를 유지하고 거란을 멀리합니다. 문화적 우월감과 고구려 계승 의식을 가진 고려가 거란과 친하게 지내기는 힘들었거든요. 또한, 송나라와 거란이 대립하는 상황을 적절히 활용했어요.

이에 화가 난 거란은 고려를 두 차례 더 침입하지만 2차 침입 때는 양규 장군이, 3차 침입 때는 귀주에서 강감찬 장군이 활약해 고려는 거란을 무사히 막아냈습니다.

거란의 4차 침입이 없었던 까닭은 무엇일까요? 그 이유는 거란이 여진에게 밀려났기 때문입니다. 여진은 말갈의 후손이에요. 신라인이 고려인이 되고, 고려인이 조선인이 되는 것처럼 말갈이 여진으로 바뀐 것이지요. 말갈은 기억하지요? 고구려인과 함께 발해를 만들었던 사람들이에요.

거란에 의해 발해가 멸망하자 고구려 유민들은 고려로 내려왔고, 여진이 된 말갈은 거란의 지배를 받으며 살았어요. 그런데 송나라와의 계속되는 대립과 고려 원정 실패 등으로 거란의 국력이 약해지자 여진이 거란을 몰아내고 금나라를 수립한 겁니다.

이제 이 시기의 고려와 여진의 관계를 살펴봅시다.

여진의 침략과 윤관의 별무반

거란의 지배를 받던 여진은 성장하면서 고려와 잦은 군사적 충돌을 일으킵니다. 이에 고려는 기병 중심의 여진을 상대하기 위해 윤관의 건의로 신기군(기병), 신보군(보병), 항마군(승병)으로 구성된 별무반을 만들었어요.

윤관은 별무반을 이끌고 여진을 북방으로 쫓아낸 후 1107년 동북 9성을 쌓아 고려인들을 이주시킵니다. 하지만 생활 터전을 잃은 여진의 끊임없는 침입과 간절한 부탁으로 관리에 어려움을 겪던 고려는 결국 그 땅을 여진에게 돌려줍니다.

이후 여진은 급성장해 1115년 금나라를 건국하고 요나라를 멸망시킵니다. 요나라를 멸망시키는 과정에서 송나라는 금나라와 손을 잡았는데, 이후 금나라의 배신으로 화북 지방을 빼앗기고 남쪽으로 도망을 갑니다.

? 단어 돋보기 ···

담판: 서로 맞서고 있는 쌍방이 의논해 옳고 그름을 판단함

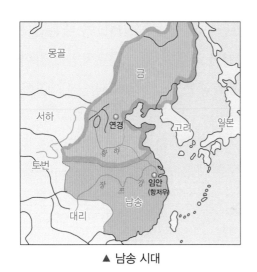
▲ 남송 시대

이때 남으로 피난* 간 송나라를 '남송'이라 불러요. 중국은 금나라와 남송으로 분열되어 대립하다가 이후 몽골에 의해 통일됩니다.

이 시기 금나라는 고려에 사대 관계를 요구하는데, 요나라와 전면전을 벌였던 이전과는 달리 고려 정부는 이에 순순히 응합니다. 이미 중국의 정세가 이전과는 달라졌고, 남송과 금나라가 대립하고 있는 상황이 고려에 나쁘지 않다고 판단한 거지요. 금나라 역시 고려와의 불필요한 마찰을 원하지 않았으므로 고려가 사대 관계를 수용하자 두 나라는 큰 무리 없이 지내게 됩니다.

? 단어 돋보기

피난: 재난을 피해 멀리 옮겨 감

1 다음 표창장을 받을 사람은 누구인가요?

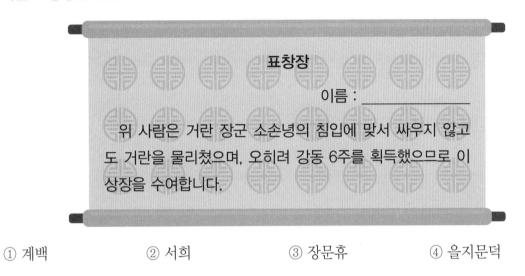

표창장

이름 : _____

위 사람은 거란 장군 소손녕의 침입에 맞서 싸우지 않고
도 거란을 물리쳤으며, 오히려 강동 6주를 획득했으므로 이
상장을 수여합니다.

① 계백　　　　　② 서희　　　　　③ 장문휴　　　　　④ 을지문덕

2 다음은 고려 시대에 외적의 침입을 물리친 사람들입니다. 상대한 외적이 <u>다른</u> 한 사람은 누구
인가요?

① 서희　　　　　② 양규　　　　　③ 윤관　　　　　④ 강감찬

3 다음 선생님의 설명에 알맞은 답을 써 보세요.

기병 중심의 여진을 상대하기
위해 만든 신기군(기병), 신보군
(보병), 항마군(승병)으로 구성된
부대는 무엇인가요?

우리는 절대
항복하지 않아!

13세기 동아시아의 국제 정세

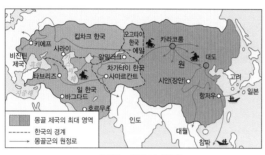

▲ 몽골 제국의 성장

13세기가 되면 세상에 커다란 변화가 생깁니다. 역사에 관심이 없더라도 누구나 한번쯤은 들어봤을 인물이 등장해요. 바로 몽골 제국을 이끈 칭기즈 칸이 나타납니다.

몽골 제국은 인류 역사상 가장 큰 단일 제국을 형성한 국가였어요. 식민지를 포함하면 영국이 더 넓은 영토를 소유했다 볼 수 있어요. 하지만 본국의 크기만 비교했을 때는 아시아부터 유럽까지 영역을 확장했던 몽골 제국이 가장 큰 영토를 소유했지요. 이러한 몽골의 등장으로 동아시아의 국제 질서에도 커다란 변화가 생깁니다.

1206년 '테무친'이 몽골 부족을 통합하고 나라를 세웁니다. 그리고 '칭기즈 칸'이라는 이름을 얻게 되지요. '칭기즈'는 몽골에서 신앙의 대상인 '빛의 신'을 의미하고, '칸'은 몽골어로 왕을 뜻합니다.

초창기 몽골 제국은 성장하는 과정에서 금나라와 전쟁을 벌이는데, 이때 거란이 혼란을 틈타 들고 일어납니다. 그러자 몽골이 거란을 공격했고, 패배한 거란은 고려 쪽으로 도망을 와요. 거란을 쫓아온 몽골은 고려의 군대와 힘을 합해 거란을 물리치는데, 이때가 고려와 몽골의 첫 만남이었지요.

이후 세력을 더 키운 몽골은 거란을 물리치는 과정에서 고려를 도와줬다는 이유로 고려에게 조공*을 바칠 것을 강요합니다. 이 시기 조공을 바치는 문제로 갈등을 겪던 두 나라 사이에 커다란 사건이 발생해요.

1225년 고려에 사신으로 왔던 '저고여'가 몽골로 돌아가는 길에 산적들을 만나 죽고 맙니다. 이 사건으로 고려와 몽골의 불편한 관계가 시작되지요. 몽골에서는 고려의 책임이라 주장했어요. 고려는 이 사건과 무관함을 주장했지만 몽골은 6년 후 이를 핑계 삼아 고려를 침략해요.

몽골의 침입과 팔만대장경

1231년 몽골의 1차 침입 당시 귀주성의 박서 장군이 끝까지 저항하자 몽골은 귀주성 점령을 포기하고 군대를 돌려 개경을 포위합니다. 다급해진 고려는 몽골과 강화를 맺었어요. 몽골 역시 고려의 군사력이 만만치 않음을 깨닫고 강화에 응하게 됩니다.

이후 몽골이 다루가치라는 관리를 통해 고려의 내정을 간섭하고 지나치게 많은 공물을 요구하자 고려는 전쟁을 결심하게 됩니다. 몽골군은 바다에 익숙하지 않으므로 강화도로 수도를 옮겨 항쟁하기로 해요. 이후 1259년까지 몽골의 침입이 계속되었고, 그때마다 고려군은 몽골에 맞서 싸웠습니다. 처인성과 충주성에서 맞서 싸운 김윤후 장군이 이 시기에 활약한 대표적인 인물이에요.

▲ 팔만대장경과 해인사 장경판전

몽골과의 전쟁이 계속되면서 고려 사람들은 부처님의 힘으로 몽골을 물리치기 위해 대장경을 만들었어요. 사실 거란이 고려를 침략했을 때 부처님의 힘을 빌리기 위해 초조대장경을 만들었는데, 안타깝게도 전쟁 중에 다 불타 버렸거든요. 그래서 다시 대장도감을 설치하고 대장경을 만들어 몽골을 물리치기로 합니다. 이때 만들어진 것이 바로 '팔만대장경'이에요.

? 단어 돋보기

조공: 약한 나라가 강한 나라에게 복종의 의미로 예물을 바치는 행위

아주 오래전에는 책을 일일이 손으로 썼습니다. 누군가 원본 책을 만들면 사람들은 그 책을 손으로 베껴서 썼지요. 문제는 그 과정이 쉽지 않았다는 겁니다.

책 한 권을 베껴 쓴다고 생각해 보세요. 먹을 갈아서 붓으로 씁니다. 지우개도 없어요. 틀리면 그냥 그 페이지는 처음부터 다시 써야 합니다. 그리고 한자였어요. 엄청난 시간과 노력을 들여도 생산되는 양은 인간의 필요보다 한없이 부족했습니다. 그래서 책은 사치품이었고 일부 극소수의 사람만이 소유할 수 있었어요.

이런 문제점을 극복하기 위해 등장한 방법이 바로 '목판 인쇄술'입니다. 나무판에 한 페이지씩 새긴 후 먹을 발라 대량으로 찍어내는 방식이에요. 손으로 쓰는 것과는 비교할 수 없을 정도로 대량 생산이 가능하게 되었지요. 하지만 목판 인쇄술에도 치명적인 문제가 있었어요. 나무이기 때문에 시간이 지나면 갈라지거나 틀어지고 썩기도 했습니다. 오랜 기간 보관하기 어려워 일정 시간이 지나면 다시 제작해야 했어요. 인류 역사를 통틀어 목판의 이러한 문제점을 극복한 사례는 없습니다. 나무니까요. 다만 거의 극복한 사례는 있습니다. 바로 고려 시대에 제작된 '팔만대장경'이에요.

유네스코 지정 세계 기록 유산인 팔만대장경과 세계 문화 유산인 합천 해인사 장경판전이 바로 목판 인쇄술 관련 인류 최대의 걸작입니다. 목판을 제작하는 과정에 엄청난 정성을 들였어요. 2년이 넘는 시간에 걸쳐 바닷물에 담갔다가 소금물에 삶기를 반복했고, 구리를 이용해 마감 처리를 했습니다. 그래서 팔만대장경은 현재까지도 8만여 장에 이르는 목판이 뒤틀리거나 갈라짐 없이 보존되고 있어요. 해인사 장경판전은 습도 조절 기능을 갖춘 당시 최첨단 건축물입니다. 일 년 내내 건조한 상태가 유지되는 고려인들의 지혜가 담긴 건축물이지요.

▲ 강화산성

이렇게 불교의 힘까지 빌려 몽골을 물리치려 했지만, 힘의 차이가 분명했으므로 현실적으로 몽골의 침입을 막아내는 것은 한계가 있었습니다. 고려 왕실도 강화도를 지킬 뿐 육지에서는 많은 백성이 죽거나 다치고 있었습니다. 한반도는 몽골의 말발굽에 짓밟히고 있었어요.

계속해서 싸우는 것이 힘들다고 판단한 고려 왕실은 1259년 몽골과 강화를 체결했지만, 1270년이 되어서야 개경으로 환도하게 됩니다. 그때서야 무신 정권이 무너졌거든요. 무신 정권이 뭔지 궁금하지요? 이제 함께 알아볼 거예요.

무신 정권의 수립과 몰락

무신 정권기는 1170년부터 1270년까지 무신들이 권력을 장악했던 시기를 말합니다. 광종 이후 고려 초기의 혼란이 사라지자, 고려는 호족 사회에서 문벌 귀족 사회로 바뀌게 됩니다.

호족이 지방 세력이라면 귀족은 수도에 살면서 높은 관직과 권력을 가진 중앙 세력을 부르는 말이에요. 고려는 소수의 특정 가문이 권력을 독점했는데 그들을 문벌 귀족이라 불렀어요. 이들은 과거나 음서를 통해 관직에 진출했고 권력을 독점했습니다. 문벌 귀족들은 무신들을 무시하거나 차별했어요. 군사 지휘권까지도 문신들이 가져갔고, 무신들에게 급료*를 주지 않는 경우도 많았습니다.

이러한 상황에 불만을 품은 무신들이 1170년 난을 일으켰고, 1270년까지 무신들에 의한 정권이 지속되었습니다. 무신 정권에 대해서는 부정적인 평가가 많아요. 몽골의 침입에 맞서 싸웠다는 긍정적인 면도 있지만, 권력을 잡은 후 왕실과 백성을 위한 정치를 하지 못했거든요. 강화도로 천도한 이후에도 권력자들은 사치와 향락을 일삼았어요. 실제 몽골에 맞서 싸운 건 백성과 군인들이었습니다.

선생님의 틈새 수업

음서는 무엇일까요?

고려 시대, 5품 이상 관리의 자식에게 시험을 보지 않아도 관리가 될 수 있게 해 주던 제도입니다. 음서와 과거 합격자의 차이를 두지 않아 고려가 여전히 귀족 사회였음을 보여 주는 증거이지요. 조선 시대에는 2품 이상 관리의 자식에게만 음서를 허용했는데, 과거 합격자와 차별을 두었습니다. 조선의 음서 제도는 부모를 모시고 제사를 지낼 수 있도록 하려는 배려가 담긴 제도였어요.

? 단어 돋보기

급료: 일에 대한 대가로 받는 돈

삼별초의 항쟁

몽골과 강화를 맺고 고려 왕실이 개경으로 환도했지만, 끝까지 대몽 항쟁을 주장했던 사람들이 있었어요. 우리는 그들을 '삼별초'라 부릅니다. 경찰 역할을 했던 야별초가 인원이 늘면서 좌별초, 우별초로 나뉘었고, 몽골에 잡혔다가 돌아온 병사들로 만든 신의군까지 합쳐진 군대이지요. 원래는 무신 정권의 대표 가문인 최씨 집안의 사병이었는데, 강화도로 천도한 이후에는 대몽 항쟁에 앞장섰던 사람들이에요.

▲ 삼별초의 이동 경로

▲ 진도 용장성

삼별초의 장군 배중손은 왕족이었던 승화후 온을 왕으로 세우고, 몽골의 침입에 맞서 끝까지 싸울 것을 주장하는 '삼별초의 난'을 일으킵니다. 그리고 좀 더 안전한 남쪽의 진도로 근거지를 옮겨요. 고려 왕실과 몽골군은 삼별초의 난을 진압하기 위해 진도로 군대를 보냈고, 이때 배중손과 승화후 온이 죽게 됩니다.

▲ 제주 항파두리 항몽 유적

그러자 김통정이 남은 삼별초 무리를 이끌고 지금의 제주도인 탐라로 이동해 대몽 항쟁을 지속합니다. 이 시기에 몽골은 국호를 원나라로 변경했어요. 1273년인 원종 14년, 1만여 명의 여원 연합군에게 김통정의 군대가 패배하면서 삼별초의 항쟁은 끝이 나지요.

삼별초의 항쟁은 실패로 끝났지만, 몽골에 저항했던 고려인의 자주성을 보여주는 사건이에요. 1270년부터 1273년까지 삼별초의 항쟁이 지속될 수 있었던 이유는 단순히 삼별초의 군사력이 아니라 당시 백성들이 삼별초를 지지*했기 때문이란 사실을 알아 두도록 합시다.

? 단어 돋보기

지지: 어떤 사람이나 단체의 정책 · 의견에 찬성하고, 이를 위해 힘을 씀

1 다음 중 부처님의 힘으로 몽골의 침입을 극복하기 위해 만든 것은 무엇인가요?

①
고려청자

②
팔만대장경

③
광개토 대왕릉비

④
석굴암 보존불

2 다음 지도를 통해 알 수 있는 내용은 무엇인가요?

① 삼별초의 항쟁 　　　　　　　② 공민왕의 쌍성총관부 탈환

③ 윤관의 별무반과 동북 9성　　　④ 서희의 외교 담판과 강동 6주

3 5품 이상 관리의 자식에게 과거 시험을 보지 않아도 관리가 될 수 있도록 해 주던 고려의
제도는 무엇인지 써 보세요.

06 고려보다 아내를 사랑한 남자, 공민왕

원나라의 내정 간섭

고려 왕실이 개경으로 환도한 이후, 본격적인 원나라의 내정 간섭이 시작됩니다. 원나라는 일본 원정을 핑계로 고려에 정동행성을 설치해 고려의 군사와 무기, 식량 등을 빼앗았어요. 원정이 실패한 이후에도 정동행성을 폐지하지 않고 유지하며 내정 간섭 기구로 활용했지요. '다루가치'라는 감찰관을 파견*해 고려 정부를 감시하기도 했습니다.

그리고 쌍성총관부, 동녕부, 탐라총관부를 설치해 고려의 영토를 자신의 땅으로 삼았어요. 이외에도 고려 국왕을 원나라의 공주와 결혼시켜 원나라 황제의 사위가 되도록 만들었고, 그에 따라 고려의 관제는 한 단계 격이 낮아졌습니다. 국가 대 국가의 동등한 관계가 아니라 장인과 사위의 관계로 급을 낮춘 것이지요.

고려의 왕은 더 이상 '조'나 '종'을 쓰지 못하고 '○○왕'으로 호칭이 바뀌었어요. 고려의 처녀들이 공녀로 끌려가 원나라 황실의 궁녀가 되었고, 금·은·인삼·약재 등을 수탈당했습니다. 또, 원나라는 고려에 응방을 설치해 사냥용 매를 잡아가기도 했어요.

가장 큰 문제는 고려 왕실이 아닌 원나라에 충성하는 권문세족의 등장이었습니다. 이들은 일제강점기 친일파와 같은 역할을 하면서 권력을 얻고 자신들의 탐욕을 실현했어요. 고려의 왕들은 왕권을 강화하고 고려의 자주성을 회복하기 위해 노력했으나, 그때마다 권문세족과 원나라의 압박에 막혀 실패하게 됩니다.

이런 고려에 한 줄기 빛, '공민왕'이 등장했어요.

자주적인 고려를 위한 공민왕의 노력

고려의 제31대 왕인 공민왕은 12살에 원나라에 볼모로 잡혀가 노국대장 공주와 결혼을 했어요. 공민왕과 노국대장 공주는 몹시 사이가 좋았습니다. 원나라는 공민왕이 노국대장 공주를 사랑하는 모습을 보며 원나라에 충성심을 가졌다고 판단했어요. 이에 고려의 제30대 왕인 충정왕을 폐위시키고, 공민왕을 왕으로 세웁니다.

▲ 공민왕의 영토 수복

막상 공민왕은 왕이 되자 원나라의 생각과 다른 행동을 했어요. 공민왕은 호복과 변발 등의 몽골 풍속을 금지시키며 본격적인 '반원 자주 정책'을 펼쳤지요. 마음속에 숨겨 둔 '원나라의 간섭을 받지 않는 자주적인 고려'를 만들기 위해 노력합니다.

공민왕은 정동행성 이문소를 폐지하고 고려의 관제를 복구했으며 일부 권문세족들을 제거합니다. 그리고 신진 사대부를 등용해 권문세족에 맞서는 정치 세력으로 성장시켰어요. 충렬왕 때 되찾은 동녕부와 탐라총관부에 이어 공민왕은 쌍성총관부까지 무력으로 탈환*해 철령 이북의 땅을 수복*했습니다.

갑작스럽게 달라진 공민왕을 본 노국대장 공주의 반응은 어땠을까요? 놀랍게도 노국대장 공주는 원나라의 공주가 아닌 공민왕의 아내이자 고려의 왕비임을 강조하며 공민왕을 지지합니다. 공민왕과 노국대장 공주는 서로 사랑하며 고려를 이끌게 돼요.

그런데 지금 공부하면서 무언가 궁금증이 생기지 않나요?

"원나라는 이런 공민왕의 정책을 그냥 지켜보나요?"

❓ **단어 돋보기**

파견: 일정한 임무를 주어 사람을 보냄
탈환: 빼앗겼던 것을 도로 빼앗아 찾음
수복: 잃었던 땅이나 권리 등을 되찾음

공민왕 이전에도 고려 왕들의 개혁 시도가 있었지만, 번번이 원나라의 간섭에 막혀 실패했다고 언급했습니다. 그런데 왜 원나라는 공민왕의 정책은 지켜보기만 했을까요? 이제는 그 부분에 대해 같이 생각해 봅시다.

공민왕의 개혁 정책은 국제 정세가 변했기 때문에 가능했어요. 그리고 공민왕이 그러한 변화를 정확히 분석했으므로 개혁 정책이 성공할 수 있었습니다.

공민왕이 왕이 되었을 때, 원나라 황실은 사치와 향락에 빠져 몰락의 길을 걷고 있었습니다. 또한, 홍건적의 난이 발생해 원나라의 힘이 약해지고 있었어요. 홍건적의 난은 원의 지배에 반대하는 농민들이 일으킨 난이에요. 머리에 붉은 두건을 쓰고 있어 홍건적으로 불렸지요. 이들은 고려에도 자주 침입했습니다. 앞서 14세기의 고려는 홍건적과 왜구의 침입에 몸살을 앓았다고 했던 거 기억하지요?

홍건적을 이끌던 주원장이 후에 명나라를 세우게 되는데, 원나라와 명나라가 교체되는 과정에서 큰 혼란이 일어났고, 이는 고려에 커다란 기회가 됩니다. 공민왕은 그 기회를 잡은 거예요.

공민왕의 다양한 개혁 정책으로 고려는 안정을 찾을 뻔했습니다. 하지만 안타깝게도 공민왕의 개혁은 실패로 끝이 나요. 홍건적의 잦은 침입과 원의 간섭 그리고 남아있던 권문세족들의 반발도 거셌지만, 가장 큰 이유는 공민왕의 의지가 사라졌기 때문이었어요.

공민왕 14년인 1365년, 노국대장 공주가 출산을 하는 중에 죽게 돼요. 공민왕은 날마다 공주의 초상화 앞에서 슬퍼했습니다. 급격히 정치에 흥미를 잃은 공민왕은 이후 정사를 돌보지 않고 사치와 향락에 빠져 방탕*한 생활을 해요. 그리고 결국엔 부하들의 손에 암살당해 생을 마감합니다.

? 단어 돋보기

방탕: 술 등에 빠져 행실이 좋지 못함

1 다음 두 친구의 대화에서 밑줄 친 시대에 대한 설명으로 옳지 <u>않은</u> 것은 무엇인가요?

> 고려 왕조의 계보를 보다가 궁금한 것이 생겼어. 왕의 호칭이 조나 종으로 끝나다가 왜 갑자기 ○○왕으로 바뀌었지?

> 그때는 <u>원나라의 간섭을 받았던 시대</u>였기 때문이야.

① 고려의 왕은 원나라 공주와 결혼해야 했어요.

② 원나라에 충성하는 신진 사대부들이 권력을 장악했어요.

③ 원나라는 정동행성을 설치해 고려의 내정을 간섭했습니다.

④ 고려의 처녀들을 데려다가 원나라 황실의 궁녀로 삼았습니다.

2 다음은 고려의 어떤 왕이 쓴 일기장입니다. 일기장의 주인은 누구인가요?

> ○○월 ○○일
>
> 드디어 내일! 몽골에 빼앗겼던 쌍성총관부를 탈환한다.
> 강화도의 항전을 끝내고 몽골과 굴욕적인 강화를 맺은 이후로
> 부끄럽지 않은 적이 없었다.
> 이제는 백성들 앞에 당당하게 나설 수 있겠구나.
> 내일 전투에서 승리해 고려의 자주성을 세상에 보여주리라.

① 경순왕   ② 공민왕   ③ 충렬왕   ④ 태조 왕건

3 원나라의 공주였으나 고려의 개혁을 지지했던 공민왕의 아내는 누구인지 써 보세요.

무너진 고려,
고칠 것인가? 바꿀 것인가?

인간이 나아가야 할 방향, 성리학

긍정적으로 생각하는 습관은 모든 일에 영향을 줍니다. 나쁜 점을 먼저 찾기보다는 도움이 되는 부분을 살펴봐야 인생을 훨씬 더 즐겁게 살 수 있지 않을까요? 아무리 힘들어도 좋은 면을 찾으려고 노력하면 어려운 문제도 쉽게 풀 수 있어요. 이런 긍정적인 사고방식은 역사를 공부할 때도 도움이 된답니다.

고려가 몽골에 항복한 이후 약 100여 년간 이어진 원 간섭기의 고려를 공부하다보면 정말로 좋은 점이 하나도 없습니다. 영토를 상실했고 사람들은 죽거나 다쳤어요. 많은 사람들이 원나라에 끌려갔으며, 물자까지 약탈당했지요. 왕실의 권위는 땅에 떨어졌고, 고려가 아닌 원나라에 충성하는 권문세족들이 권력을 독점했습니다. 또한, 홍건적과 왜구까지 들끓어 백성들의 생활은 정말 처참했어요.

하지만 여기서도 좋은 점을 한 가지 찾을 수 있습니다. 그건 중국의 선진 문물이 이전보다 쉽게 우리에게 들어왔다는 사실이에요. 2장에서 한강을 공부할 때 선진 문물을 받아들여야 나라가 발전할 수 있다고 언급했던 것 기억하지요?

중국과 우리나라 그리고 일본 사이에 활발한 교류가 있었지만, 중국 입장에서는 자신들의 선진 문물이 주변 국가에 퍼지는 것을 좋아하지는 않았어요. 다른 국가의 성장은 그만큼 자신들에게 위협이 되었으니까요. 적당한 선에서 교류하면서 서로의 이익을 얻길 원했습니다.

그런데 몽골이 중국을 지배하게 되면서 우리와 중국을 하나로 묶어버린 것이지요. 고려라는 나라는 유지하고 있었지만, 원나라의 부마국, 즉 사위 국가로 전락*하면서 고려의 자주성은 심각하게 훼손*되었고 고려는 원나라의 일부로 취급받았습니다.

대신 이 과정에서 전에는 가져올 수 없었던 송나라의 다양한 문물이 고려에 들어오게 됩니다. 특히, 문치주의 국가였던 송나라의 핵심 학문인 '성리학'이 고려에 들어오게 되지요. 성리학은 우주의 근원과 인간의 본성을 연구하는 학문입니다. 여기서 궁금증이 생긴 친구들이 있을 것 같네요.

"우주의 근원을 연구한다면 성리학은 과학인가요?"

성리학에서 말하는 우주는 해, 달, 별의 우주가 아니라 우리가 살고 있는 세상을 의미합니다. 즉, '이 세상에서 우리 인간은 어떻게 살아야 하는가?'를 연구하는 학문이 유학이고, 성리학은 유학의 다양한 종류 중 하나예요. 상당히 철학적인 주제를 다루는 학문이지요. 성리학의 복잡한 내용은 조선 시대에서 자세히 살펴볼게요. 조선은 성리학이 지배하는 사회였거든요. 지금은 간단히 결론만 배우겠습니다.

우리 인간은 어떻게 살아가야 할까요? 사람은 '인(仁), 의(義), 예(禮), 지(智), 신(信), 충(忠), 효(孝)'를 실천하며 살아가야 한다는 것이 성리학의 결론이에요. '인(仁), 의(義), 예(禮), 지(智), 신(信)'은 유학에서 강조하는 핵심 사상인데, 성리학은 여기에 충(忠)과 효(孝)를 더해 강조합니다. 나라를 구성하는 모든 사람들이 국가에 충성하고 부모에게 효도하며 살아간다면 살기 좋은 세상이 된다고 믿었던 거예요.

절도사들의 반란으로 나라가 무너지는 것을 경험한 송나라의 학자들은 완벽한 국가는 군사력으로 유지되는 것이 아니라 사람들의 마음가짐으로 이뤄진다는 걸 깨달았습니다. 상상해 봐요. 사람들이 모두 도덕적으로 자신의 양심을 지키며 살아가는 세상! 얼마나 아름다울까요? 이렇게 성리학을 연구하고 실천하려 노력했던 송나라의 학자들을 우리는 '사대부'라 부릅니다.

?⃝ 단어 돋보기

전락: 나쁜 상태에 빠짐
훼손: 체면이나 명예를 나쁘게 만듦

신진 사대부의 등장과 대립

성리학은 원 간섭기의 고려에 들어옵니다. 고려에서는 성리학을 공부하는 사람들을 '신진 사대부'라 불렀어요. 그들은 원나라에 충성했던 권문세족과 대립하며 왕권을 강화하기 위해 노력했습니다. 국가에 충성하는 것이 성리학의 커다란 목표였으니까요. 공민왕이 다양한 개혁 정책을 추진할 때에도 신진 사대부의 활약이 컸습니다. 공민왕은 그러한 신진 사대부를 육성하기 위해 노력했고, 신진 사대부는 공민왕을 도와 고려를 지키려 노력했지요.

하지만 공민왕의 개혁 정책은 실패로 끝났고, 공민왕의 죽음은 신진 사대부의 분열을 가져왔습니다. 신진 사대부는 정몽주를 따르는 온건파와 정도전을 따르는 급진파로 나뉘었어요. 뛰어난 능력을 지녔던 공민왕조차도 실패했는데 이후의 왕들이 고려를 개혁할 가능성은 매우 낮았습니다. 공민왕이 죽은 뒤 권문세족들은 다시 활개를 쳤고*, 탐관오리들의 횡포는 나날이 심각해졌습니다. 홍건적과 왜구의 노략질도 끊임없었고요.

역사적으로 살펴봤을 때 이 정도의 혼란이 나타나면 백성들은 반발합니다. 그런데 고려 말에는 특별한 민란이 존재하지 않았어요. 이건 정말 무서운 의미예요. 고려의 백성들에겐 어떠한 희망도 존재하지 않았다는 뜻이거든요. 더 나은 세상을 꿈꾸는 사람이 없었다는 의미입니다.

이러한 고려의 현실을 보면서 정도전은 생각했어요. '고려는 끝났다.'고 말이지요. 정도전은 백성들에게 삶의 희망을 줄 수 있는 새로운 세상을 만들어야 한다는 목표를 세웠습니다. 고려가 아닌 성리학이 지배하는 새로운 나라를 만들어야 한다고 말이지요. 자신의 탐욕을 추구하는 것이 아니라 굶주리고 피 흘리는 백성들의 상처를 보듬어 줄 누군가를 찾으려 했습니다.

정몽주는 정도전과 결론이 달랐어요. 고려의 현실에 대한 판단은 같았지만, 해결 방법에는 차이가 있었습니다. 공민왕의 죽음 이후 고려의 상황은 매우 심각했고 백성들의 삶이 앞으로 나아질 기미가 보이지 않는다는 것은 인정했어요. 하지만 새로운 나라를 건국하는 것에는 반대했습니다.

힘든 상황이라면 더욱 열심히 노력해 왕을 변화시키고 문제를 해결해야지 나라를 바꾸려 하는 것은 성리학자가 절대로 해서는 안 될 일이라 생각했지요.

이렇게 고려를 바꾸려는 급진파와 고려를 고치려는 온건파로 분열된 신진 사대부의 대립까지 이어지면서 고려 말의 정치적 혼란은 걷잡을 수 없는 소용돌이에 빠지게 됩니다.

선생님의 틈새 수업

중국을 구성한 민족, 한족(漢族)

지금의 중국은 다양한 민족으로 구성된 국가이지만, 과거에는 한족만을 의미했어요. 한족은 자신들 이외에는 모두 오랑캐라 불렀습니다. 이 책에서 언급하는 과거의 중국은 한족이 세운 국가를 의미합니다. 오늘날의 관점으로 살펴보면 거란이 세운 요나라, 여진이 세운 금나라 그리고 몽골이 세운 원나라도 모두 중국의 역사이지만 당시의 한족들에겐 오랑캐들이 중국의 본토를 침입해 만든 국가일 뿐이었어요. 그리고 한족은 한반도에 살았던 우리도 오랑캐로 취급했습니다. '동쪽 오랑캐'라는 뜻으로 '동이족'이라 불렀지요.

? 단어 돋보기

활개를 치다: 자신의 세상인 듯 함부로 거들먹거리며 행동함

1 다음은 인터넷 검색을 통해 얻게 된 대답입니다. 검색창에 들어갈 말은 무엇인지 써 보세요.

- 우주의 근원과 인간의 본성에 대해 연구하는 학문
- 중국의 송나라에서 발달한 학문으로 고려 말 우리나라에 들어옴
- '인, 의, 예, 지, 신, 충, 효'를 강조

2 다음은 역사적 인물에 대한 가상 인터뷰입니다. 선생님이 인터뷰한 인물은 누구인가요?

조선 건국을 반대하신 이유는 무엇인가요?

나라가 힘들 때마다 새로운 나라를 건국한다면, 과연 나라가 존재할 수 있을까요?

① 정도전   ② 정몽주   ③ 이성계   ④ 공민왕

3 고려 왕실에 충성하면서 권문세족과 대립했던 성리학자들을 부르는 말은 무엇인지 써 보세요.

1 후삼국의 성립과 고려의 통일 과정

후	후	태	고	발	공	고	신
백제 건국	고구려 건국	봉국호 변경	려 건국	해 멸망	산전투	창천투	라의 항복

2 태조 왕건의 정책

호족 세력 포섭 정책	혼인 정책, 사성 정책
북진 정책	국호 '고려', 평양을 서경으로 승격 → 청천강~영흥만으로 영토 확대
민생 안정 정책	세금 감면, 흑창 설치

3 광종의 정책

노비안검법, 과거 제도

4 고려의 대외 관계

10~11세기	12세기	13세기	14세기
• 거란 침략 • 1차: 서희, 강동 6주 • 2차: 양규 • 3차: 강감찬, 귀주대첩	• 여진 침략 • 윤관의 별무반 • 사대 요구 수용	• 몽골 침략 • 강화도 천도 • 팔만대장경 • 삼별초의 항쟁	• 홍건적·왜구 침략 • 원나라 멸망 • 명나라 수립

5 원 간섭기 고려의 변화

정동행성 설치, 다루가치 파견, 관제 격하, 영토 상실, 공녀, 응방, 권문세족 등장, 몽골풍(변발과 호복) 유행

6 공민왕의 개혁 정책

① 정동행성 이문소 폐지, 관제 복구, 쌍성총관부 탈환, 권문세족 제거, 몽골풍 금지
② 노국대장 공주의 죽음 → 개혁 실패

7 신진 사대부

① 성리학 강조: 우주의 근원과 인간의 본성을 연구, '인, 의, 예, 지, 신, 충, 효'
② 고려 왕실에 충성: 신진 사대부 VS 권문세족
③ 신진 사대부의 분열: 온건파(정몽주) VS 급진파(정도전)

5장

❝ 조선은 어떤 나라일까요? 일본에 망했다는 역사적 사실로 인해 사람들에게 부족한 국가로 비춰지는 경우가 많아요. 하지만 이건 역사를 제대로 공부하지 않은 사람들의 잘못된 선입견이랍니다. 조선은 삶의 희망조차 갖지 못했던 백성들에게 꿈을 꿀 수 있는 세상을 안겨 주었고, 조선 사람들은 누구나 도덕적인 인간이 되기 위해 노력했어요. 또한, 엄청난 문화적 발전을 이뤄낸 국가였지요. 이번 장에서는 조선의 진짜 모습들을 살펴봅시다. ❞

King's Road

1397~1450년
세종

1335~1408년
태조

1417~1468년
세조

태조가 세우고 세종이 키운 성리학의 나라

이성계,
조선의 문을 열다.

고려 말의 정세

고려 말의 정치 세력은 크게 셋으로 나뉘어 있었습니다. 원 간섭기 이후로 계속해서 권력을 장악했던 권문세족과 성리학을 공부하면서 새롭게 성장한 신진 사대부 그리고 우리가 다루지 않았던 신흥 무인 세력이 있었어요.

신흥 무인 세력은 이전의 무신 정권과 달리 고려 말에 홍건적과 왜구를 격퇴하는 과정에서 성장한 새로운 군인 세력이에요. 최영과 이성계가 대표적인 인물이지요. 이러한 상황에 공민왕의 죽음 이후로 신진 사대부가 정몽주를 따르는 온건파와 정도전을 따르는 급진파로 나뉘면서 정치적 혼란은 가중*되었습니다.

공민왕의 개혁 정책이 성공할 뻔했던 국제 사회의 변화를 기억하나요? 고려에 대한 원나라의 간섭이 줄어들면서 그 기회를 놓치지 않은 공민왕의 활약이 있었다고 했는데, 기억하고 있었으면 좋겠네요. 원나라의 간섭이 왜 줄어들었을까요? 몽골의 지배에 반대했던 한족의 반란이 있었기 때문입니다. 우린 그들을 '홍건적'이라 불렀지요. 그리고 홍건적을 이끌던 주원장이 새로운 한족 국가인 '명'을 세우고 원나라를 몰아냅니다.

중국의 새로운 지배자가 된 명나라는 동아시아의 질서를 새롭게 바꾸려 했어요. 원나라의 간섭을 받았던 고려가 앞으로는 자신에게 충성하길 원했습니다. 명나라는 고려를 압박하기 위해 쌍성총관부가 있던 지역을 내놓으라 했어요.

본래 고려의 땅이었던 곳을 공민왕이 수복한 것이지만, 명나라는 원·명 교체기의 혼란을 틈타 고려가 원나라의 땅을 빼앗은 것이라 말했어요. 그리고 이제는 자신들이 그 땅의 주인이라 주장했지요. 이러한 명나라의 주장에 반발해 고려는 '요동 정벌'을 계획합니다.

요동 정벌과 위화도 회군

당시 고려의 정치 세력을 떠올리면 요동 정벌은 당연한 결과였어요. 원나라에 충성하던 권문세족은 명나라를 적대시*했고, 군인이었던 신흥 무인 세력도 전쟁을 선택합니다. 신진 사대부만이 전쟁에 반대했지요.

그런데 사실 신흥 무인 세력인 최영과 이성계의 판단 사이에도 미묘한 차이가 있었습니다. 최영은 이성계에 비해 나이가 많았고 가문이 좋았습니다. 관직도 이성계보다 높았어요. 신흥 무인 세력의 1인자가 최영, 2인자가 이성계라 생각하면 되겠네요. 고려가 명나라와 전쟁을 하게 된다면 최영보다 젊었던 이성계가 군대를 이끌고 전쟁터로 향해야 할 것이 분명했습니다.

고려에서 전쟁을 지원하게 될 최영은 '명예'를 최우선으로 생각했어요. 반면에 직접 전투를 치러야 할 이성계는 '승패'를 객관적으로 바라봤지요. 현실적으로 원나라의 간섭을 받았던 고려가 원나라를 물리친 명나라와 싸워 승리한다는 것은 불가능해 보였습니다. 이성계는 '4불가론'을 내세우며 전쟁을 반대했어요.

4불가론이 무엇인지 잠깐 살펴볼까요?

교과서 미리 보기

이성계의 4불가론

첫째, 군량미·군사 규모 등에서 명나라에 미치지 못하는 약소국이 강대국을 상대로 싸우는 것은 좋은 방법이 아니다.
둘째, 여름철에 전쟁을 벌이면 농사를 망칠 뿐 아니라 농민의 호응*을 받기가 어렵다.
셋째, 대규모의 군대를 원정시키면 그 틈을 타서 왜구의 침입이 늘어날 것이다.
넷째, 장마철이므로 전투하기에 불편하고, 전염병으로 군사들이 희생될 우려가 크다.

❓ 단어 돋보기

가중: 부담이나 고통 등을 더 크게 하거나 어려운 상태를 심해지게 함
적대시: 적으로 여김
호응: 부름에 대답하거나 응함

이러한 이성계의 반대에도 불구하고 권문세족과 최영의 주장에 동의한 우왕의 선택으로 결국 이성계는 요동 정벌을 떠나게 됩니다.

그런데 이성계의 군대가 큰비를 만나 압록강 하구의 위화도에서 멈추게 돼요. 더 이상 진출이 어렵다고 판단한 이성계는 왕에게 요동 정벌을 포기할 것을 다시 간청*했어요. 하지만 우왕과 최영은 오히려 이성계에게 전쟁을 독촉하지요. 고민에 빠진 이성계는 1388년, 전쟁을 포기하고 군대를 돌려 개경에서 최영과 한바탕 전투를 벌이게 됩니다. 이를 위화도 회군이라 불러요. 전투에서 패배한 최영은 참형되고, 우왕은 폐위되었어요. 그리고 왕위는 우왕의 아들 창이 계승합니다. 이로 인해 권력을 장악한 이성계는 신진 사대부와 함께 고려를 운영했어요.

고려의 멸망과 조선의 건국

창왕이 재위 2년 만에 폐위되고 공양왕이 고려의 마지막 왕으로 등극합니다. 이성계의 위상이 날로 높아지면서 이제는 이성계를 왕으로 추대하려는 움직임이 늘고 있었어요.

이 시기의 이성계는 고민이 많았어요. 정도전과 정몽주 중에 누구의 편을 들어야 할지 결정할 수 없었거든요. 이성계는 정도전, 정몽주와 두루 친하게 지냈고 정치에 두 사람의 의견을 적절히 반영했어요. 두 사람을 모두 품고 싶었지만 정도전과 정몽주는 이미 다른 꿈을 꾸었으므로 그들이 공존하기는 어려웠지요. 백성을 위하는 군주가 되어달라는 정도전과 역사에 충신으로 남아달라는 정몽주 사이에서 이성계는 쉽게 결정을 내리지 못하고 있었습니다. 왕위에 욕심을 부리지 않고 고민하는 이성계의 모습이 정도전에겐 더욱 매력적으로 느껴졌어요. 정도전은 재상 중심의 정치를 꿈꿨거든요. 이건 뒤에서 자세히 이야기해 봅시다.

1392년 어느 날, 이성계가 사냥 중 말에서 떨어지는 사건이 발생합니다. 정몽주는 이 틈을 노려 이성계를 제거할 계획을 세우지만 이성계의 아들인 이방원에 의해 실패해요.

이방원은 마지막으로 정몽주를 설득해 개국 공신으로 만들려 했어요. 이때 이방원과 정몽주가 나누었던 시조가 오늘날까지 매우 유명하지요. 정몽주는 끝까지 이방원의 제안을 거절했고, 결국 그는 선죽교에서 죽음을 맞이하게 됩니다.

정몽주가 죽자 이성계는 정도전과 손잡고 1392년 조선을 건국합니다. 1394년에는 한양으로 도읍을 옮겨 국가의 기틀을 다졌어요. 이성계는 조선 건국과 관련해 많은 부분을 정도전에게 맡겼습니다. 정도전은 백성을 나라의 근본으로 여기고 재상 중심의 정치를 추구했어요. 완벽한 성리학의 나라를 만들려고 했습니다.

"왕은 국가에 의존하고, 국가는 백성에 의존한다.
그러므로 백성은 국가의 근본인 동시에 왕의 하늘이다."

정도전의 생각을 그대로 볼 수 있는 말이에요. 이성계가 정도전을 중용*했다는 사실은 이성계 역시 정도전의 생각에 대부분 동의했다는 의미입니다. 이성계는 권력자가 아닌 백성을 위한 군주가 되고 싶었던 거예요.

정도전 VS 이방원

정도전은 왜 재상 중심의 정치를 추구했을까요? 그는 언제나 현명한 이가 왕이 되는 건 아니라 생각했어요. 왕의 자리는 물려받는 것이니까요. 이성계와 이방원은 분명 뛰어난 군주가 되겠지만 이후의 자손들이 모두 뛰어날 수는 없다는 거지요. 그래서 그 시대의 가장 뛰어난 인물이 재상이 되어 나라를 다스리고, 왕은 그 인재를 재상으로 임명하면 충분하다고 판단했습니다. 이건 실제 역사를 통해서 증명된 사실이기도 해요.

? 단어 돋보기

간청: 간절히 부탁함
중용: 중요한 자리에 임명함

이방원은 생각이 달랐습니다. 권력을 신하들이 나눠 갖게 된다면 다툼이 발생해 나라가 혼란에 빠질 것이 분명했어요. 그래서 강력한 왕권을 중심으로 중앙 집권 체제의 국가를 만들어야 한다고 생각했습니다. 재미있는 사실은 왕권이 약할 때 나타났던 국가적 혼란 역시 역사를 통해 증명되었다는 겁니다.

역사를 공부할 때는 이런 부분이 참 어렵습니다. 옳고 그른 것을 판단하는 건 쉬운데, 무엇이 더 옳은지를 판단하는 건 너무 어렵잖아요. 재상 중심의 정치와 강력한 중앙 집권 체제 중 과연 무엇이 나은 제도일까요?

이성계는 정도전의 손을 들어주었습니다. 백성을 위한 군주가 되고 싶었던 이성계의 마음과 정도전의 생각이 통했던 거지요. 이러한 이성계의 선택은 이방원이 '왕자의 난'을 일으키는 계기가 됩니다. 두 차례의 왕자의 난을 통해 정도전과 다른 형제들을 제거한 이방원은 조선의 제3대 임금인 태종이 되어 왕권 중심으로 체제를 정비하고 나라를 안정시켰습니다. 고려의 광종이 생각나는 순간이네요.

나라의 기틀을 다진 태종의 정책

▲ 호패

태종은 귀족들의 사병을 없애고 군사권을 장악해 왕권을 강화했어요. 세 정승(영의정, 좌의정, 우의정)이 모여 국가의 주요 업무를 살폈던 '의정부 서사제'도 폐지했습니다. 이 제도는 재상의 권한을 강화했거든요. 대신에 강력한 왕권을 바탕으로 왕이 직접 업무에 관여하는 '6조 직계제'를 채택했습니다.

이외에도 토지를 새롭게 측량하는 양전 사업과 오늘날의 신분증에 해당하는 호패 제도를 시행했어요. 양전 사업과 호패법은 정확한 세금을 걷도록 해 국가 재정 확보에 도움이 되었습니다.

1 다음 중 이성계가 요동 정벌을 반대했던 이유로 옳지 <u>않은</u> 것은 무엇인가요?

네 가지 이유로 요동 정벌을 반대합니다.

① 여름철에 전쟁을 벌이면 농사를 망치게 됩니다.
② 장마철이라 전투에 불편하고 전염병이 걱정됩니다.
③ 작은 나라가 큰 나라를 치는 것은 좋은 방법이 아닙니다.
④ 군대를 원정시키면 그 틈을 노려 홍건적이 쳐들어옵니다.

5장

2 다음 시조를 지은 사람의 업적으로 옳지 <u>않은</u> 것은 무엇인가요?

이런들 어떠하리 저런들 어떠하리
만수산 드렁칡이 얽혀진들 어떠하리
우리도 이같이 얽혀 백 년까지 누리리라

① 6조 직계제를 실시해 왕권을 강화했어요.
② 두 차례 왕자의 난을 일으켜 왕이 되었어요.
③ 고려 말 정도전을 제거해 조선 건국을 이끌었어요.
④ 양전 사업과 호패법을 통해 국가 재정을 확보했어요.

3 요동 정벌을 떠났던 이성계가 군대를 돌려 권력을 장악한 사건은 무엇인지 써 보세요.

나랏말싸미 듕귁에 달아

백성을 가르치는 바른 소리

우리 역사에서 가장 존경하는 인물은 누구인가요? 훌륭하신 분들이 너무 많아서 한 사람을 고른다는 게 정말 어려운 일이겠지만, 우리나라의 많은 사람들은 세종을 존경한다 말합니다. 세종을 공부하다 보면 '천재'라는 단어가 머릿속에 저절로 떠오르거든요. 그리고 '훈민정음' 덕분에 우리가 이렇게 책에서 만날 수 있잖아요. 그럼 지금부터 우리나라의 많은 사람들이 존경하는 세종의 엄청난 업적들을 살펴볼게요.

▲ 훈민정음

먼저 '백성을 가르치는 바른 소리'라는 뜻의 훈민정음을 알아봅시다. 훈민정음은 현재 우리가 사용하는 한글을 창제*할 당시에 부른 이름이에요. 세종의 훈민정음 창제는 새로운 문자가 나타난 것뿐만 아니라 사회 전반에서 지식을 얻게 되는 사람들이 증가함을 의미합니다. 이게 왜 중요할까요?

과거에는 책을 읽는 것이 지식을 얻는 유일한 방법이었어요. 하지만 한자는 일반 사람들이 공부하기에 매우 어려운 문자였습니다. 한자를 익히려면 상당한 시간을 투자해야 했는데, 끼니를 먼저 걱정해야 했던 백성들에게 한자를 공부하는 시간은 사치였지요. 한자는 양반들의 전유물*이 되었습니다.

지금도 마찬가지겠지만 역사를 살펴보면 사회적으로 우월한 지위를 가진 사람들은 권력을 독점하고 싶어 했어요. 과거에는 권력의 근원이 '지식'이었습니다. 그래서 지배층은 일반 백성들에게 지식이 퍼지는 것을 원하지 않았어요. 이런 아쉬움은 우리 역사의 곳곳에서 찾을 수 있어요. 특히, 조선의 수도인 한양의 사대문과 종을 달아두는 누각인 종루의 이름을 보면 유교의 덕목인 '인의예지신(仁義禮智信)' 중에서 '지(智)'만 빠져있다는 것을 알 수 있습니다.

▲ 흥인지문(동)

▲ 숭례문(남)

▲ 숙정문(북)

'흥인지문(興仁之門)', '돈의문(敦義門)', '숭례문(崇禮門)', '숙정문(肅靖門)', '보신각(普信閣)'의 이름을 한번 살펴봅시다. 한양 사대문 중 북문에 해당하는 숙정문에는 '지'가 아닌 '정'을 썼어요. 백성들에게 지혜보다는 평안함이 더 필요하다고 판단했기 때문이었습니다.

세종이 훈민정음을 반포할 때 양반들이 반대했던 이유 중에도 백성들과 지식을 공유하는 것에 대한 거부감이 있었답니다. 훈민정음은 한자와 달리 누구나 쉽고 빠르게 익힐 수 있었다는 게 가장 큰 장점이었거든요. 훈민정음 덕분에 이제 백성들도 책을 읽고 세상의 이치를 깨달을 수 있게 된 것이지요!

과학 기술의 발달

조선 전기 과학 기술의 발전은 대부분 세종 때 이뤄집니다. '장영실'이라는 천재 과학자가 이뤄낸 멋진 업적이지요. 장영실은 원래 노비 출신이었기 때문에 관리가 될 수 없었어요. 하지만 세종은 장영실의 능력을 알아보고 상의원 별좌로 등용했습니다. 상의원은 왕의 생활에 필요한 물건을 만드는 기관이에요. 세종의 적극적인 관심과 후원 덕분에 장영실은 여러 과학 기구들을 발명할 수 있답니다.

그럼 세종 때 만들어진 다양한 과학 기구들을 살펴볼까요?

？ 단어 돋보기

창제: 전에 없던 것을 처음으로 만들거나 제정함
전유물: 혼자 독차지해 가지는 물건

▲ 측우기

▲ 혼천의

▲ 『칠정산』

▲ 앙부일구

▲ 자격루

첫 번째로 살펴볼 것은 측우기예요. 측우기는 비가 내린 양을 측정할 수 있는 기구로, 전국에 보급해 각 지역의 기후를 파악하고 세금을 걷는 데 활용했어요. 세금을 걷는 데 활용했다는 말은 가뭄이나 홍수 등으로 흉년이 들면 세금을 줄여 주었다는 의미입니다.

두 번째로 살펴볼 것은 혼천의예요. 혼천의는 우리나라의 하늘을 연구하는 천체 관측 기구로, 해, 달, 별 등의 움직임을 파악해 정확한 달력을 만들 수 있었어요.

세 번째로 살펴볼 것은 『칠정산』이에요. 『칠정산』은 혼천의에서 얻은 자료를 바탕으로 만든 조선의 달력입니다. 오늘날의 달력과 비교해도 차이가 없을 정도로 매우 정확하며, 이를 통해 사람들은 1년의 흐름을 파악할 수 있었어요.

네 번째로 살펴볼 것은 앙부일구예요. '가마솥이 하늘을 우러르고 있는 모양의 해시계'라는 뜻으로, 서울의 혜정교와 종묘 앞에 설치한 우리나라 최초의 공공* 시계입니다. 그림을 새겨 넣어 글을 모르는 백성들도 시간을 알 수 있도록 했으며, 계절에 따른 시간 변화도 고려한 매우 과학적인 시계예요.

마지막으로 살펴볼 기구는 '스스로 종을 쳐서 시각을 알려주는 물시계'라는 의미의 자격루예요. 2시간마다 십이지신*에 해당하는 동물 인형이 종과 북을 울려 시간을 알려 주는 자명종 시계입니다.

정말 대단한 발명품들이 많지요? 여러분이 세종의 과학 발전에 대해 공부할 때 꼭 기억해야 하는 부분이 있어요. 단순히 '무엇을 만들었다.'에서 끝나는 것이 아니라 왜 만들었는지도 함께 알아야 합니다.

측우기, 혼천의, 칠정산 등은 모두 백성들이 농사짓는 데 큰 도움이 된 기구들입니다. 만약 우리에게 달력이 없다면 언제까지 날이 덥고 또 언제부터 추워질지를 알 수 없잖아요. 세종은 계절의 변화를 정확히 예측한 24절기를 통해 백성들에게 정보를 제공해 주고, 지금이 무엇을 해야 하는 때인지를 알려 주고 싶었던 거예요.

앙부일구와 자격루는 일상생활에서 백성들이 시간을 알 수 있도록 도움을 주었지요. 조선 전기 과학 기술의 발전은 백성들의 삶에 도움을 주려는 세종의 노력이었습니다.

조선을 발전시킨 세종의 정책

세종은 국방의 중요성도 알고 있었습니다. 김종서와 최윤덕을 보내 북방의 여진을 몰아내고 4군 6진을 개척함으로써 조선이 지금의 국경선과 비슷한 모습을 갖게 되었어요. 그리고 이종무를 시켜 왜구의 본거지였던 쓰시마섬도 정벌하도록 했습니다.

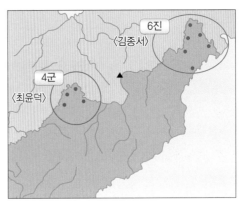

▲ 4군 6진

세종은 '정간보'라는 악보를 창안할 정도로 음악에도 재능이 뛰어났어요. 지식의 보급을 중요하게 생각해 인쇄술의 발전에도 관심을 기울였지요. 또한, 세종은 태종이 실시했던 '6조 직계제'를 폐지하고 다시 '의정부 서사제'를 실시했어요. 왕권과 신권의 조화를 추구하려 했던 것이지요.

왕이라는 이름으로 지켜야 할 것

마지막으로 세종이 존경받는 가장 큰 이유를 알아봅시다. 그건 바로 인간의 본능을 극복한 왕이라는 거예요. 어떤 의미일까요? 우리 함께 생각해 봐요.

? 단어 돋보기 ··

공공: 국가나 사회 구성원 모두에게 관계되는 것
십이지신: 땅을 지키는 열두 종류의 신

아마 역사를 공부할 때 왕들의 모습을 보면 궁금증이 들었을 겁니다. 특히, 나라가 망해가는 과정을 볼 때 말이에요.

"우리나라 왕들은 왜 맨날 사치와 향락에 빠져요?"

역사를 공부하는 친구들이라면 한 번쯤은 생각해 본 적 있겠지요. 왜 왕들은 사치와 향락에 빠지게 될까요?

먼저, 우리나라 왕들만 사치와 향락에 빠졌던 것은 아니에요. 전 세계 모든 나라의 역사에 있어서 왕의 자리에 올랐던 많은 사람들은 사치와 향락에 빠졌습니다. 인류 역사에서 보편적*으로 나타나는 지극히 당연한 현상이에요. 그렇다면 왕들은 왜 잘못된 길을 선택했을까요?

"왕은 특별한 존재가 아니었기 때문입니다."

질문을 하나 할게요. 우리는 왜 공부를 할까요? '깨달음의 즐거움' 혹은 '배움의 즐거움'을 찾는다는 멋진 친구도 있겠지만, 대부분은 학교 시험에서 좋은 점수를 받고 싶어서 아닐까요? 조금 더 멀리 바라보면 좋은 대학에 가서 멋진 직업을 갖고 많은 돈을 벌어 행복한 삶을 사는 '인생의 성공'을 위해 공부하는 것이 아닐까 싶네요.

그럼 얼마나 많은 돈을 벌어야 할까요? 일 년에 10억을 번다면 어떨까요? 10억이면 한 달에 8천만 원이 넘는 돈입니다. 엄청나지요. 우리가 열심히 공부해서 일 년에 10억을 벌 수 있다면 충분히 공부할만한 가치가 있지 않나요? 그런데 만약 부모님이 1000억을 주신다면 어떨 것 같아요? 솔직히 공부하지 않고 놀고 싶지 않을까요?

그렇다면 왕은 어땠을지 생각해 봅시다. 태어나는 순간부터 자신이 다음 왕으로 정해져 있다는 사실을 깨달았을 때, 그들은 무슨 생각을 했을까요? 물론 좋은 왕이 되겠다고 다짐한 적도 있었겠지만, 나라를 물려받는다는 사실을 알게 됐을 때 그들은 놀고 싶지 않았을까요? 왕은 앞에서 언급했듯이 특별한 존재가 아니에요. 그저 왕의 아들로 태어난 지극히 평범한 인간입니다.

인간은 누구나 편하게 놀고 싶은 본능을 가지고 있어요. 하지만 왕의 자리에 앉으면 이런 본능을 꾹 누르고 나라를 위해 힘써야 하지요. 그런데 이게 쉽지 않았어요. 그래서 결국 사치와 향락에 빠지는 왕들이 많았던 겁니다.

하지만 모든 왕이 그런 것은 아니었어요. 왕의 자리에 책임감을 가지고 인간의 본능을 극복하기 위해 노력한 왕들도 있었지요. 그렇게 끊임없이 노력한 왕들만이 자신의 신념을 지킬 수 있었습니다.

세종이 바로 그런 왕이었어요. 세종은 왕의 자리에서 왕의 역할을 다 하기 위해 열심히 노력했어요. 그렇기 때문에 지금까지도 우리나라 사람들이 존경하는 위인이 된 것이랍니다.

? 단어 돋보기

보편적: 모든 것에 두루 미치거나 통하는 것

1 다음 설명에 해당하는 것은 무엇인가요?

하늘의 움직임을 관찰하기 위해 만들어진 천문 관측 기구입니다.

①    ②    ③    ④

2 놀이동산에 놀러 간 네 명의 왕이 롤러코스터를 타기로 했습니다. 각 왕의 나라가 등장한 순서대로 탄다면 가장 마지막에 타는 왕은 누구인가요?

① 　"나는 최초의 진골 출신 왕이라고!"

② 　"억울하게 노비가 된 사람들을 양인으로 풀어줄 거야!"

③ 　"『칠정산』을 통해 백성들에게 정확한 날짜를 알려줄 수 있어!"

④ 　"아버지의 뜻을 물려받아 널리 인간을 이롭게 하는 나라를 만들 거야!"

3 '백성을 가르치는 바른 소리'라는 뜻을 가진 우리나라의 말은 무엇인지 써 보세요.

03 우리 지금 토론 중이거든요? 싸우는 거 아니에요.

유교는 종교, 성리학은 학문

이번에는 많은 친구들이 정말 어려워하는 유교와 성리학에 대해 살펴볼게요. 유교와 성리학은 깊게 들어가면 한없이 어려운 내용이에요. 그래서 우리는 편하게 이해할 수 있도록 최대한 간단하게 알아볼 거예요. 이 책의 목적은 어려운 내용을 웃으면서 공부하는 거니까요.

먼저 유교와 성리학은 거의 똑같은 개념입니다. 학문으로는 성리학, 종교로는 유교라 생각하면 쉬워요. 4장에서 성리학은 '우주의 근원과 인간의 본성'을 연구하는 학문이라 배웠습니다. 다들 기억하고 있지요?

성리학을 공부하는 사람들은 '이 세상에서 사람은 어떻게 살아야 하는가?'라는 질문에 답을 찾고, 그것을 실천하기 위해 노력했어요. 사람마다 추구하는 삶의 방향이 다르므로 '정답'을 찾는 것은 불가능해 보였지만, 성리학에서는 답을 정했습니다. 사람은 인(仁), 의(義), 예(禮), 지(智), 신(信), 충(忠), 효(孝)를 배우고 실천하는 존재라 정의했어요.

"인(仁), 의(義), 예(禮), 지(智), 신(信), 충(忠), 효(孝)가 무엇일까요?"

여러분은 알고 있나요? 모르겠다면 옆에 계신 부모님께 한번 여쭤 보세요. 솔직히 정확하게 대답하기 힘들 거예요. 왜냐하면 성리학은 정답이 없는 학문이기 때문입니다. 수학이나 과학처럼 누구나 인정하는 답안이 존재하지 않아요. '1+1=2'라는 사실을 가지고 사람들의 동의를 구하는 건 어렵지 않겠지만 성리학은 아예 개념이 다르거든요.

역사를 통틀어 수많은 사람이 성리학의 가르침에 대해 개념을 정의하고 서로를 설득하려 했지만 누구도 완벽한 답을 구하지 못했습니다. 성리학의 대표적 학자인 퇴계 이황 선생과 율곡 이이 선생도 서로의 의견을 존중하고 조율했으나 하나로 통합하지는 못했어요.

질문을 하면서 예를 하나 들어볼 테니 함께 생각해 봐요.

"효(孝)는 무엇일까요?"

다리가 불편하신 70살의 어머니가 계십니다. 어머니와 외출을 한다고 상상해 볼게요. 다리가 불편하신 어머니를 업고 가는 방법과 어머니의 다리 운동을 위해 함께 걷는 방법이 있습니다. 어떤 방법이 '효'라 생각하나요? 결론을 말하자면 무엇이라 답해도 상관없습니다. 어차피 둘 다 효가 맞으니까요.

중요한 건 그 시대 사람들의 가치관*에 따라 효에 대한 입장이 달라진다는 겁니다. 성리학은 이런 학문이에요. 그러므로 나와 다른 의견이 존재하는 것을 인정하고 타인의 의견을 받아들여 최선의 답을 찾는다면, 그게 바로 이 세상에서 우리 인간이 살아가야 할 방향이 되는 것입니다. 성리학은 끊임없는 토론을 거쳐 정답을 만들어 내는 과정이 중요한 학문이에요.

붕당 정치의 등장과 변질

성리학을 바탕으로 나라를 운영한다는 것은 다수를 차지하는 사람들의 가치관에 따라 국가의 정책이 달라질 수 있다는 말입니다. 조선의 대표적 정치 방식인 붕당 정치는 토론과 설득의 정치였어요.

붕당 정치가 무엇인지 먼저 알아볼게요. 붕당 정치는 의견이 비슷한 사람들끼리 모여 붕당을 형성한 후, 의견이 다른 상대방과의 토론을 통해 국가의 정책을 결정하는 정치 형태예요.

오늘날의 정당 정치와 비슷하다고 할 수 있지요. 각 붕당은 토론을 통해 상대방을 설득하고, 더 좋은 방향을 찾아 정책을 결정하는 좋은 정치적 장치였어요.

국가를 올바른 방향으로 이끄는 정책을 찾기 위해 양반들은 토론했습니다. 서로 의견을 내고, 각자의 생각을 탐구했어요. 사람이 살아가면서 지켜야 하는 인(仁), 의(義), 예(禮), 지(智), 신(信), 충(忠), 효(孝)가 무엇인지를 정의하기 위해 양반들은 끊임없이 의견을 주고받았어요.

그런데 문제는 사람이 가진 신념은 쉽게 바뀌지 않으며, 공부를 잘하는 사람일수록 자신의 의견을 바꾸는 건 더욱 어렵다는 거예요. 그래서 안타깝게도 조선의 붕당 정치는 당파 싸움으로 인식됩니다. 토론과 설득의 고급스러운 정치 과정이 고작 말싸움으로 여겨지는 것이지요.

조선의 왕은 토론의 진행자입니다. 성리학에 기반을 둔 붕당 간의 끊임없는 토론을 이끌어야 하고, 결론을 내야 하지요. 그래서 조선의 왕에게는 엄청난 성리학적 지식이 요구됩니다. 왕자로 태어나 세자로 책봉된 이후에는 더욱 철저한 엘리트 교육을 받게 돼요. 사극에서 나이 어린 세자가 두꺼운 유교 경전을 쩔쩔매며 공부하는 모습이 조선의 왕자가 살아가는 실제 모습이에요.

이렇게 철저히 교육을 받아야만 왕이 되었을 때, 평생 성리학을 공부해 온 신하들을 이끌어 갈 수 있습니다. 왕이 몇 살에 즉위하던 신하들은 몇 십 년 이상 성리학을 공부해 온 사람들이잖아요. 왕의 성리학적 지식이 신하들에 미치지 못한다면, 무능한 왕이 되고 왕권은 약화되겠지요.

? 단어 돋보기

가치관: 가치에 대한 관점

안타깝게도 조선의 붕당 정치는 시간이 지나면서 변질*되고 맙니다. 상대방을 인정하고, 국가를 올바른 방향으로 이끌기 위한 토론은 점점 사라져요. 그 대신 자신의 당이 권력을 잡는 것에 더 힘을 쏟았지요. 자신의 정책을 추진하려면 상대방을 설득하는 것보다 제거하는 것이 더 쉬운 방법이라는 걸 깨달은 거예요.

붕당 정치는 권세를 얻기 위한 도구로 전락하고, 조선의 정치는 붕당 정치의 변질로 방향을 잃게 됩니다.

? 단어 돋보기 ···

변질: 성질이 달라짐

1 다음 화폐 속 인물인 조선의 대표적인 유학자는 누구인가요?

① 이황   ② 이이   ③ 정몽주   ④ 정도전

2 다음 선생님의 질문에 대한 답으로 옳지 <u>않은</u> 카드를 들고 있는 어린이는 누구인가요?

성리학에서 강조하는 인간이
지켜야 할 도리는 무엇인가요?

 ① 인(仁)   ② 정(正)    ③ 충(忠)   ④ 효(孝)

3 성리학은 무엇을 연구하는 학문인지 설명해 보세요.

수양 대군은
나쁜 사람일까요?

왕권 강화? 신권 강화?

앞에서 언급했었던 고민을 다시 꺼내 봅시다. 진정으로 백성을 위하는 나라를 만들려면 위대한 왕이 필요할까요? 아니면 현명한 재상이 필요할까요? 물론 '둘 다!'라는 대답이 정답이겠지만 현실적으로 왕권과 신권의 조화가 이뤄지는 건 쉽지 않았습니다. 인간의 본능을 뛰어넘는 왕이나, 자신의 이익보다 국가와 백성을 위해 노력했던 신하들이 역사적으로 자주 등장했던 것도 아니고요. 그들이 같은 시대에 존재하는 건 훨씬 더 힘들었겠지요. 매우 낮은 확률로 그런 시기가 존재했을 때는 빛나는 전성기를 맞았지만, 우리 역사에서 손에 꼽힐 만큼 드문 일이었어요.

현실은 왕권과 신권의 다툼이 일상이었고, 승자의 양심이 강하게 작용하길 바랄 뿐이었어요. 태종과 정도전이 가졌던 생각의 차이는 단순한 두 사람의 의견 차이로 끝나는 것이 아니라 조선이 유지되는 동안 꾸준히 반복되어 온 문제였어요. 이전과 다른 견해를 가진 권력자가 등장할 때마다 조선의 정치는 소용돌이에 휩싸였고 많은 이들이 희생되었습니다.

"6조 직계제와 의정부 서사제, 무엇이 옳은 제도일까요?"

두 차례 왕자의 난을 일으키고 왕이 된 태종은 나라를 운영하는 방법으로 6조 직계제를 선택했습니다. 국가 권력을 자신에게 집중시키기 위해서였지요. 태종의 뒤를 이은 세종은 왕권 강화에 방해가 되는 인물들을 숙청해 준 아버지의 노력과 본인의 뛰어난 능력으로 절대적인 권력자가 되었어요. 세종은 오히려 신하들을 키우기 위해 의정부 서사제를 채택합니다. 집현전 학자들과 교류하고, 신하들과의 토론을 통해 자신의 정책을 설득했어요. 세종이 왕권과 신권의 조화를 꿈꾸었음을 엿볼 수 있지요. 이처럼 조선의 정치는 왕이 누구인지에 따라 정책이 달라졌습니다.

조카를 누르고 왕이 된 세조

세종의 완벽한 꿈은 아들이었던 문종이 사망하기 전까지는 유지되는 듯 보였습니다. 문종은 세종의 맏아들로, 약 30년간 세자로 있으면서 세종을 도와 나라를 태평성대*로 이끌었어요. 하지만 병약했던 문종은 왕이 된 후 2년 만에 사망하고, 그의 아들 단종이 겨우 12살의 나이로 왕이 되었습니다.

나이 어린 단종은 신하들과 토론을 하며 조선을 운영할 수 없었어요. 12살 어린 아이가 어른들을 상대로 우주의 근원과 인간의 본성에 따른 정치적 판단을 한다는 건 무리였지요. 국가에 문제가 발생하면 세종과 문종은 신하들과의 토론을 통해 최선의 답을 찾아냈지만, 단종은 신하들의 의견에 따를 뿐이었어요.

물론 신하들이 나쁜 건 아니었습니다. 세종의 선택을 받아 문종을 도왔던 신하들이었고, 그들은 백성을 위한 조선을 세우려 노력했어요. 하지만 문제는 조선의 권력이 왕에서 신하에게로 움직이고 있었다는 거예요.

이때 왕권이 바닥에 떨어졌음을 보여주는 '황표 정사 사건'이 발생합니다. 관리를 임명하는 과정에서 일어난 일이에요. 의정부 대신들이 여러 명의 후보 중에 자신들이 고른 사람의 이름에 누런 종이 쪽지(황표)를 붙여 놓으면, 왕이 그 사람을 선택하는 변질된 인사 정책이었어요.

단종이 어리기 때문에 사람들을 판단할 능력이 부족하니 정승들이 최선의 인물을 골라 왕에게 추천하는 형식이었지요. 하지만 국왕의 최고 권력인 인사권을 신하들이 마음대로 행사하는 것이나 마찬가지였습니다.

세종의 둘째 아들이었던 수양 대군은 이러한 상황에 대해 거부감을 가지고 있었어요. 결국 1453년, 수양 대군은 난을 일으킵니다. 우리는 이를 '계유정난'이라 불러요.

❓ **단어 돋보기**

태평성대: 왕이 나라를 잘 다스려 편안한 세상이나 시대

수양 대군은 김종서와 황보인을 제거하고 문인들의 지지를 받았던 안평 대군을 강화로 귀양 보냅니다. 수양 대군의 핵심 인물이었던 한명회는 '살생부'를 통해 수양 대군의 반대편에 섰던 인물들을 차례로 죽였습니다.

이후 권력을 장악한 수양 대군은 단종으로부터 왕위를 빼앗았어요. 그리고 세조로 즉위했지요. 양위*의 형식이었지만, 찬탈*이라는 것을 누구나 알 수 있었습니다. 사육신과 생육신 그리고 금성 대군의 단종 복위 운동 등 세조에 대한 반발이 끊임없이 일어났지만, 세조의 왕위는 굳건했어요. 피로써 차지한 왕권이었으니까요.

사육신(死六臣)과 생육신(生六臣)

사육신은 1456년 단종 복위에 목숨을 바친 인물들 가운데 남효온의 『육신전』에 소개된 성삼문, 박팽년, 하위지, 이개, 유성원, 유응부를 말합니다. 이들은 조선의 '충절'을 대표하는 인물로 인정받고 있어요.

사육신이 목숨으로 자신들의 충절을 나타냈다면, 생육신은 목숨을 잃지는 않았지만 벼슬길에 오르지 않고 초야*에 묻혀 살며 단종에 대한 충성을 나타냈던 인물들입니다. 생육신에는 김시습, 원호, 이맹전, 조려, 성담수, 남효온이 있습니다.

왕권 강화를 위한 세조의 정책

왕이 된 세조는 6조 직계제로 복귀했고, 집현전을 폐지했어요. 그리고 조선의 기본 법전인『경국대전』을 편찬하기 시작했습니다. 이 모든 일은 왕권을 강화하려는 세조의 의지가 반영된 결과이지요. 또한, 군사 조직의 정비로 국방력을 강화했고, 토지 제도를 정비해 국가 재정이 넉넉하도록 했습니다.

세조의 왕위 찬탈에 대해서는 부정적인 의견이 많습니다. 왕권을 강화하기 위해 단종을 몰아내고 자신이 왕이 되어야 한다는 수양 대군의 명분은 약했고, 권력욕은 강했지요. 하지만 문종의 죽음 이후 조선은 왕권이 약화되고 정치적 혼란이 발생하고 있었어요. 세조의 등장이 이러한 조선에 안정과 발전을 가져왔다는 것은 부정할 수 없는 사실입니다.

세조는 후세 사람들에게 부정적인 평가와 긍정적인 평가를 동시에 받는 인물입니다. 그러므로 우리는 한쪽 면만을 바라보지 말고 양쪽의 평가를 골고루 살펴볼 수 있어야 해요.

5장

? 단어 돋보기 ··

양위: 왕의 자리를 물려줌
찬탈: 왕의 자리, 국가의 주권 등을 억지로 빼앗음
초야: 풀이 난 들이라는 뜻으로, 깊은 시골을 의미함

개념 쏙쏙 확인 문제

1 다음은 역사적 인물에 대한 가상 인터뷰입니다. 선생님이 인터뷰한 인물은 누구인가요?

왕위를 빼앗고 조카를 죽인 것에 대해 부정적인 의견이 많은데 어떻게 생각하시나요?

나는 무너진 왕권을 회복하고 조선을 안정시키기 위해 그런 것입니다.

① 태조 ② 태종 ③ 세종 ④ 세조

2 다음에서 설명하는 것은 무엇인가요?

조선의 기본 법전으로 세조 때 편찬되기 시작해 성종 때 완성되었습니다.

① 경국대전

② 조선왕조실록

③ 삼강행실도

④ 훈민정음

3 단종의 복위를 위해 목숨을 바친 여섯 사람을 일컫는 말은 무엇인지 써 보세요.

조선을 바꾼 전쟁, 임진왜란!

임진왜란의 배경

고려가 끊임없는 전쟁의 나라였다면, 조선은 매우 평화로운 국가였습니다. 1392년에 건국된 이후 1592년 임진왜란이 발생할 때까지 200년간 커다란 전쟁을 경험하지 않았으니까요. 예를 들어 대한민국의 마지막 전쟁이었던 6·25 전쟁이 1953년에 멈춘 것을 생각해 보면, 200년 후인 2153년까지 평화로운 시간이 지속된다는 거예요. 오늘날에도 엄청난 평화의 시기일 텐데, 전쟁이 빈번했던 과거를 생각하면 조선은 확실히 사람이 살기 좋은 세상이었습니다.

임진왜란은 '임진년에 왜가 일으킨 난'이란 뜻이에요. 1592년부터 1598년까지 두 차례에 걸쳐 일본이 조선을 침략한 전쟁이었습니다. 1차 침입을 임진왜란, 2차 침입을 정유재란으로 구분하지만 합쳐서 임진왜란으로 부르기도 해요.

여기서 중요한 거! 조선과 일본만의 전쟁이라 생각하면 안 됩니다. 임진왜란은 조선, 일본, 중국이 모두 참여했던 당시의 세계 대전이었어요. 이 책에서는 임진왜란에 대해 좀 더 넓은 시야를 가지고 살펴볼게요.

먼저 임진왜란의 배경부터 알아볼까요? 조선은 오랜 기간 지속된 평화로 인해 국방에 대한 인식이 약화되었습니다. 양반과 백성들 모두 '설마 전쟁이 일어나겠어?'라는 생각을 가지고 있었어요. 국방을 강화하기보다 경제나 문화에 관심을 두었습니다.

이건 지금의 우리와 비교해 보면 쉽게 이해할 수 있어요. 북한과의 전쟁을 잠시 멈춘 휴전 상태이지만, 약 70년의 평화로운 시간이 지나면서 사람들의 생각이 많이 바뀌었잖아요. 휴전 직후에는 군사력을 가장 중요하게 생각했지만, 지금은 경제 성장을 강조하지요. 이제는 전쟁이 일어나지 않을 것이라 확신하는 사람들이 더 많으니까요.

조선은 무려 200년간 평화를 경험했어요. 당시 사람들이 전쟁에 대한 두려움과 공포를 갖는 것은 무리가 있었습니다. 조선은 사람들에게 군사 훈련을 시키는 것보다 농사를 짓거나 학문을 연구하도록 하는 것이 낫다는 결론을 내렸지요.

일본의 상황은 조금 달랐어요. 약 100년간 분열의 시기였던 전국 시대를 도요토미 히데요시가 통일했어요. 당시 일본은 고려 무신 정권기처럼 왕이 아닌 군인 세력들이 권력을 가지고 있었습니다. 분열된 국가의 지배자는 통일을 꿈꾸고, 통일된 국가의 지배자는 영토 확장을 꿈꾼다고 앞에서 언급했었는데, 기억하나요? 도요토미 히데요시도 마찬가지였습니다. 분열된 일본을 통일하자 그는 조선을 정복하고, 명나라로 향하려는 욕심을 품었지요.

도요토미 히데요시는 단순히 영토 확장에만 목적이 있었던 건 아니에요. 자신의 정적들도 전쟁을 통해 함께 제거하려 했습니다. 겉으로는 전쟁을 일으켜 정적들에게 기회를 주는 것처럼 보이기도 했어요. 하지만 전쟁의 최종 목표가 조선이 아닌 명나라라는 것이 중요합니다.

전쟁을 오래 끌어 내부의 불만을 외부로 돌리려는 의도가 숨겨져 있거든요. 조선을 정복한 이후에는 정적의 군대를 중국으로 이동시켜 일본 내에서 자신의 지위를 강화하려는 속셈까지 가지고 있었습니다.

그럼 중국은 무엇을 하고 있었을까요? 명나라의 상황은 한 줄로 요약이 가능합니다. 명나라는 망해가고 있었어요. 황실은 사치와 향락에 빠져있었고, 관리들은 부패했으며 백성들의 삶은 피폐*해지고 있었습니다.

임진왜란의 발발과 전개

일본은 명나라를 정벌할 테니 길을 빌려달라는 핑계로, 1592년 5월 23일(음력 4월 13일) 조선을 침략합니다. 신식 무기인 조총으로 무장한 일본은 일방적으로 조선군을 쓰러뜨렸어요. 부산을 점령한 후 불과 20일 만에 한양까지 점령했지요. 부산에서 한양까지 걸어서 이동한 것을 생각하면 얼마나 일방적인 전투였는지를 느낄 수 있지요. 당시 조선의 임금이었던 선조는 의주로 피난을 갑니다.

일본의 승리로 끝날 것처럼 보였던 전쟁은 조선이 승리했어요. 어떻게 이 전쟁에서 이길 수 있었을까요? 지금부터 조선이 승리할 수 있었던 세 가지 이유를 알려 줄게요.

▲ 의병과 관군의 활약

첫 번째는 '의병의 활약'입니다. 의병은 위기에 처한 나라를 구하기 위해 백성들이 자발적으로 조직한 부대예요. 제대로 된 무기 하나 없고 전투 훈련도 받지 못했지만, 나라를 지키겠다는 마음으로 소중한 목숨을 바치신 분들입니다.

의병들은 전국 각지에서 조총으로 무장한 왜군에 맞서 몽둥이나 죽창을 들고 싸웠어요. 무기는 형편없었지만, 목숨을 아끼지 않았고 지역의 지리를 활용해 전투를 승리로 이끌었습니다. 나라를 지키기 위해 얼마나 많은 분이 피를 흘리셨을까요? 우리는 역사에 기록되지 않은 분들의 희생에도 감사하는 마음을 가져야 합니다.

두 번째는 '관군의 활약'이에요. 임진왜란 당시 관군은 무조건 패배하고 도망갔다고 생각하기 쉬운데 당당하게 맞서 싸운 분들도 많습니다. 비록 패배했지만, 임진왜란의 시작이었던 부산과 동래에서 정발과 송상현은 일본군에 맞서 싸우다 전사했습니다.

❓ 단어 돋보기

피폐: 지치고 쇠약해짐

▲ 한산도 대첩　　　　▲ 진주 대첩　　　　▲ 행주 대첩

　　임진왜란의 3대 대첩으로 불리는 이순신의 한산도 대첩, 김시민의 진주 대첩, 권율의 행주 대첩은 조선의 관군도 나라를 지키기 위해 최선을 다해 노력했다는 것을 증명해요.

　　마지막은 '명나라의 원군'입니다. 명나라를 정벌하기 위해 길을 빌려 달라는 일본의 요청을 조선이 거부하자 일본은 이를 핑계로 조선을 침략했다고 했지요? 명나라는 조선과의 관계도 있었지만, 무엇보다 전쟁을 자신의 영토가 아닌 조선 땅에서 마무리 짓는 게 유리하다고 판단했습니다. 무너져가던 명나라는 자신들의 마지막 힘을 임진왜란에 쏟았어요.

조선의 무기가 약해서 전쟁이 일어난 걸까요?

　　임진왜란 당시 조선의 무기가 일본에 비해 뒤쳐진 건 아니었어요. 오히려 조선의 과학 기술이 일본보다 훨씬 앞서 있었지요. 수군이 사용했던 화포가 대표적인 예입니다. 그리고 일본의 조총보다 조선의 활이 사거리*가 더 길었어요. 하지만 실제 전투에서는 조총이 강력한 위력을 발휘했지요. 그 이유는 조총은 누구나 쉽게 배우고 사용할 수 있었지만, 활은 오랜 기간 훈련을 통해 익혀야 했기 때문이에요. 군사 훈련을 뒤로 미뤄뒀던 조선에서는 활을 쏠 수 있는 군인의 수가 부족했습니다.

임진왜란 그 후

　　임진왜란에서 승리한 조선은 많은 것을 잃었습니다. 전쟁에서는 승리했지만, 허울뿐인 승리였어요. 누군가를 공격한 전쟁에서 승리했다면 전리품*을 얻었겠지만, 이번에는 어디까지나 방어에 성공한 것이니까요.

전쟁으로 인해 많은 사람이 죽고, 토지는 황폐해졌습니다. 경복궁을 비롯한 전국의 주요 문화재들이 불에 타고 파괴되었어요. 그리고 학자와 기술자들이 일본으로 끌려갔습니다. 대표적으로 이삼평은 경상도에서 도자기를 만들던 도공이었는데, 일본으로 끌려가 일본에 도자기 기술을 전해줬지요.

전쟁에서 패배한 일본은 정권이 교체되었어요. 도요토미 히데요시가 죽고 도쿠가와 이에야스가 권력을 장악합니다. 임진왜란을 통해 조선의 선진 문물을 경험한 일본은 조선과의 관계를 회복하려 노력했어요.

▲ 조선 통신사 이동 경로

▲ 조선 통신사

조선은 일본에 외교 사절단인 통신사를 파견해 선진 문물을 전해줍니다. 약 300~500명의 인원으로 구성되었고, 일본의 다양한 지역을 거쳐 이동했어요. 다녀오는 데 6개월~1년 정도의 시간이 소요되었습니다. 이 시기에 일본의 경제적·문화적 성장이 두드러지게 나타납니다. 혹시 이 부분에서 조금 화가 나나요? 걱정 말아요. 조선 통신사는 일본과 교류하면서 그들을 감시하려는 목적도 있었답니다.

중국에서도 정권 교체의 움직임이 나타납니다. 명나라는 전국 각지에서 농민들의 반란이 끊임없이 일어났고, 그 틈을 타서 여진이 성장해 '후금'을 세웠습니다. 후금은 이후 국호를 '청'으로 변경했고, 대륙의 새로운 지배자로 등장합니다.

❓ **단어 돋보기**

사거리: 화살, 포탄, 미사일 등이 발사되어 도달할 수 있는 곳까지의 거리
전리품: 전쟁 때 적에게서 빼앗은 물품

개념 쏙쏙 확인 문제

1 다음 선생님의 문제에 알맞은 답을 써 보세요.

> 임진왜란의 3대 대첩에 해당
> 하는 전투는 무엇인가요?
> 세 가지 모두 써 보세요.

2 다음 두 학생의 대화를 보고 빈칸 ㉠에 들어갈 내용으로 옳지 <u>않은</u> 것은 무엇인가요?

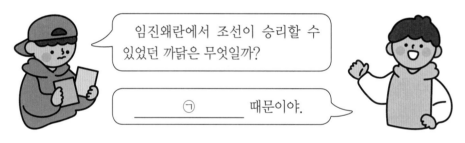

> 임진왜란에서 조선이 승리할 수
> 있었던 까닭은 무엇일까?

> ____㉠____ 때문이야.

① 의병의 활약이 있었기　　　　② 관군도 열심히 싸웠기

③ 명나라가 원군을 보냈기　　　　④ 신식 무기인 조총으로 무장했기

3 다음은 임진왜란 이후 조선에서 일본에 파견한 사신단의 이동 경로를 나타낸 지도입니다. 이 사신단의 이름은 무엇인지 써 보세요.

현명한 선택을 하고 싶어요.

선조의 아들 광해군

조선의 역사를 살펴보면 왕의 호칭이 조금씩 다르다는 것을 느낄 겁니다. '조'나 '종'으로 끝나는 왕도 있고, 광해군처럼 '군'으로 끝나는 왕도 있지요. 왕들의 호칭은 어떤 차이가 있을까요? 먼저 조와 종은 왕에게 붙여지는 호칭이고, 군은 왕자에게 붙여지는 호칭입니다. '조'와 '종'의 구분에 대해서는 정확한 기록이 전해지지 않아요. 그래서 학자들의 의견이 다양한데, 현재 가장 유력한 주장은 세상에 커다란 변화를 가져오면 '조'가 붙고, 세상을 더욱 발전시키면 '종'이 붙는 것으로 보고 있습니다.

광해군과 연산군은 조와 종을 받지 못했어요. 이는 조선 사회가 광해군과 연산군을 왕으로 인정하지 않았다는 뜻입니다. 두 사람은 실제로 왕위에 올라 왕으로서 나라를 이끌었지만, 반정으로 왕위에서 쫓겨났지요. 폭군으로 유명한 연산군은 이해가 되지만, 광해군도 왕으로 인정받지 못했다는 사실은 놀랍지 않나요? 이제부터 그 까닭에 대해 자세히 다뤄 볼게요.

임진왜란 이후 조선도 왕이 바뀌게 됩니다. 선조가 죽고 광해군이 왕위를 물려받았어요. 광해군이 왕위에 앉기까지의 과정은 상당히 험난했습니다. 광해군은 선조의 사랑을 받지 못하는 아들이었거든요.

선조는 조선 역사상 가장 무능한 군주로 꼽힙니다. 선조의 입장에서 변명을 해 보자면, 그는 사실 아무것도 할 수 없었어요. 왜냐하면 선조는 최초의 방계* 출신 왕이었기 때문이에요.

? **단어 돋보기** ⋯⋯⋯⋯⋯⋯⋯⋯⋯⋯⋯⋯⋯⋯⋯⋯⋯⋯⋯⋯⋯⋯⋯⋯⋯⋯⋯⋯⋯⋯⋯

방계: 공통의 조상을 가진 친족 중에 직계가 아닌 갈라져 나온 친족 관계

선조는 중종의 서자*였던 덕흥군의 셋째 아들로 태어났어요. 누구도 그가 조선의 왕이 될 거라 예상하지 못했습니다. 하지만 왕실 직계 자손의 대가 끊기자 명종의 뒤를 이어 선조가 즉위했지요. 갑작스럽게 왕이 되어서 선조는 왕위 계승을 위한 엘리트 교육을 전혀 받지 못했어요. 그 결과 왕으로서 신하들의 토론을 조율하지 못했습니다. 선조는 무능력한 왕이 되었고, 신하들은 혈통의 정당성을 갖지 못했기 때문이라며 왕을 무시했어요.

선조에게 또 하나의 문제가 있었는데, 그건 바로 중전이 자식을 낳지 못했다는 거예요. 선조의 후궁이었던 공빈 김씨의 아들로 태어난 광해군은 어려서부터 매우 뛰어난 능력을 보였어요. 하지만 혈통의 정통성을 인정받지 못했던 선조는 후궁의 자식이었던 광해군을 세자로 삼으려 하지 않았습니다. 신하들이 자신을 더 무시할 것이라 생각했기 때문이지요.

이런 복잡한 시기에 임진왜란이 일어났어요. 선조는 의주로 피난을 가던 길에 어쩔 수 없이 광해군을 세자로 책봉합니다. 광해군은 전쟁 중임에도 평안도, 강원도, 황해도 등을 돌아다니며 민심을 수습하고 군사를 모아 왜군에 대항했어요. 정유재란 때는 전라도와 경상도로 내려가 군사들을 이끌었지요. 백성들과 신하들은 이런 광해군을 지지했습니다.

그런데 임진왜란이 끝난 후 왕실은 다시 혼란에 휩싸입니다. 중전이었던 의인 왕후가 죽자 선조는 인목 왕후를 새로운 중전으로 맞이했어요. 그리고 선조 39년인 1606년, 인목 왕후가 영창 대군을 낳게 됩니다. 선조는 적자*인 영창 대군을 사랑했고, 신하들은 광해군과 영창 대군 중 누가 다음 왕이 되어야 할 것인가에 대해 의견이 나뉘었습니다.

왕권을 위해 어머니를 버리고 동생을 죽이다

신하들의 의견이 팽팽히 대립하는 가운데 1608년 선조가 병으로 죽게 됩니다. 영창 대군이 너무 어렸으므로 인목 왕후는 광해군이 왕이 되는 것에 동의했어요. 결국 광해군이 조선의 제15대 왕으로 즉위합니다.

광해군은 대동법과 양전을 실시해 전쟁으로 피폐해진 백성들의 생활을 안정시키려 노력했습니다. 하지만 명분을 중요시하는 양반들은 적자인 영창 대군을 놔두고 서자인 광해군이 왕이 되었다는 사실을 도저히 받아들일 수 없었어요. 영창 대군을 왕으로 만들려는 움직임은 계속되었습니다.

광해군이 역모*를 일으키는 사람들을 제거하는 동안 누군가는 자신의 정적을 제거하기 위해 역모를 조작하기도 했어요. 많은 사람이 목숨을 잃었고 영창 대군도 강화도에 유배되었다가 죽음을 맞게 됩니다. 그리고 광해군은 인목 대비까지도 폐위시켜요. 이를 어려운 말로 '폐모살제'라 합니다. 폐모살제 사건은 후에 광해군이 왕권을 펼치는 과정에서 치명적인 약점이 됩니다. 유교의 국가였던 조선에서 있을 수 없는 행동이었으니까요.

백성을 위해 누구의 편도 들지 않다

5장

이 시기 중국에는 커다란 변화가 있었습니다. 명나라가 쇠퇴하고 후금이 새롭게 성장하고 있었지요. 후금과의 전쟁에서 어려움을 겪던 명나라는 조선에 원병을 요청합니다. 이제 조선 정부는 고민에 빠지게 돼요.

냉정하게 판단하면 전쟁은 이미 후금 쪽으로 기울었습니다. 하지만 명나라는 임진왜란 때 우리를 도와줬지요. 명예를 소중하게 생각했던 성리학자들은 당연히 명나라에 군대를 보내야 한다고 주장했습니다.

하지만 광해군의 생각은 달랐어요. 명나라에 원군을 보낸다는 것은 후금과의 전쟁도 고려해야 한다는 의미였습니다. 임진왜란의 피해도 극복하지 못한 상황에서 다시 전쟁이 일어난다면 백성들은 살아남을 수 없을 것이라 판단한 거예요.

? **단어 돋보기** ··

서자: 후궁이 낳은 아들
적자: 중전이 낳은 아들
역모: 반역을 꾸밈

광해군은 한 가지 방법을 생각해 냅니다. 강홍립 장군을 명나라에 원군으로 파병하면서 후금에게 항복하라 명령했어요. 명나라를 돕는 척하면서 후금을 적으로 돌리지 않도록 중립 외교 정책을 펼친 것이지요.

광해군의 중립 외교 정책이 어떻게 느껴지나요? 좋은 방법일까요, 나쁜 방법일까요? 우리 한 가지 예를 들어 함께 곰곰이 생각해 봐요.

학교 끝나고 집에 가는 길에 나쁜 중학생 형을 만났다고 상상해 봅시다. 그래서 어려움을 겪고 있는데 친구가 그걸 보고 도와줬어요. 형과 싸우느라 나와 친구는 많이 다쳤지만 그래도 형을 물리쳤습니다. 다음 날, 어제 도와주었던 친구가 이번에는 나쁜 어른에게 어려움을 겪고 있는 모습을 발견했어요. 내가 도와줘도 절대로 이길 수 없는 상황입니다. 그럼 나는 어떤 선택을 해야 할까요?

1번, 많이 다칠 수도 있지만 끝까지 친구와 함께 맞서 싸운다.
2번, 절대로 이길 수 없고, 어제의 상처도 낫지 않았으니까 모른 척 한다.

1번과 2번 중에서 현명한 선택은 무엇일까요? 명예를 위해 다치더라도 친구를 돕는 것이 현명할까요? 아니면 다치지 않고 소중한 가족들과 함께 살아가는 것이 현명할까요? 아마 어떤 선택을 해도 옳은 선택일 겁니다. 단순히 이 상황만을 보는 것이 아니라 여러 가지 조건들을 함께 생각해야 하니까요. 그만큼 어려운 문제예요.

광해군은 2번을 선택했어요. 백성들을 위해 임진왜란의 상처를 회복하는 것을 더 중요하게 생각한 거지요. 하지만 성리학을 따르던 조선의 양반들은 생각이 달랐어요. 성리학자들에게 명예는 목숨만큼 소중한 것이었습니다. 신념보다 백성을 최우선으로 생각했던 광해군의 정책에 동의하지 않았지요.

결국 영창 대군을 죽이고 인목 대비를 폐위시켰으며, 잘못된 외교 정책을 펼친 것까지 문제 삼아 '인조반정'이 일어났어요. 광해군은 강화도로 귀양을 갔다가 제주도로 옮겨진 후 삶을 마감합니다. 조선 사회에서 광해군의 신분이 복권*되지 않았다는 것은 조선이 철저한 성리학 국가임을 보여 주는 증거라 할 수 있습니다.

명나라와는 친하고, 후금은 멀리하고

광해군을 몰아내고 조선의 제16대 왕이 된 인조는 후금을 배척하고 명나라와 친하게 지내는 '친명배금' 정책을 펼칩니다. 조선의 외교 정책이 바뀌자 후금은 1627년 조선을 침략하는데, 이를 '정묘호란'이라 불러요. '정묘년에 호(胡)가 일으킨 난'이라는 뜻입니다. 호는 오랑캐를 뜻하는 한자예요.

조선에서는 후금과 전쟁을 하자는 주전론과 친하게 지내자는 주화론이 대립했는데, 인조는 주화론을 선택합니다. 이후 국호를 '청'으로 바꾼 후금은 명나라와의 전쟁에서 우위를 차지하고 조선에 '군신 관계'를 요구하지요. 조선이 거부하자 청나라 태종은 직접 12만의 대군을 이끌고 조선을 침략합니다. 이것이 1636년에 일어난 '병자호란'이에요.

▲ 남한산성

인조는 강화도로 피신하려 했으나, 길이 막히자 남한산성으로 발길을 돌렸습니다. 하지만 청나라 군대에 포위되어 오히려 남한산성에 갇히게 되지요. 신하들은 다시 주전파와 주화파로 나뉘어 논쟁을 벌였고, 결국 인조는 항복을 하기로 결정합니다.

1637년 1월 30일 인조는 삼전도에서 청나라 태종에게 무릎을 꿇고 항복했습니다. 그리고 조선은 명나라와의 국교를 끊고 청나라에 사대하는 국가가 되었어요.

? 단어 돋보기

복권: 한 번 잃은 권리나 힘을 다시 찾음

청나라 황제는 병자호란에 승리한 것을 기념하기 위해 삼전도비를 세웠어요. 조선은 청나라에 항복한 이후 소현 세자와 봉림 대군 그리고 여러 신하들을 청나라에 인질로 보내야 했습니다.

인조의 뒤를 이은 효종 때는 삼전도의 치욕*을 갚아야 한다는 북벌론이 대두* 되며 군대를 양성하기도 했어요. 하지만 이미 중국의 지배자가 된 청나라를 상대로 실천에 옮기지는 못했습니다.

▲ 삼전도비

광해군의 중립 외교 정책이 옳은 것인지에 대해서는 판단하기가 어려워요. 사람마다 생각이 다를 수 있으니까요. 하지만 인조반정이 정말 명예를 소중하게 생각했던 사람들이 일으킨 것인지에 대해서는 고민해 봐야 합니다. 정묘호란과 병자호란에서 보여준 인조의 결정은 명예보다 목숨을 소중하게 여겼던 선택이니까요.

❓ 단어 돋보기

치욕: 수치스럽고 부끄러움
대두: 어떤 세력이나 현상이 새롭게 나타남

1 다음 두 사람의 대화를 보고 알 수 있는 장군은 누구인가요?

① 양만춘　　　② 장문휴　　　③ 강홍립　　　④ 김시민

2 다음 중 병자호란 때 인조가 피신한 곳은 어디인가요?

① 　② 　③ 　④

　남한산성　　　　수원 화성　　　　강화산성　　　　문경새재

3 다음에서 설명하는 사건은 무엇인지 써 보세요.

> 광해군이 인목 대비를 폐위시키고 영창 대군을 죽인 사건을 가리키는 말입니다.

실력 쑥쑥 한 장 정리

1 조선의 건국 과정

① 고려 말의 혼란: 권문세족 VS 신진 사대부 → 온건파와 급진파로 분열, 신흥 무인 세력 등장
② 요동 정벌: 명나라의 철령 이북 땅 요구(쌍성총관부 지역), 이성계의 4불가론
③ 위화도 회군: 최영 제거, 이성계의 권력 장악
④ 조선 건국: 정몽주 제거(「단심가」, 선죽교), 이성계 태조 즉위, 정도전(재상 중심 정치), 성리학 국가
⑤ 한양 천도

2 정도전 VS 이방원

① 정도전: 재상 중심 정치
② 이방원: 왕권 중심 정치 → 왕자의 난 → 태종 즉위

3 태종의 정책

6조 직계제(왕권 강화), 양전 사업, 호패법

4 세종의 정책

① 훈민정음 창제
② 통치 제도의 정비: 집현전, 의정부 서사제(왕권과 신권의 조화)
③ 과학 기술의 발전: 측우기, 혼천의, 칠정산, 앙부일구, 자격루
④ 문화의 발전: 정간보(악보), 인쇄술 발달
⑤ 영토 확장: 4군(최윤덕) 6진(김종서), 쓰시마섬 정벌(이종무)

5 세조(수양 대군)의 정책

① 계유정난: 반정으로 세조 즉위, 사육신과 생육신
② 통치 제도의 정비: 『경국대전』 편찬 시작, 6조 직계제(왕권 강화)

6 성리학의 발달

① 우주의 근원과 인간의 본성 연구
② 성리학의 목표: 인(仁), 의(義), 예(禮), 지(智), 신(信), 충(忠), 효(孝) 중시
③ 붕당 정치의 등장

7 임진왜란(임진왜란 + 정유재란)

① 배경: 국방력 소홀, 명나라의 쇠퇴, 일본 전국 시대 통일(도요토미 히데요시)
② 과정: 일본의 침략 → 한양 함락 → 의병, 관군, 명나라의 원군 활약 → 승리
③ 3대 대첩: 한산도 대첩(이순신), 진주 대첩(김시민), 행주 대첩(권율)
④ 결과
   • 조선: 인구 감소, 토지 황폐화, 문화재 소실
   • 명나라: 쇠퇴 → 후금의 성장
   • 일본: 정권 교체(도요토미 히데요시 → 도쿠가와 이에야스), 경제 · 문화 성장(이삼평의 도자기 기술 전래 등)
   • 조선 통신사 파견: 임진왜란 이후 조선에서 일본에 문화 사절단을 보냄

8 광해군의 정책

① 폐모살제: 인목 대비 폐위, 영창 대군 유배
② 중립 외교: 명나라와 후금 사이에서 중립 외교(강홍립 파병)
③ 인조반정: 폐모살제와 중립 외교 정책으로 인해 반정이 일어남 → 인조 즉위

9 인조의 정책

친명배금 정책 → 정묘호란 → 병자호란(남한산성, 삼전도의 굴욕)

10 효종의 정책

북벌론 대두: 청나라에 치욕을 갚기 위한 정책 → 실행되지 못함

6장

안타깝게도 이번 장에서는 무너지는 조선을 공부할 거예요. 당시 국제 사회에서 조선이 약소국에 해당하는 건 어쩔 수 없는 사실이었어요. 하지만 그렇다고 우리가 아무런 저항조차 하지 않고 순순히 나라를 넘긴 것은 아니었습니다. 무너져 가는 나라를 지키기 위해 목숨을 바치고 희생하신 분들에 대해 생각해 보는 시간이 되길 바랍니다.

King's Road

1752~1800년
정조

1694~1776년
영조

세계 속의 조선을
꿈꿨던 사람들

1820~1898년
흥선 대원군

1852~1919년
고종

우리 조선이
달라졌어요!

지도에 담긴 조선의 세계관 변화

'글로벌 시대' 혹은 '지구촌'이란 말을 들어봤나요? 어쩌면 '세계화'라는 표현이 조금 더 익숙할지도 모르겠네요. 조선 후기가 되면 동아시아를 벗어나 더 넓은 세계와 교류하는 조선의 모습이 나타납니다. 그리고 사람들의 삶에 커다란 변화가 생겨요. 6장에서는 이전과 달라지는 조선의 모습들을 공부해 볼게요.

그 전에 두 장의 세계 지도를 보면서 조선 사람들의 생각이 어떻게 바뀌었는지 확인해 봅시다!

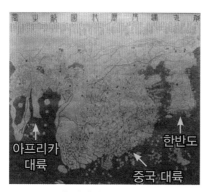

▲ 혼일강리역대국도지도

'혼일강리역대국도지도'는 1402년 태종 때 제작된 세계 지도예요. 동양에서 현전*하는 세계 지도 중 가장 오래되었어요. 이 지도를 통해 조선 전기 사람들의 세계관을 엿볼 수 있답니다.

지도를 보면 우리가 알고 있는 오늘날의 세계 지도와 많은 차이가 있습니다. 가운데에 엄청 커다란 지역이 보이나요? 바로 중국입니다. 이 지도만 보면 중국이 세상의 절반 이상을 차지하는 것 같아요. 중국의 오른쪽에 한반도가 있고, 왼쪽에 표시된 지역은 아프리카 대륙이에요. 한반도가 아프리카 대륙과 비슷한 크기로 그려졌네요. 당시 사람들이 아프리카 대륙을 알고 있었다는 사실이 놀랍지 않나요?

지도를 통해 알 수 있는 가장 중요한 사실은 조선 전기 사람들이 '중국 중심의 세계관'을 가졌다는 거예요. 사람들은 중국이 세상의 중심이며, 세상의 기준이라 판단했어요. 그리고 조선을 'No.2'로 생각했습니다. 조선의 정치, 경제, 사회, 문화 등 모든 영역을 지배했던 성리학이 송나라에서 비롯된 것을 생각해 보면, 중국 중심의 세계관은 조선 사람들에게 당연했을 겁니다.

그런데 조선 후기에 만들어진 '곤여만국전도'를 보면 조선 사람들의 세계관에 커다란 변화가 생겼음을 알 수 있어요.

▲ 곤여만국전도

곤여만국전도는 1708년 조선의 문신이자 학자인 최석정 등이 마테오 리치의 곤여만국전도를 모사* 한 세계 지도예요. 오늘날의 세계 지도와 거의 비슷합니다. 중국보다 훨씬 넓은 세상이 존재하며, 중국은 수많은 나라 중 하나일 뿐이라는 사실을 보여줍니다.

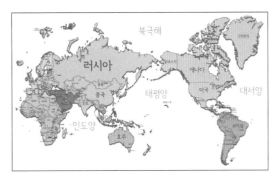

▲ 오늘날의 세계 지도

세계 지도를 원으로 표현한 방식도 세상을 평면으로 인식하던 사람들에게 엄청난 영향을 끼쳤어요. 원형의 지구에서는 누구나 세상의 중심이 될 수 있기 때문이지요. 곤여만국전도를 통해 우리는 조선 후기 사람들이 중국 중심의 세계관에서 벗어나고 있음을 확인할 수 있답니다.

진짜 인간의 문제를 해결하는 학문, 실학

조선 후기에는 새로운 학문도 등장했어요. 기존의 조선 사회를 지배했던 성리학은 도덕적으로 완성된 인간을 만들 수는 있었겠지만, 백성들의 굶주림을 해결하지는 못했습니다. 양반들은 살기 좋은 조선을 만들겠다고 평생을 바쳐 성리학을 공부했는데, 굶주림에 죽어 가는 백성들에게는 아무런 도움도 줄 수 없었어요. 그러자 일부 양반들 사이에서 반성의 움직임이 나타났습니다.

"진짜 인간의 문제를 해결하는 학문을 연구하자!"

이러한 생각에서 탄생한 학문이 바로 '실학'입니다. '사람들의 실제 생활에 도움을 주는 실용적인 학문'이라는 뜻이에요. 성리학에 대한 반발에서 시작된 실학은 크게 세 가지로 구분됩니다.

? 단어 돋보기

현전: 현재까지 전해 옴
모사: 원본을 베껴 씀

첫 번째는 중농학파예요. 대표적인 학자로는 유형원, 이익, 정약용이 있습니다. 중농학파는 조선의 근본 산업인 농업을 더욱 발전시켜 사회 문제를 해결해야 된다고 생각했어요. 그래서 토지 제도의 개혁을 주장했지요. 토지의 소유자가 농민이 아닌 양반인 것이 현재 조선 농업의 가장 큰 문제라 판단했기 때문입니다.

중농학파는 농민들에게 토지를 나눠 준다면 농민들이 더욱 열심히 일할 것이고, 생산량이 증가될 거라 생각했어요. 생산량의 증가는 농민들의 생활수준이 향상될 뿐만 아니라 국력이 증가하는 데에도 도움이 된다고 여겼습니다. 중농학파의 주장은 양반들의 토지를 국가에서 거둬들인 후 농민들에게 재분배하자는 것인데, 당시 권력을 가진 양반들은 당연히 관심조차 두지 않았습니다.

두 번째는 중상학파입니다. 대표적인 학자로는 유수원, 홍대용, 박제가, 박지원이 있어요. 중상학파는 '우리 역사가 시작된 이래 지금까지 농업을 강조하지 않은 적은 없었다. 하지만 여전히 생존의 문제를 해결하지 못했다면 이건 농업의 한계인 것이다. 그러므로 이제는 농업이 아닌 상공업을 발전시켜야 한다.'고 생각했습니다. 이들은 상공업을 발전시키기 위해 청나라의 선진 문물을 배워야 한다고 주장했기 때문에 북학파로 불리기도 했습니다.

▲ 대동여지도

▲ 택리지

마지막은 국학파예요. 안정복, 유득공, 김정호, 이중환 등이 대표적인 학자입니다. 중농학파와 중상학파가 백성들의 삶의 문제를 해결하기 위해 성리학을 비판했다면, 국학파는 중국의 학문이 아닌 우리 것을 연구해야 한다고 주장했습니다.

대표적으로 김정호는 목판에 새긴 지도인 '대동여지도'를 만들었어요. 목판으로 만들었기 때문에 수많은 사람들에게 전해졌습니다. 심지어 병풍처럼 접었다 펴는 방식으로 제작해 휴대할 수도 있었어요. 이중환은 지역에 대한 상세 설명을 담아 『택리지』를 편찬했습니다. 쉽게 말하면 지역 안내 책자라 할 수 있지요.

국학파는 중농학파나 중상학파에 비해 경제와 직접적인 연관성은 떨어질 수 있어요. 하지만 성리학에 대해 비판적이며, 실용적인 학문이라는 측면에서 실학에 포함됩니다.

실학은 안타깝게도 조선의 정치에 반영되지 못했습니다. 권력의 중심부에서 정책을 결정하던 사람들은 성리학에 더욱 집착했거든요. 앞에서 언급한 실학자들은 대부분 정치에서 밀려나 유배 생활을 하거나 지방에 머물렀던 사람들이에요. 백성들의 고통을 직접 경험했기 때문에 실학이 나타났다고도 볼 수 있습니다.

하지만 중요한 점은 조선 후기가 되면 성리학이 절대적이지 않았다는 거예요. 실학이 실제 정치에 반영되지는 못했지만, 학문으로 연구되었다는 사실만으로도 사람들의 의식이 변화하고 있음을 보여 줍니다.

생활 방식의 변화

양반들만 백성들의 삶의 문제를 고민했던 건 아니었어요. 백성들은 스스로 생존을 위한 방법을 찾으려 노력했고, 그들의 노력이 오히려 더 큰 성과를 얻었습니다. 부유*한 농민들이 하나둘씩 등장하면서 조선 후기는 서민층의 성장이 두드러지게 나타나요.

그럼 백성들이 찾아낸 해결책을 알아볼까요?

조선 후기가 되면 모내기법(이앙법)이 본격적으로 시작됩니다. 모내기법은 모판을 만들어 볍씨를 촘촘하게 뿌리고 싹을 틔워 일정하게 자랄 때까지 키운 다음, 물을 댄 논에 옮겨 심는 방법이에요. 우리나라에서 모내기법이 처음 시작된 건 고려 시대 말입니다. 이전까지는 땅에 직접 씨를 뿌리는 직파법으로 벼농사를 지었습니다. 모내기법은 직파법보다 두 가지 엄청난 장점이 있어요.

첫 번째는 생산량의 증가입니다. 볍씨일 때는 씨앗의 상태를 파악할 수 없어요. 일정 기간 키워 봐야 상태를 파악할 수 있습니다. 허약한 녀석은 제대로 싹을 틔우지 못할 것이고, 건강한 녀석들만 쑥쑥 자라겠지요.

? **단어 돋보기**
부유: 재물이 넉넉함

직파법은 볍씨일 때 땅에 뿌리는 방법이기 때문에 농부들이 씨앗의 상태를 정확히 확인할 수가 없습니다. 상태가 양호한 씨앗이 많기를 기도하면서 운에 맡기는 거지요. 하지만 모내기법은 이런 문제를 극복할 수 있었습니다. 예를 들어 상태가 좋은 것과 나쁜 것의 비율이 7대3 정도 된다고 하면, 직파법을 한 농부들은 약 70%의 생산량을 얻을 겁니다. 하지만 모내기법을 통해 농사를 지으면 상태가 좋은 모만 골라 옮겨 심기 때문에 생산량이 엄청나게 증가하게 되지요.

두 번째는 노동력의 감소입니다. 실제로 모내기법이 사람들의 생활에 미친 영향은 생산량 증가보다 노동력 감소가 훨씬 더 컸어요. 농사 과정에서 농민들에게 가장 부담이 되는 작업은 '김매기'입니다. 혹시 김매기가 무엇인지 알고 있나요? 한 번쯤 들어본 표현이겠지만, 정확히 아는 사람은 많지 않더라고요. 지금 확실하게 기억해 둡시다. 너무 간단하거든요. 김매기는 잡초 제거입니다.

땅이 가진 영양분은 한정되어 있어요. 생산력을 높이기 위해서는 잡초를 제거해 땅의 양분을 벼에 몰아 줘야 해요. 농사를 짓는 과정에서 김매기는 끊임없이 반복되는 작업입니다. 문제는 벼와 잡초의 구분이 쉽지 않다는 거예요. 농민들은 땅바닥에 쭈그리고 앉아서 일일이 손으로 확인하며 잡초를 제거해야 하지요. 농사에 있어서 김매기는 가장 고된* 작업입니다.

모내기법은 농민들이 이러한 김매기의 고통에서 벗어날 수 있도록 도와줬어요. 김매기가 없어진 것은 아니고, 김매기에 들어가는 노동력을 혁신적*으로 줄여 줬습니다. 모내기법은 모를 줄 맞춰 심으니까요. 무슨 말인지 이해가 되나요? 줄을 벗어나 있는 녀석들은 모두 잡초입니다. 이제는 잡초를 일일이 확인할 필요 없이 눈에 보이는 대로 뽑아버리면 되었지요.

▲ 모가 줄맞춰 심어진 논

모내기법은 엄청난 노동력의 감소를 가져왔고, 그 결과 한 사람이 농사지을 수 있는 땅의 면적도 넓어졌습니다. 조선 후기에는 전국적으로 모내기법이 퍼지면서 부유한 농민들이 증가하게 되었어요.

부유해진 농민들이 문화와 예술에 관심을 보이면서 조선 후기에는 다양한 서민 문화도 등장하게 됩니다. 모내기법의 보급은 조선 사회를 변화시킨 엄청난 사건이었어요.

서민 문화의 변화

이제 조선 후기에 등장한 서민 문화를 살펴봅시다. 먼저 조선 후기에는 '판소리'와 '탈놀이'가 크게 발달했어요.

판소리는 소리꾼이 고수(북 치는 사람)의 장단에 맞추어 창(소리)과 말 그리고 몸짓을 섞어 이야기를 펼치는 거예요. 전부 12마당이 있었는데, 현재는 춘향가, 심청가, 흥부가, 적벽가, 수궁가의 다섯 마당만 전해집니다.

6장

탈춤으로도 불리는 '탈놀이'도 대표적인 서민 문화입니다. 탈놀이에는 양반에 대한 풍자를 담은 내용이 많아 사회 비판적인 성격도 엿볼 수 있지요.

❓ 단어 돋보기

고되다: 하는 일이 힘듦
혁신적: 오래된 풍속, 관습, 조직, 방법 등을 완전히 바꿔 새롭게 함

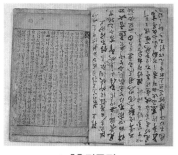   

▲『홍길동전』 　　▲「호작도」 　　▲「씨름도」 　　▲「단오풍정」

『홍길동전』이나 『춘향전』, 『심청전』 그리고 『흥부전』과 같은 한글 소설이 유행했습니다. 또한, 자연과 생활 주변에서 볼 수 있는 것을 소재로 그린 민화와 서민들의 생활 모습을 담은 풍속화 등의 미술 작품도 많이 그려졌답니다. 「호작도」는 대표적인 민화예요.

풍속화의 대표적 화가로는 김홍도와 신윤복이 있어요. 김홍도는 서민들의 일상생활을 사실적으로 표현했지요. 유명한 작품으로는 「씨름도」가 있습니다. 신윤복은 주로 남녀 간의 애정이나 기녀들의 삶을 그림에 담아냈어요. 대표작으로는 「단오풍정」 등이 전해지고 있어요.

1 다음 그림 속 등장인물이 했을 말로 옳지 <u>않은</u> 것은 무엇인가요?

① 농사에 사용되는 물의 양을 줄일 수 있었어요.

② 한 사람이 농사지을 수 있는 면적이 늘었어요.

③ 김매기가 편해져 노동력을 절감할 수 있었어요.

④ 모판에서 좋지 않은 씨앗을 미리 골라낼 수 있었어요.

2 다음 조선 후기 백성들의 실제 생활에 도움을 주려고 노력한 사람들을 조사한 보고서입니다. 밑줄 친 부분에 해당하는 인물은 누구인가요?

조사 보고서

• 주제: 조선 후기 실학의 발달

• 내용

  – 실학의 개념

  – 실학의 종류: 중농학파, <u>중상학파</u>, 국학파

  – 실학의 의의와 한계

① 유형원   ② 박지원   ③ 이익   ④ 정약용

3 다음 중 조선 후기에 발달한 서민 문화로 옳지 <u>않은</u> 것은 무엇인가요?

①  ②  ③  ④

영조와 정조의 같은 꿈? 어쩌면 다른 꿈!

성리학이 무너지다

앞서 지도를 살펴보면서 조선 전기와 후기의 세계관에 대해 이야기했던 것 기억나지요? 조선 전기가 성리학 중심의 양반 관료제 사회였다면, 조선 후기는 성리학의 지위가 흔들리면서 다양한 문화가 나타나는 시기였어요. 사람들은 몇 차례 커다란 전쟁을 경험하면서 나라를 지키는 것은 성리학을 공부하는 양반이 아니라 뜨거운 심장을 가진 백성이라는 사실을 깨달았지요. 오랑캐라 여겼던 여진이 중국을 지배하자 한족을 동경하던 마음도 줄어듭니다. 그리고 서양과의 교류는 중국 중심의 세계관이 무너지는 데 결정적인 역할을 했어요.

성리학 사회가 무너지고 있다는 사실에 양반들은 당황합니다. 그들이 조선에서 기득권*을 누릴 수 있었던 근본적 토대가 무너지고 있었으니까요. 양반들은 조선이 무너지고 있다고 생각했어요. 그래서 조선 후기가 되면 성리학에 대한 양반들의 광적인 집착이 나타납니다. 경제, 문화, 사회, 종교 등 다양한 영역에서 새로운 흐름이 나타나고 있었지만, 양반들의 전유물인 정치에서는 성리학에 대한 이념 논쟁이 일어나요.

대표적인 예로 효종과 효종비가 죽었을 때 인조의 계비*인 자의 대비가 상복을 얼마나 입어야 하는가에 대한 '예송 논쟁'을 들 수 있어요. 지금의 우리는 '상복을 입는 기간이 그렇게 중요한가?'라 느끼겠지만, 당시에는 성리학의 정통성을 가진 세력이 누구인가를 나타내는 매우 중요한 사건이었어요.

양반들은 여러 세력으로 나뉘어 서로 자신의 주장이 옳다고 강조하면서, 상대방을 비난하고 적대시했습니다. 건전한 토론을 바탕으로 했던 붕당 정치는 사라지고, 상대방을 제거하기 위한 권모술수*만 남았습니다. 이제 신하들에게 왕은 충성의 대상이 아닌 설득의 대상이 되었고요.

속이거나 꼬드겨 자신들의 말을 듣도록 만들면 충분하다고 생각했지요. 토론의 중심에 서서 정치적 판단을 해야 하는 왕의 권위는 바닥으로 떨어졌습니다.

상복 입는 기간 정하기, 예송 논쟁

성리학의 예법에 따르면 부모는 자식이 죽었을 때 큰아들의 경우에는 3년, 다른 아들은 1년 동안 상복을 입어야 합니다. 며느리가 죽었을 때도 큰며느리는 1년, 다른 며느리는 9개월 동안 상복을 입어요.

효종과 효종비가 사망하자 인조의 왕비였던 자의 대비가 상복을 입어야 하는 기간에 대해 신하들의 의견 다툼이 일어났습니다. 효종은 인조의 둘째 아들이었거든요. 효종을 둘째 아들로 볼 것인지, 왕의 경우에는 큰아들로 인정해야 할 것인지에 대해 신하들의 의견이 나뉘었습니다. 효종이 사망했을 때는 1년을 주장한 서인의 의견이, 효종비가 사망했을 때는 1년을 주장한 남인의 의견이 받아들여졌어요.

영조의 탕평책

조선의 제21대 왕인 영조와 그의 손자였던 제22대 왕 정조는 전쟁 이후 계속된 백성들의 궁핍함을 해결하고, 왕권을 강화해 이러한 조선의 혼란을 극복하려 노력했습니다. 두 사람은 '탕평책'을 통해 정치적 안정을 추구했어요.

하지만 두 사람의 탕평책은 약간의 차이가 있었답니다. 이제부터 그 차이에 대해 알아볼게요.

영조가 왕이 되었을 때는 신하들의 대립이 극에 달했어요. 영조는 먼저 각 세력에서 서로의 존재를 부정하는 강경파들을 제거했습니다. 그리고 왕과 신하 사이의 의리를 강조하고 붕당을 없애는 데 동의하는 온건파를 중심으로 탕평파를 만들었어요. 자신을 지지하는 세력뿐만 아니라 지지하지 않았던 세력까지도 골고루 등용하면서 신하들이 편을 나눠 싸우지 않도록 했습니다.

❓ **단어 돋보기**

기득권: 특정한 개인이나 국가가 정당한 절차를 밟아 이미 차지한 권리
계비: 왕이 다시 장가를 가서 맞은 아내
권모술수: 목적 달성을 위해 수단과 방법을 가리지 않는 온갖 방법이나 속임수

▲ 탕평비

영조는 이러한 자신의 의지를 알리려 성균관에 탕평비도 세웠어요. 국정은 빠르게 안정되었고, 왕권은 강화되었습니다.

그러나 영조의 탕평책은 모든 양반이 자유롭게 의견을 나누는 형태는 아니었어요. 정치적 혼란을 반대하고 왕권에 순응하는 온건파만이 참여했기 때문에 조선 전기의 붕당 정치가 완벽하게 회복되지는 못했어요. 하지만 전쟁 후 계속된 혼란을 정리하고, 나라를 안정시켰다는 사실은 매우 중요합니다.

정국을 안정시킨 영조는 백성들을 위한 정책도 펼쳤어요. 1년에 2필씩 내던 군포를 1필로 줄이는 '균역법'을 시행해 백성들의 군역 부담을 줄여 줬지요. 또한, 가혹한 형벌을 폐지하고, 사형수에 대한 '삼심제'를 도입해 억울한 백성이 생기지 않도록 노력했어요.

정조의 탕평책

영조의 뒤를 이어 정조가 즉위합니다. 강력한 왕권을 가졌던 선왕의 뒤를 이었고, 본인의 뛰어난 학문적 능력으로 신하들과 소통했습니다. 백성들을 사랑하고 조선을 반석* 위에 올려놓았다는 점에서 정조는 세종과 자주 비교되지요.

정조는 영조의 탕평책을 계승했지만, 그 모습은 달랐습니다. 영조가 온건한 성향의 인물을 등용해 정치적 분쟁을 줄여나갔다면, 정조는 다양한 세력을 폭넓게 등용해 그들과 끊임없이 토론을 벌였습니다. 적극적으로 붕당의 옳고 그름에 대해 논의하면서 탕평을 이끌었고 왕권을 강화했어요. 자신의 정책을 실현하기 위해 양반들을 설득한 겁니다.

이 모든 것은 정조가 책을 좋아하고 학문에 조예*가 깊었기에 가능한 일이었습니다. 세종이 '무(武)'가 아닌 '문(文)'으로 나라를 다스렸던 것처럼 말이에요.

▲ 규장각

▲ 수원 화성

정조는 '규장각'을 만들어 자신의 개혁 정책을 뒷받침할 인재를 양성했고, 친위 부대인 '장용영'을 설치해 군사적 기반을 다졌습니다. 아버지인 사도 세자의 무덤을 옮기면서 건립한 수원 화성에는 정조의 정치·경제·군사적 이상을 담았어요. 수원 화성 건립에는 정약용이 발명한 '거중기'가 쓰이기도 했지요. 이 외에도 서얼과 노비에 대한 차별을 완화했으며, 상공업을 육성하기 위한 노력도 기울였답니다.

선생님의 틈새 수업

거중기는 무엇일까요?

△ 거중기

거중기는 실학자 정약용이 정조의 명을 받아 수원 화성을 건설할 때 만들었습니다. 도르래의 원리를 이용해 무거운 돌을 올리는 기계예요. 여러 개의 도르래에 밧줄을 걸어 당기면 무거운 돌도 쉽게 들어 올릴 수 있도록 했습니다. 거중기는 백성들의 고통을 줄여 주었고, 공사 기간을 단축하는 데에도 큰 역할을 했지요. 수원 화성의 건축 과정을 꼼꼼히 기록한 책인 『화성성역의궤』에 이러한 거중기의 전체 그림과 각 부분을 분해한 그림이 실려 있답니다.

❓ **단어 돋보기**
....

반석: 사물, 사상, 기틀 등이 아주 견고함을 비유적으로 이르는 말
조예: 학문이나 예술, 기술 등의 분야에 대한 지식이나 경험이 깊은 수준에 이른 정도

1 다음 인물 카드 속 주인공은 누구인가요?

인물 카드	인물 설명
	• 탕평책 실시 • 탕평비 건립 • 균역법, 삼심제 시행

① 세종   ② 인조   ③ 영조   ④ 정조

2 다음에서 설명하는 곳은 어디인가요?

정조의 정치·경제·군사적 이상이 담겨 있는 건축물입니다. 건축할 때 정약용이 발명한 거중기를 이용했습니다.

①    ②    ③    ④

경복궁   수원 화성   남한산성   숭례문

3 다음에서 설명하는 사건은 무엇인지 써 보세요.

효종과 효종비가 사망했을 때 자의 대비가 상복을 얼마나 입어야 하는가에 대해 신하들 사이에서 일어난 다툼을 말합니다.

정조의 죽음, 선장을 잃은 조선호

세도 정치의 등장과 전개

1392년 조선은 이성계로 대표되는 신흥 무인 세력과 정도전을 따르는 신진 사대부의 결합으로 건국되었습니다. 이후 왕권과 신권의 균형에 대한 이견*은 끊임없이 존재했지만 조선은 언제나 기본적으로 군주제 국가였어요. 권력을 얻기 위한 신하들의 다툼은 일상이었고, 그 과정에서 왕권이 약화되는 경우도 있었으나 조선의 주권자가 왕이라는 사실에는 변함이 없었습니다.

그러나 정조가 죽은 뒤 순조, 헌종, 철종의 3대 왕에 걸쳐 60여 년간 지속된 세도 정치는 조선이 군주제 국가라는 기본적인 틀을 흔들게 됩니다. 세도 정치는 국가 권력을 왕이 아닌 특정 가문이나 세력이 독점하는 변질된 정치 형태예요. 이 시기의 주권자는 왕이 아니라 왕실의 외척이었던 안동 김씨와 풍양 조씨로 대표되는 특정 가문이었어요. 외척은 어머니 쪽의 친척을 말합니다. 그들은 국가의 모든 권력을 독점하고 왕을 허수아비로 만들었지요.

대부분의 학생들이 세도 정치를 공부할 때는 어려운 내용이 많다고 그냥 외워 버려요. '왕실의 외척 가문이 권력을 독점했고, 그들의 부정부패로 나라가 망하게 되었다.'고 간단히 기억하는 게 낫다고 생각합니다. 세도 정치의 등장 배경이나 세도 정치의 본질보다는 주로 세도 정치의 결과에 집중해 공부하기 때문일 거예요. 하지만 이 책으로 공부하는 여러분은 세도 정치의 결과뿐만 아니라 등장 배경, 본질 등에 대해서도 알았으면 좋겠습니다. 역사를 제대로 공부해야지요!

그럼 어떻게 세도 정치가 이뤄질 수 있었는지 함께 알아봅시다. 교과서에서는 세도 정치를 '국가 권력을 왕실의 외척 가문이 독점하는 정치 형태'라 설명해요.

? 단어 돋보기
....

이견: 어떤 의견에 대한 다른 의견 또는 서로 다른 의견

그럼, 여기서 질문을 하나 할 테니 대답해 보세요.

"왜 특정 가문 중에서도 하필 외척 가문일까요?"

세도 정치가 나타난 가장 근본적인 원인은 준비되지 않은 나이 어린 왕이 등장했기 때문이에요. 정조가 갑작스럽게 죽은 후 순조는 11세의 나이로 즉위했고, 헌종은 8살에 즉위했어요.

철종은 19세의 나이에 즉위했으나 왕의 능력을 갖추지 못했습니다. 몰락한 가문 출신이었거든요. 어려서부터 제대로 된 교육을 받지 못하고 농사를 지으며 평민과 비슷한 삶을 살았습니다. 그런데 헌종이 후사* 없이 죽게 되면서 강화도에 있던 철종이 갑작스럽게 왕이 되었지요.

조선은 성리학의 국가고, 조선의 왕은 토론의 진행자가 되어야 한다는 말을 앞에서 했습니다. 기억하고 있지요? 왕은 성리학에 기반을 둔 붕당 간의 끊임없는 토론을 이끌어야 하고, 결론을 내려야 해요. 조선의 왕에게는 엄청난 성리학적 지식이 요구됩니다. 왕의 선택을 신하들이 인정해야 하니까요.

그런데 순조와 헌종 그리고 철종은 어땠을까요? 평생을 성리학만 공부한 재상들과 우주의 근원, 인간의 본성에 대해 어떤 대화를 할 수 있었을까요? 당연히 이들이 할 수 있는 것은 아무것도 없었습니다. 국가의 중요한 정책들에 대해 어떤 결정도 할 수 없었어요.

자연스럽게 어린 왕을 대신해 정치적 선택을 하는 사람이 등장했고 그들이 권력자가 되었습니다. 그들은 누구였을까요? 바로 왕실의 외척 가문이었어요.

당시의 상황을 알았으니 이제 외척 가문이 권력자가 되는 과정을 배워 봐요. 만약 우리가 무언가 어려운 결정을 내려야 할 때 가장 믿을 수 있는 사람은 누구일까요? 어려운 질문은 아니지요? 당연히 아빠와 엄마일 겁니다.

그런데 왕이 된다는 건 아빠의 죽음을 의미해요. 그럼 왕에게 남은 사람은요? 엄마뿐입니다. 나이 어린 왕이 정치적 결정을 내려야 한다면 누구의 조언을 들을까요? 당연히 엄마의 의견을 따르게 되겠지요. 즉, 왕의 어머니가 정책을 결정하게 되는 거예요.

그런데 조선은 남녀 차별이 존재하는 유교 사회였어요. 왕의 어머니라 하더라도 여성이 성리학을 익히는 것에는 한계가 있었지요. 그래서 왕의 어머니는 자신의 아버지와 오빠 아니면 남동생에게 조언을 구하게 됩니다. 그럼 실질적으로 국가 정책을 결정하는 건 누가 될까요? 왕의 외할아버지와 외삼촌들이에요. 이렇게 왕실의 외척 가문이 권력을 잡게 되는 것입니다.

하나 더 추가하자면 세도 정치 기간에는 어머니 가문과 할머니 가문이 권력을 공유했고, 실제로는 할머니 가문이 더 강한 힘을 갖기도 했어요. 철저한 유교 사회였던 조선은 엄마보다 할머니의 의견을 더 존중했기 때문입니다.

왕을 대신해 정치적 선택을 하는 사람들은 특별한 존재였을까요? 그들 역시 보통의 인간일 뿐이었어요. 사치와 향락에 빠졌던 왕들처럼 그들도 자신의 안위와 윤택한 삶을 위해 권력을 이용했습니다.

왕은 죽을 때까지 영원한 국가의 주인이지만, 외척들은 왕이 성장하면 권력을 놓칠 수 있다는 두려움을 가지고 있었어요. 그래서 권력을 잡은 동안 최대한 많은 것을 얻으려 했지요. 그 결과 백성들은 지옥 같은 삶을 살아야 했습니다.

? **단어 돋보기**

후사: 한 집안의 혈통을 잇는 자식

세도 정치의 결과

이제 세도 정치의 결과에 대해 정리해 봅시다. 약 60여 년간 이어진 세도 정치로 인해 조선 사회가 어떤 어려움을 겪게 됐는지 살펴볼게요.

첫 번째는 정치적 혼란입니다. 세도 가문이 가장 쉽게 큰돈을 벌었던 방법은 관직을 파는 것이었어요. 이는 어려운 말로 '매관매직'이라 부르지요. 조선의 권력은 과거에 합격한 양반들이 관리가 되어 나라를 운영하는 데서 나옵니다. 관리가 되는 것은 양반들의 꿈이었고요. 세도 가문은 이를 이용해 돈을 받고 관직을 팔거나 과거 시험에서 부정을 저질렀습니다.

그럼 관직을 사거나 부정한 방법으로 과거에 합격한 자들이 원했던 것은 무엇일까요? 그들은 왜 막대한 비용을 들이며 관직을 얻었을까요? 그건 관직을 이용하면 더 큰 돈을 벌 수 있었기 때문입니다. 예를 들어 50억을 주고 서울특별시장이 된다면, 그 자리에 있는 동안 시민들로부터 50억 이상 뜯어내겠다는 의미예요. 험한 세상을 구하려는 의로운 선비는 없었습니다. 전국은 백성들의 재물을 탐내는 탐관오리로 들끓었으며, 백성들의 삶은 철저히 파괴되고 있었어요.

두 번째는 삼정의 문란으로 인한 경제적 혼란이에요. 탐관오리들이 백성들을 착취*했던 방법은 어처구니없게도 '세금'이었습니다. 마땅히 국가에 내야 하는 세금이란 이름으로 백성들의 것을 강제로 빼앗아 자신의 것으로 만들었어요. 일부는 세도 가문에 가져다 바치기도 했습니다. 특히, 전정, 군정, 환곡 세 가지의 폐단*이 심각했는데, 이것을 '삼정의 문란'이라 부릅니다.

'전정'은 토지에서 수확한 생산량에 부과하는 세금을 말합니다. 정확한 세금을 부과하기 위해서는 토지 조사와 수확량을 공정하게 조사하는 것이 필요해요. 그런데 수령들은 거짓으로 장부를 작성해 백성들이 내야 할 세금을 부풀렸어요.

실제로 소유하지 않은 토지에 세금을 징수하는 '백지징세', 실제 세금의 몇 배를 징수하는 '도결'과 '방결' 그리고 각종 부당한 명목의 잡세 등이 있었습니다.

'군정'은 16~60세의 양인 남자에게 부과되는 군역에 대한 세금이에요. 군역의 의무가 있는 사람들이 모두 군대에 가는 것이 아니라 필요한 수만큼의 사람들은 군대에 가고 나머지는 대신 군포를 내는 시스템이지요.

그러나 시간이 지나면서 양반들은 군포를 내지 않게 되었고, 그 부담은 고스란히 일반 백성들에게 넘겨졌습니다. 세도 정치 기간에는 군역의 의무가 없는 어린아이에게 군포를 징수하는 '황구첨정', 이미 죽은 사람에게 군포를 징수하는 '백골징포' 등과 같은 불법 징수가 성행했어요.

마지막으로 '환곡'은 원래 춘궁기에 농민에게 식량을 빌려주었다가 추수한 뒤에 약간의 이자와 함께 돌려받는 빈민 구제 정책이었어요. 하지만 세도 정치 기간이 되면 그 기능을 상실하고 고리대*로 변질되고 맙니다. 쌀에 모래나 겨를 섞어 주는 경우가 많았고, 이자도 매우 높여 받았어요. 심지어 환곡을 원하지 않는 백성들에게도 강제로 배부되었지요.

이렇듯 백성들의 삶이 '생존'의 문제조차 해결할 수 없는 상황이 되자 전국적으로 농민 봉기가 일어나게 됩니다.

▲ 19세기의 농민 봉기

? 단어 돋보기

착취: 계급 사회에서 생산 수단을 소유한 사람이 생산 수단을 소유하지 못한 사람의 성과를 빼앗음
폐단: 어떤 일이나 행동에서 나타나는 옳지 못한 경향이나 해로운 현상
고리대: 부당하게 비싼 이자를 받는 돈놀이

1 다음 수행 평가에서 학생이 찾아야 할 인물로 옳지 <u>않은</u> 사람은 누구인가요?

수행 평가

조선 후기 매관매직과 삼정의 문란으로 혼란스러웠던 시기의 왕을 조사해 봅시다.

① 선조   ② 순조   ③ 헌종   ④ 철종

2 다음은 '삼정의 문란'을 공부하고 정리한 내용입니다. 옳지 <u>않은</u> 것은 무엇인가요?

① 군정의 문란: 이미 죽은 사람에게도 세금을 부과했어요.

② 전정의 문란: 실제로 소유하지 않은 토지에 세금을 부과했어요.

③ 환곡의 문란: 매우 높은 이자로 사람들에게 강제로 빌려주었어요.

④ 과거제의 부정: 시험 문제를 유출하거나 채점하는 과정에서 부정을 저질렀어요.

3 왕이 아닌 특정 가문이 권력을 독점하는 변질된 정치 형태를 이르는 말은 무엇인지 써 보세요.

04 난 왕이 아니야. 하지만 내 아들은 왕이지.

왕의 아버지, 흥선 대원군

왕이 형제나 자손 등 후계자가 없이 죽었을 경우 왕의 친척 중에서 새로운 왕을 뽑기도 합니다. 이때 새로운 왕의 아버지에게 '대원군'이라는 존칭을 붙이지요. 조금 복잡한가요? 쉽게 말해 대원군은 자신은 왕이 아니지만, 아들이 왕이 되면 얻게 되는 호칭이에요.

조선에는 네 명의 대원군이 있었습니다. 명종이 후사 없이 사망하자 선조가 왕이 되었어요. 이때 선조의 아버지 덕흥군이 '덕흥 대원군'으로 추존*된 것이 시작이었습니다. 인조반정으로 왕이 된 인조의 아버지는 '정원 대원군'으로, 철종의 아버지가 '전계 대원군'으로 추존되었지요.

마지막 대원군은 지금부터 배워 볼 고종의 아버지 '흥선 대원군' 이하응입니다. 네 명의 대원군 중 살아있는 동안 대원군의 호칭을 받은 사람은 흥선 대원군이 유일했어요. 그래서 일반적으로 대원군이라 하면 흥선 대원군을 지칭합니다.

세도 정치 기간 왕족들은 두 종류의 사람들로 나뉘었습니다. 왕실의 위엄을 지키기 위해 세도 가문과 척지고* 현실의 고통을 감내했던 왕족들과 세도 가문의 편에 서서 그들이 던져주는 작은 이익에 달콤함을 느꼈던 왕족들로 말이지요.

이하응은 두 번째 경우의 대표적인 인물이었어요. 안동 김씨 가문을 찾아다니며 구걸을 했고, 그들이 건네준 돈으로 술을 마시거나 도박을 하는 인물이었습니다. 사람들은 그런 이하응을 보면서 술주정뱅이에 파락호*라 불렀어요.

❓ 단어 돋보기

추존: 왕위에 오르지 못하고 죽은 이에게 왕의 칭호를 주던 일
척지다: 서로 원한을 품어 시기하고 미워함
파락호: 재산이나 세력이 있는 집안의 자손으로, 집안의 재산을 몽땅 털어먹는 난봉꾼을 이르는 말

철종이 후사 없이 죽자 세도 가문은 새로운 왕을 찾아야 했습니다. 그들은 다루기 쉬운 나이 어린 왕을 원했는데, 이하응의 둘째 아들이 적합하다고 생각했어요. 겨우 12살이었고, 아버지는 조선에서 가장 쓸모없는 왕족이었으니까요.

이로 인해 1863년 고종이 12살에 왕으로 즉위합니다. 처음에는 효명 세자의 아내이자 헌종의 어머니였던 조대비가 수렴청정*을 했어요. 왕실에서 제일 어른이었거든요. 얼마 후 수렴청정이 끝나고 고종의 아버지인 흥선 대원군이 권력을 잡게 되지요.

세도 가문은 흥선 대원군이 국정을 운영하지 못할 것으로 판단했지만 사실 지금까지의 모습은 모두 이하응의 노림수*였어요. 아들을 왕으로 만들기 위해 세상 사람들을 속였던 것이지요. 세도 가문이 자신을 경계하지 않도록, 그래서 철종이 죽었을 때 그들이 이하응의 아들을 선택할 수 있도록 자신을 쓸모없는 사람으로 만든 겁니다.

그는 오랜 기간을 참았고 국정을 운영할 능력을 갖추기 위해 끊임없이 공부했어요. 흥선 대원군은 세도 정치를 끝내고 조선을 안정시키겠다는 의지를 가진 인물이었답니다.

흥선 대원군의 정책

흥선 대원군의 정책은 국내 정책과 외교 정책으로 구분해서 살펴봐야 합니다. 국내 정책의 목표는 왕권 강화였어요. 그는 세도 정치로 인해 약해진 왕권을 회복하려 노력했습니다.

매관매직과 과거제의 부정으로 등용된 세도 가문 사람들을 몰아내고 인재를 고루 등용했으며, 서원을 대폭 정리했어요. 토지를 새롭게 측량하는 양전, 양반들에게도 군포를 걷는 호포제도 시행했습니다. 국가 주도의 환곡을 폐지하고 사창제를 만들어 민간에서 주도하도록 했어요.

흥선 대원군은 이러한 정책들로 삼정의 문란을 극복하고 국가 재정을 확보해 민생을 안정시키려 했습니다.

흥선 대원군의 정책은 많은 백성들의 지지를 받았어요. 하지만 왕실의 권위를 높이기 위해 임진왜란 때 불에 탄 경복궁을 중건하면서 백성들의 원성을 사기도 합니다. 경복궁 중건 사업에 동원되었고, 중건 비용을 마련하기 위해 발행한 당백전으로 물가가 올라 경제가 어려워졌기 때문이에요.

▲ 당백전

흥선 대원군의 외교 정책은 통상 수교 거부 정책입니다. 흥선 대원군이 집권하기 전 국내 상황이 세도 정치로 인해 혼란스러웠다면, 국외 상황은 서양 열강의 세력 확대로 혼란스러웠습니다. 청나라는 영국과 프랑스의 공격을 받고 있었고, 일본은 미국에 의해 개항되었어요. 조선의 바다 곳곳에는 이양선*이 출몰해 민심이 흉흉해졌습니다.

▲ 이양선

▲ 병인양요와 신미양요

이러한 시기에 프랑스와 미국이 통상을 요구하며 강화도를 공격했어요. 프랑스는 1866년에 프랑스 선교사와 천주교 신자들이 처형당한 병인박해 사건을 핑계로 강화도를 침략했습니다. 이를 '병인양요'라 불러요. 조선 정부는 문수산성과 정족산성에서 프랑스군에 맞서 싸웠어요. 어렵게 물리치기는 했지만 퇴각하는 프랑스군에게 강화도 외규장각에 보관 중이었던 서적들과 문화재를 약탈당했습니다.

　　1871년에는 미국이 강화도를 침입하는 사건이 발생해요. 1866년에 미국 상선 제너럴 셔먼호가 평양에 들어와 통상을 요구했었어요. 평양 사람들이 통상을 거부하자 미국인들은 관리를 죽이고 민가를 약탈했습니다. 이에 화가 난 평양 사람들이 제너럴 셔먼호를 불태워 버렸지요. 미국은 이 사건을 핑계로 침입한 거예요.

❓ 단어 돋보기

수렴청정: 나이 어린 왕이 즉위했을 때 어머니나 할머니가 나랏일을 대신 결정하는 정치 형태
노림수: 기회를 노리고 쓰는 거짓말이나 속임수
이양선: 모양이 다른 배라는 뜻으로, 다른 나라의 배를 이르는 말

어재연 장군은 광성보에서 미군에 맞서 싸웠고, 조선의 강력한 저항에 미군은 물러나게 됩니다. 이 사건을 '신미양요'라 불러요.

▲ 척화비

병인양요와 신미양요를 겪으면서 흥선 대원군은 서양을 더욱 불신하게 되었고, 전국에 척화비를 세웠습니다. 흥선 대원군이 척화비에 뭐라 적었을까요?

"서양 오랑캐가 침범했을 때 싸우지 않는 것은 화해하자는 것이요, 화해를 주장하는 것은 나라를 파는 것이다."

흥선 대원군의 강력한 통상 수교 거부 의지가 느껴지나요? 흥선 대원군의 통상 수교 거부 정책은 조선의 자주성을 지키기 위한 노력이었지만, 국제 사회의 흐름을 따라가지 못했다는 한계도 지녔다는 것을 함께 알아 둡시다.

1 다음 인물이 실시한 정책으로 옳지 <u>않은</u> 것은 무엇인가요?

> 서양과 교류하는 것은 나라를 파는 것이다.

① 서원 정리　　　② 호포제 실시　　　③ 장용영 설치　　　④ 경복궁 중건

2 다음 지도에 나타난 지역에서 일어난 사건으로 옳지 <u>않은</u> 것은 무엇인가요?

① 신미양요　　　② 병인양요　　　③ 대몽 항쟁　　　④ 위화도 회군

3 다음에서 설명하는 것은 무엇인지 써 보세요.

흥선대원군이 경복궁을 중건하기 위해 발행한 화폐로 물가를 상승시켜 백성들의 원망을 샀습니다.

이제 새로운 조선이 시작될 거예요.

고종의 개화 정책과 강화도 조약

누군가에겐 어렵고 또 누군가에겐 쉬울 수 있는 질문을 하나 할게요. 흥선 대원군과 고종의 관계는 무엇일까요? 너무 뻔한 질문이라 피식하고 웃었나요? 만약 부자 관계라 대답했다면 한 번 더 기회를 줄게요. 다른 답을 잘 생각해 봐요.

흥선 대원군과 고종은 부자 관계지만 군신 관계였어요. 그래서 고종이 성장하자 흥선 대원군은 하야*하게 됩니다. 나이 어린 왕을 대신해 정치를 이끌었을 뿐, 흥선 대원군이 왕은 아니었으니까요. 하지만 친정*을 하게 된 고종에게는 정치적 부담감이 생겼습니다. 두 사람의 관계를 부자 관계로 바라보는 사람들이 많았고, 그들은 아버지의 권력을 아들이 빼앗았다고 느꼈어요. '효'를 강조하는 성리학 국가에서 아버지를 쫓아내는 모습은 왕권을 확립하는 데 치명적인 약점이 될 수 있었습니다.

고종은 사람들의 생각을 깨뜨리고, 군신 관계를 강조하기 위해 흥선 대원군과 다른 정책을 추진했습니다. 왕의 뜻을 거스르는 신하는 함께 할 수 없으니까요. 앞에서 살펴본 흥선 대원군의 정책을 기억하나요? 왕권 강화 정책과 통상 수교 거부 정책이 있었습니다. 고종이 스스로 왕권 강화 정책을 반대할 일은 없겠지요? 당연히 조선의 외교 정책이 달라집니다.

조선의 외교 정책은 통상 수교 거부 정책에서 개화 정책으로 바뀌게 됩니다. 고종은 사람들에게 개화를 추진해야 조선이 발전할 수 있다고 말했습니다. 그리고 실제로 고종은 나이가 어렸기에 외국 문물을 받아들이는 것에 긍정적이었어요. 지금 우리도 나이가 어릴수록 외국의 문화를 손쉽게 받아들이니까요. 이제 조선은 닫혔던 문을 열고 세계로 나가려 했습니다.

이러한 시기에 일본이 조선에 접근했어요. 운요호 사건을 계기로 조선은 일본과 강화도 조약을 체결합니다. 강화도 조약은 1876년 조선이 외국과 맺은 최초의 근대적 조약이자 불평등 조약으로, 공식 명칭은 '조일 수호 조규'예요.

강화도 조약에 대해서는 정확히 알아 두어야 할 것이 있어요. 일본의 무력에 굴복해서 체결한 조약이 아닙니다. 조선은 프랑스와 미국의 공격에도 끝까지 맞서 싸운 나라였어요. 일본이 무서워서가 아니라, 조선의 외교 정책이 바뀌었기 때문에 체결한 조약이에요. 일본이 시기를 잘 노린 것이지요.

그럼, 강화도 조약의 내용을 잠깐 살펴볼까요?

교과서 미리 보기

강화도 조약의 주요 내용

1조, 조선은 자주국이며, 일본과 평등한 권리를 갖는다.
→ 조선과 청의 관계를 끊기 위한 목적
4조, 조선은 부산 이외에 두 곳을 개항하고 일본인이 통상하도록 허가한다.
→ 경제적 목적으로 부산, 정치적 목적으로 인천, 군사적 목적으로 원산이 개항됨
7조, 조선 해안을 일본 항해자가 자유로이 측량하는 것을 허가한다.
→ 일본이 조선의 해안을 자유롭게 이용할 수 있음
10조, 일본 국민이 조선에서 죄를 지으면 일본 관리가 심판한다.
→ 치외 법권, 일본인의 잘못을 조선이 처벌할 수 없게 됨

강화도 조약은 일본에 조선의 해안 측량을 허용하고, 치외 법권을 인정하는 등 일방적으로 조선에 불리한 불평등 조약이었어요. 당시 조선은 국제법이나 조약에 대해 잘 몰랐기 때문에 일본의 의도를 눈치 채지 못했습니다. 일본의 속임수에 당한 거지요. 개화를 추진하기로 정책을 변경한 후 국제 관계에 대해 공부할 시간이 조금이라도 있었다면 이렇게 당하지는 않았을 텐데 안타까운 부분입니다.

? 단어 돋보기

하야: 관직이나 정계에서 물러남
친정: 왕이 직접 나라의 정사를 돌봄

개화 속도에 관한 논의

강화도 조약 체결 후 조선은 개화 정책을 추진하기 위해 '통리기무아문'을 설치하고, 신식 군대인 '별기군'을 양성합니다. 일본에는 수신사, 청에는 영선사를 파견해 선진 문물을 수용하려 노력했어요. 그 과정에서 개화 세력이 둘로 나눠집니다. 지금까지는 통상 수교 거부 정책과 개화 정책의 대립이었다면, 이제부터는 어떤 방식으로 개화를 할 것인가에 대한 고민이 시작된 것이지요. 개화파는 온건 개화파와 급진 개화파로 나뉘게 됩니다.

'중화사상'으로 무장한 중국인들은 자신들의 문화에 자부심이 대단했어요. 영국과 프랑스의 공격을 받아 나라가 무너지고 있는 상황에서도 말이에요. 그들은 '중국이 결코 서양에 떨어지는 것이 아니다. 다만 서양의 과학 기술과 군사 기술이 잠시 중국을 앞서고 있을 뿐이다. 그들의 과학 기술과 군사 기술을 수용해 청나라의 제도와 결합한다면 중국은 다시 세계 최고의 국가가 될 수 있다.'고 생각했습니다. 그래서 청나라의 제도를 유지하면서 서양의 과학 기술과 군사 기술만 받아들이는 양무운동을 시행했어요. 양무운동은 상당히 소극적인 개화 정책이었지요.

조선에도 이와 비슷한 생각을 하는 사람들이 있었습니다. 조선의 제도를 유지하면서 서양의 과학 기술과 군사 기술만 수용하면 충분하다고 생각했어요. 이들을 '온건 개화파'라 불렀습니다. 온건 개화파는 '청나라식 근대화(양무운동)'를 주장했던 사람들이에요. 친청 세력이라 볼 수 있지요.

일본은 역사적으로 문화를 수용하는 국가였습니다. 좋은 것을 받아들이는 것에 익숙한 나라였지요. '옛날에는 중국의 것이 가장 좋았으나, 이제는 서양의 것이 가장 좋다. 그렇다면 당연히 서양의 모든 것을 받아들여야 한다. 과학 기술과 군사 기술뿐 아니라 제도와 사상까지도 서양의 것을 수용해야 한다.'고 생각했습니다. 그리고 모든 영역에 있어서 서양의 것을 받아들이는 적극적인 근대화를 추진해요. 이러한 일본의 근대화를 '메이지 유신'이라 부릅니다.

조선의 개화파 중에서도 일본의 메이지 유신처럼 전면적인 근대화가 필요하다는 주장을 했던 사람들이 있었어요. 그들을 '급진 개화파'라 불렀습니다.

강화도 조약이 체결되고 다양한 개화 정책이 추진되는 과정에서 개화를 반대했던 세력이 '임오군란'을 일으킵니다. 겉으로는 구식 군인들이 신식 군대인 별기군에 대한 차별 대우에 반발해 일으킨 반란으로 보였어요. 하지만 실질적으로는 개화 정책에 대한 반발이었지요. 임오군란은 청나라군의 개입으로 실패합니다.

이후 조선은 청나라의 내정 간섭을 받게 되고, 자연스럽게 온건 개화파가 집권해요. 그럼 앞으로의 개화 정책 방향은 어땠을까요? 조선은 제도는 유지하면서 서양의 과학 기술과 군사 기술만 수용하면 된다는 소극적인 근대화가 추진됩니다.

급진 개화파의 반발, 갑신정변

온건 개화파가 집권한 상황이 불안했던 급진 개화파는 1884년 '갑신정변'을 일으킵니다. 갑신 정변을 단순한 권력 다툼으로 오해하는 사람들도 있어요. 당시 상황과 함께 왜 급진 개화파가 정변을 일으킬 수밖에 없었는지 이해해 봅시다.

급진 개화파들은 임오군란 이후 조선이 추진하는 소극적 근대화 정책으로는 국제 사회에서 조선이 살아남을 수 없다고 판단했어요. 전면적인 개혁이 없다면 조선은 분명 망할 것이라 확신했지요. 이들은 조선을 지키기 위해 혁명을 해야 한다고 결심했고, 그 결심을 실행했습니다.

▲ 우정총국

갑신정변은 우정총국 개국 축하연에서 시작되었습니다. 우정 총국은 오늘날의 우체국에 해당해요. 새로운 정부 기관이 출범* 하는 자리만큼 혁명을 일으키기 좋은 장소는 없었지요. 정부의 고위 인사가 모두 모이게 되니까요.

? 단어 돋보기

출범: 단체가 새로 조직되어 일을 시작하는 것을 비유적으로 이르는 말

급진 개화파는 우정총국 개국 축하연에서 정변을 일으켜 온건 개화파를 제거합니다. 새로운 정부를 수립한 후 '14개조 개혁안'을 발표했어요. 그 내용을 함께 살펴볼까요?

갑신정변 14개조 개혁안

1. 흥선 대원군을 귀국시키고, 청나라에 행하던 조공의 허례*를 폐지한다.
2. 문벌을 폐지하고 인민 평등권을 제정해 능력에 따라 관리를 임명한다.
3. 지조법을 개혁해 관리의 부정을 막고 백성을 보호하며 재정을 넉넉히 한다.
4. 내시부를 없애고 그중에서 우수한 인재를 등용한다.
5. 탐관오리 중에서 그 죄가 심한 자는 처벌한다.
6. 각 도의 환곡을 영구히 받지 않는다.
7. 규장각을 폐지한다.
8. 급히 순사를 두어 도둑을 방지한다.
9. 혜상공국을 혁파한다.
10. 귀양살이하거나 옥에 갇혀 있는 자는 그 정상을 참작해* 적당히 형을 감한다.
11. 4영을 1영으로 합하되, 영 가운데에서 장정을 뽑아 근위대를 설치한다.
12. 모든 재정은 호조에서 관할한다.
13. 대신과 참찬은 의정부에 모여 정령을 의결하고 반포한다.
14. 의정부와 6조 외에 필요 없는 관청을 없앤다.

중요한 내용을 정리해 보면 급진 개화파는 청의 내정 간섭을 끊고 조선의 자주성을 확립하려 했어요. 그리고 신분제를 폐지해 평등 사회로 나아가려 했습니다.

14개조 개혁안 안에 담긴 엄청난 의식의 변화를 눈치 챘나요? 신분제를 폐지하다니! 반만년의 우리 역사에서 기득권을 지닌 지배층이 처음으로 특권을 내려놓으려 시도한 거예요. 갑신정변은 권력에 대한 욕망보다 조선을 지키기 위한 선택이었다는 것을 기억해야 합니다.

하지만 갑신정변은 일본에 의존했다는 점에서 그 한계도 명확해요. 임오군란 이후 조선에 영향력을 행사하는 청나라를 제거하고 조선의 자주성을 확보하겠다는 주장을 하면서, 일본에 도움을 받으려 했다는 점은 아이러니하지요.

청나라는 나쁘지만, 일본은 착할 것이라는 너무나 순진한 생각을 가졌어요. 조선이 일본의 식민 지배를 받게 되는 역사적 흐름을 생각하면 정말 안타까운 결정이었다고 볼 수 있습니다.

갑신정변의 아쉬움은 한 가지 더 있습니다. 백성을 믿지 못했다는 점이에요. 평등 사회를 추구했으나 백성과 함께 가는 모습을 보이지는 못했습니다. 백성들은 적극적 근대화에 대해 정확히 인식하지 못할 것이라 생각했던 거예요. 백성들을 설득해 함께 갑신정변을 일으키는 것이 아니라 일본의 힘에 의존하는 선택을 하고 맙니다.

그래서 백성들은 갑신정변을 이해하지 못했어요. 온건 개화파와 급진 개화파를 구분하지 못했던 백성들은 갑신정변을 단순한 권력 다툼으로 바라봤지요. 청나라의 개입으로 갑신정변을 일으킨 주역들이 쫓겨날 때 그들을 지켜 주지 않았습니다. 백성들의 지지를 받았다면 갑신정변이 겨우 3일 만에 끝나지는 않았을 텐데 말이에요. 그들은 자신들이 평등 사회를 만들겠다는 생각을 했을 뿐 백성들과 함께 만들겠다는 생각은 미처 하지 못했습니다.

새로운 세상을 꿈꿨던 갑신정변은 청나라군의 개입으로 3일 만에 실패로 끝나게 되고, 이후 청나라는 더욱 노골적으로 내정을 간섭하게 됩니다.

? 단어 돋보기

허례: 정성이 없이 겉으로만 번드르르하게 꾸미거나 그런 예절
정상을 참작하다: 있는 그대로의 사정과 형편을 고려해 법원이 그 형을 줄이거나 가볍게 하는 것

1 다음 선생님의 질문에 대한 답으로 옳은 카드를 들고 있는 친구는 누구인가요?

조선이 외국과 맺은 최초의 근대적 조약이자 불평등 조약은 무엇일까요?

① 을사늑약

② 한성 조약

③ 톈진 조약

④ 강화도 조약

2 다음 사진 속 장소와 관련된 사건에 대해 옳게 설명한 학생은 누구인가요?

① "일본군에 의해 강제로 진압되었어요."

② "정조가 인재를 양성하기 위해 설치했어요."

③ "김옥균을 비롯한 급진 개화파가 일으켰어요."

④ "우리나라가 외국과 최초로 근대적 조약을 체결한 곳이에요."

3 개화 정책을 추진하기 위해 만들었던 정부 기관의 이름은 무엇인지 써 보세요.

06 백성이 없는 나라를 본 적 있나요?

사람이 곧 하늘, 동학의 등장

동학 농민 운동은 1894년 동학을 믿었던 농민들이 일으킨 반봉건, 반외세 성격의 민중 운동입니다. 말이 조금 어렵나요? 반봉건은 봉건적 세력이나 제도에 반대한다는 뜻으로, 조선의 불합리한 차별이나 신분 제도 등을 거부하고 새로운 세상을 만들려는 움직임을 말해요. 그리고 반외세는 당시 조선을 침략하려던 외국 세력에 반대한다는 뜻으로, 우리의 것을 지키겠다는 의미입니다. 동학 농민 운동은 불평등한 세상을 개혁하고 조선을 지키려는 농민들의 의지가 행동으로 나타난 사건이에요.

▲ 최제우

동학 농민 운동을 정확하게 이해하려면 우선 '동학(東學)'에 대해 알아야 합니다. 동학이 뭘까요? 동학은 1860년 최제우가 후천개벽(後天開闢) 사상과 인내천(人乃天) 사상을 중심으로 창시한 민족 종교예요. 제2대 교주인 최시형이 교단과 교리를 체계화*했고, 1905년에는 천도교(天道敎)로 명칭을 변경했습니다.

동학은 이름에서 알 수 있듯이 당시에 유행했던 '서학(천주교)'에 대한 반발로 나타났어요. 동학이 등장한 시기에는 세도 정치가 한창이었습니다. 세도 가문의 권력 독점으로 정치가 혼란스러웠고, 탐관오리들의 경제적 수탈로 백성들은 고통 받고 있었지요.

그래서 '모든 인간은 신 앞에 평등하다.'는 교리를 앞세운 서학이 사회적 약자나 여성, 권력에서 소외된 사람들 사이에서 크게 유행했어요.

? 단어 돋보기

체계화: 일정한 원리에 따라 각 부분이 짜임새 있게 조직되거나 그렇게 되게 함

서학은 인간의 죽음을 부정적으로 보지 않았습니다. 인간의 죽음은 그 사람의 일생을 평가하는 일종의 관문일 뿐이에요. 쉽게 말해 착한 일을 하면 천국에 가고, 나쁜 일을 하면 지옥에 가는 겁니다.

만약 부모님이 돌아가신다면 두 분은 어디로 가실까요? 당연히 천국이겠지요? 서학의 입장에서는 부모의 죽음이 영원한 끝을 의미하지 않아요. 물론 마음이 아프고 속상하고 슬프겠지만 부모님은 더 좋은 곳으로 가셨고, 우리도 나중에 죽으면 천국에서 부모님을 만날 수 있다고 믿습니다.

하지만 유교에서 바라보는 부모의 죽음은 의미가 달라요. 더는 효도를 할 수 없는 '영원한 이별'이므로 부모의 죽음은 곧 '끝'을 의미합니다. 부모가 죽으면 자식은 더 이상 효도를 하지 못하는 죄인이라 생각하지요. 그렇기 때문에 부모의 장례는 매우 비참하고 슬픈 의식입니다.

서학의 장례식과 유교의 장례식은 절차와 모습에서도 엄청난 차이가 있어요. 유교는 '곡(哭)'을 하지만, 서학은 하지 않는 것이 가장 눈에 띄는 차이가 되겠지요. 농민들은 '효' 의식을 반영하지 않는 서학의 장례 절차에 대해 거부감이 상당했습니다. 그리고 당시 조선에 유입되기 시작했던 서양 세력에 대한 거부감도 있었어요. 유교 문화에 익숙한 농민들에게 서학은 이해할 수 없는 종교였습니다.

이런 복잡한 상황에서 농민들에게 제시된 현실적인 대안이 바로 동학이었습니다. 농민들은 성리학(유교)의 질서로는 세상이 바뀌지 않는다는 것을 깨닫고 있었어요. 오히려 성리학에 반발하고 있었지요. 이전부터 존재했던 불교나 도교도 역시 정답은 아니었고, 새롭게 들어온 서학에 대해선 이질감*을 느꼈어요.

동학은 농민들에게 해결책을 제시했습니다. '반봉건, 반외세'를 중심으로 농민들에게 새로운 세상에 대한 정신적 자극을 준 것이지요!

동학의 핵심 사상인 '후천개벽 사상'은 새로운 하늘이 열린다는 뜻입니다. 잘못된 질서를 바로잡고 새로운 세상으로 나아간다는 것을 의미해요. 세도 정치가 한창이던 조선은 분명 잘못된 세상이었습니다. 권력자들의 사치와 향락을 위해 백성들의 목숨이 희생되어야 했어요. 농민들은 성리학이 꿈꾸는 이상 사회가 성리학만으로 완성되지 않는다는 것을 그동안의 경험을 통해 깨달았습니다. 새로운 방법이 필요하다고 느끼기 시작한 농민들에게 후천개벽 사상은 희망을 주었지요.

인간이 곧 하늘이란 뜻의 '인내천 사상'은 동학의 두 번째 핵심 사상입니다. 예로부터 하늘은 인간의 궁극적 지향점이자 인간이 숭배하는 근원적 존재였어요. 그런데 동학에서는 한 사람, 한 사람의 인간이 모두 하늘이라 말하지요. 인간은 누구나 궁극적 지향점이며, 근원적 존재가 된다는 뜻입니다. 말이 좀 어렵나요? 간단하게 정리하면 인간은 모두 평등하다는 뜻이에요. 인간은 모두 하늘이니까요.

동학은 후천개벽 사상과 인내천 사상이라는 핵심 교리를 가지고 농민들에게 빠르게 전파되었습니다. 그리고 농민들은 주어진 세상에 순응하기 위해 노력하는 것이 아니라 잘못된 세상을 바로 잡기 위해 노력해야 한다고 생각하게 됩니다. 가치관이 변화한 것이지요. 동학 농민 운동은 달라진 농민들의 생각이 현실의 행동으로 나타난 사건입니다.

6장

선생님의 틈새 수업

서양의 학문, 천주교의 등장

17세기 이후 청나라를 통해 서양의 문물이 조선에 알려지기 시작했어요. 자명종, 천리경, 지구의, 천문학과 산학 등은 조선의 학자들에게 큰 호기심을 불러일으켰지요. 양반들은 서양의 학문을 연구하기 시작했습니다. 이때 천주교도 조선에 소개되는데, '서양의 학문'이란 뜻의 '서학'으로 불리게 됩니다. 초기에는 양반들도 관심을 가졌으나 성리학과 충돌하는 부분이 많아 정조 이후로는 조선 정부의 탄압*을 받았어요.

단어 돋보기

이질감: 서로 달라 낯설거나 잘 맞지 않는 느낌
탄압: 권력이나 무력 등을 통해 억지로 눌러 꼼짝 못하게 함

동학 농민 운동의 배경과 발발

흥선 대원군이 집권하면서 세도 정치는 마무리되었으나 그렇다고 농민들의 삶이 나아진 것은 아니었습니다. 물론, 세도 정치 때보다는 미세하게나마 좋아졌겠지만 그렇다고 살만한 세상이 된 건 아니었어요. 여전히 백성들은 생존을 걱정하는 고달픈 삶을 살았습니다.

통상 수교 거부 정책을 주장하던 흥선 대원군이 하야하고 고종이 개화 정책을 추진하면서 조선의 정치적 혼란은 다시 심화되었어요. 위정척사파(개화를 반대하는 세력)와 개화파의 대립으로 임오군란이 발생했고, 개화파는 분열되어 갑신정변이 일어났어요. 제국주의를 중심으로 한 열강들의 조선 침략도 가속화되었습니다.

조선 정부의 정치적 혼란은 지방의 탐관오리가 활동하기엔 최적의 환경이었어요. 지방관을 감독할 겨를*이 없는 중앙 정부라면, 길게 말하지 않아도 뻔한 상황이었겠지요. 세도 정치 기간에 버금*가는 엄청난 탐관오리들의 수탈로 백성들의 삶은 점점 황폐해졌습니다. 게다가 개항 이후 조선 정부가 추진했던 개혁 정책들은 모두 막대한 비용이 들었고, 그 부담까지도 고스란히 백성들의 몫이 되었어요.

고부 군수 조병갑은 대표적인 탐관오리였습니다. 그는 당시 '만석보'라 불렸던 저수지의 물에도 세금을 부과했어요.

임진왜란과 병자호란 이후 농민들의 삶이 안정될 수 있었던 배경에는 '모내기법'이 있었습니다. 모내기에는 많은 물이 필요했는데, 저수지 등의 수리 시설을 확충*하면서 모내기에 필요한 물을 확보할 수 있었지요. 그런데 조병갑이 이 물에 세금을 부과한 것입니다. 농민들의 분노가 어땠을지 상상이 되나요?

이러한 상황들이 복합적으로 작용하면서 참다못한 농민들이 분노해 결국 동학 농민 운동이 일어나게 됩니다. 여기에는 새로운 세상을 꿈꾸는 농민들의 사회 개혁 의지가 담겨 있었어요.

동학 농민 운동의 전개 과정

1894년 1월, 폭정에 시달리던 전봉준과 고부 농민들이 조병갑의 횡포에 맞서 봉기했습니다. 주도자가 누군지 알 수 없도록 봉기에 참여한 사람들의 이름을 동그랗게 적었어요. 이를 '사발통문'이라 부릅니다.

▲ 사발통문

1894년 4월, 수많은 농민이 합세해 '전주성'을 점령했습니다. 전주성은 조선 최대의 곡창 지역인 호남평야를 관장하는 곳이었어요. 조선 경제를 상징하는 전주성이 농민군의 손에 들어가자 조선 정부는 당황합니다.

▲ 동학 농민 운동의 전개

농민군을 진압하는 것이 불가능하다고 판단한 조선 정부는 청나라에 원병을 요청해요. 한 나라의 왕이 자신의 백성들을 물리쳐 달라고 다른 나라에 군대를 요청하다니, 이게 왕이 할 수 있는 선택일까요? 차라리 고종이 농민군을 만나 그들의 이야기를 들어보았다면 더 좋았을 텐데 말이에요. 결국 청나라의 군대가 조선에 들어옵니다.

갑신정변 이후 청나라와 일본은 톈진 조약을 맺었어요. 두 나라의 군대가 조선에서 철수하는 대신, 후에 어느 한 나라의 군대가 조선에 들어오게 되면 다른 나라의 군대도 들어오기로 약속한 거예요. 청나라군이 조선에 들어왔다고 했지요? 톈진 조약에 따라 일본군도 조선에 들어오게 됩니다.

청나라군과 일본군이 개입한다는 사실을 알고 농민군은 자진해서 해산합니다. 우리의 일에 다른 나라가 끼어드는 건 농민군이 원한 방향이 아니었거든요.

❓ 단어 돋보기

겨를: 어떤 일을 하다가 생각 등을 다른 데로 돌릴 수 있는 시간적인 여유
버금: 으뜸의 바로 아래 또는 그런 지위에 있는 사람이나 물건
확충: 늘리고 넓혀 알차고 단단하게 함

대신 조선 정부에 <u>탐관오리의 처벌과 강력한 개혁을 요구</u>하고, 동학 농민군의 자치 기관인 <u>집 강소를 설치</u>하는 것으로 마무리하려 했습니다. 이때 조선 정부와 동학 농민군이 맺은 약속을 '<u>전 주 화약</u>'이라 불러요.

　　하지만 조선에 들어온 청나라와 일본의 군대는 동학 농민군이 해산했음에도 쉽게 돌아가지 않 았어요. 오히려 한반도 안에서 조선의 지배권을 놓고 전쟁을 벌입니다. 1894년 6월, 일본은 경 복궁을 장악한 뒤 청나라와 <u>청일 전쟁</u>을 일으켰어요. 전쟁은 <u>일본의 승리</u>로 끝나게 됩니다. 청일 전쟁의 결과 일본은 1895년 4월, 청나라와 <u>시모노세키 조약</u>을 체결하고 조선의 지배권을 장악 하게 되지요.

　　여기까지 잘 이해했나요? 시기적으로 헷갈리는 부분이 많으니 정확히 정리해야 해요. 청일 전 쟁이 끝나는 건 시모노세키 조약을 체결하면서예요. 하지만 이미 일본은 그 전에 무력으로 조선 의 경복궁을 장악했고, 조선에 대한 내정 간섭을 강화합니다. 청일 전쟁의 전세가 일본에 유리해 지자 그때부터는 노골적으로 조선을 침략하기 시작했지요.

　　동학 농민군은 조선 땅에서 일본을 몰아내기 위 해 다시 봉기합니다. 하지만 안타깝게도 <u>우금치 전 투</u>에서 일본군에 패배하면서 동학 농민 운동은 실 패로 끝나게 돼요. 비록 실패로 끝났지만 이분들의 정신은 후에 항일 의병 운동으로 이어진다는 것까 지 기억했으면 좋겠습니다.

　　마지막으로 한 번 더 정리해 봐요. '<u>동학 농민 운동</u>'은 세상을 바로 잡으려는 '<u>반봉건</u>'의 성격과 외세의 침략으로부터 조선을 지켜내려는 '<u>반외세</u>'의 성격을 갖는 민중의 사회 개혁 운동이라는 것을 알아 둡시다.

개념 쏙쏙 확인 문제

1 다음은 동학 농민 운동 과정을 나타낸 연표입니다. 지도에 표시된 지역 중 ㉠에 공통으로 들어갈 지역은 어디인가요?

1894.1.	1894.4.	1894.5.	1894.5.
고부 농민 봉기	(㉠)성 점령	청군·일본군 개입	(㉠) 화약

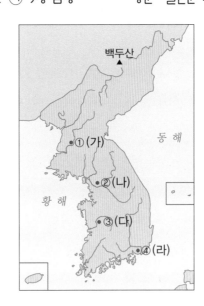

2 다음 선생님의 질문에 대한 올바른 답은 무엇인가요?

> 오늘날 '천도교'로 불리는 동학을 1860년에 창시한 사람은 누구인가요?

① 정약용   ② 장영실   ③ 김정호   ④ 최제우

3 평등 사회를 추구했던 사람들의 바람이 담겨 있으며, '인간이 곧 하늘'이란 뜻을 가진 동학의 핵심 사상은 무엇인가요?

왕으로 안 되면, 황제로 해 보자.

외세의 침략으로 인한 조선의 위기

청일 전쟁에서 승리한 일본은 청나라와 시모노세키 조약을 체결했습니다. 청나라로부터 랴오둥 반도(요동 반도)를 얻었고, 조선에 대한 청나라의 개입을 차단했어요.

이후 일본은 조선의 내정을 간섭하는 등 노골적으로 조선에 대한 욕심을 드러냈습니다. 이때 일본의 세력 확장을 경계하던 러시아, 프랑스, 독일이 랴오둥 반도를 청나라에 반환하도록 요구하고, 결국 일본이 이를 받아들이는 사건이 발생합니다. 우린 이 사건을 '삼국 간섭'이라 불러요.

삼국 간섭으로 인해 일본의 세력이 주춤하자 고종과 명성 황후는 러시아를 이용해 일본을 견제할 계획을 세웁니다. 그러자 일본은 불리한 정세를 뒤집기 위해 경복궁에 침입해 명성 황후를 시해*하는 '을미사변'을 일으키지요.

조선의 조정은 다시 친일파 세력으로 채워졌고, 곧이어 단발령이 시행됩니다. 전국의 유생과 민중들은 명성 황후 시해 사건과 단발령에 대한 반발로 을미의병에 참여했어요.

▲ 러시아 공사관

을미사변 이후 고종은 신변의 위협을 느꼈습니다. 러시아는 조선에서 일본에 세력이 밀리는 것이 불만이었지요. 고종과 러시아의 마음이 맞아 1896년 2월, 고종은 러시아 공사관으로 처소*를 옮깁니다. 이를 '아관파천'이라 부릅니다.

아관파천 기간은 조선이 서양 열강에 가장 많은 이권*을 빼앗긴 시기예요. 강화도 조약을 체결한 이후 이권을 빼앗기지 않은 적은 없었지만, 고종이 러시아 공사관에 머무는 대가는 가혹했습니다.

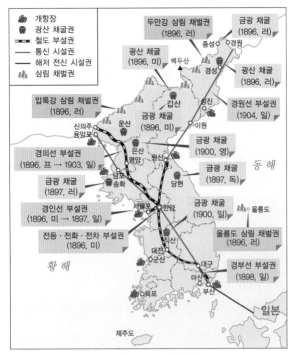

▲ 열강의 이권 침탈

지도를 보면 알 수 있듯이 금광, 은광, 삼림, 철도 등 다양한 영역에서 너무나 많은 이권을 빼앗기고 말았어요.

독립 협회의 등장

이러한 상황을 바라보면서 지식인들이 주축이 되어 정부 관료들과 백성들이 함께 참여하는 근대적 사회 · 정치 단체인 '독립 협회'가 조직됩니다. 독립 협회는 1896년, 서재필, 윤치호 등 개화파 지식인들이 중심이 되어 만든 우리나라 최초의 근대적 사회 · 정치 단체예요. '자주국권', '자유민권', '자강개혁'을 주장하며 설립되었어요. 시민 단체로 표현하지 않은 이유는 정부 쪽 인사들도 다수 참여했기 때문입니다.

? 단어 돋보기

시해: 부모나 왕, 왕비 등을 죽임
처소: 사람이 살거나 임시로 머무는 곳
이권: 이익을 얻을 수 있는 권리

독립 협회의 활동은 크게 네 가지로 나눠서 살펴볼게요.

▲ 독립신문

첫 번째로 독립신문을 창간*했어요. 시간 순서로는 협회가 설립되기 전에 신문이 먼저 창간되었다는 걸 알아 둡시다. 독립신문은 한글판과 영문판으로 간행*되었어요. 한글판은 국민을 계몽하기 위한 목적이었고, 영문판은 해외에 조선의 상황을 알리기 위한 목적으로 제작되었습니다.

두 번째는 독립문의 건설이에요. 독립 협회는 청나라의 사신을 접대했던 영은문을 헐고 독립문을 건설했습니다. 청나라로부터 독립하고, 조선의 자주성을 널리 알리기 위함이었지요. 독립문이 일제로부터 독립하기 위한 건물이 아니었다는 사실을 기억합시다. 독립문은 일제의 식민 지배를 받기 전에 건설되었어요. 일제는 일본 제국주의의 줄임말인데, 이는 뒤에서 더 자세히 배워 볼게요.

▲ 독립문

세 번째는 고종의 환궁을 요구한 것입니다. 고종이 을미사변 이후 러시아 공사관으로 몸을 피했던 사실 기억하지요? 독립 협회의 환궁 요구로 인해 고종은 환궁할 명분을 얻고 나라를 새롭게 일으킬 방법을 생각하게 됩니다.

마지막은 만민 공동회입니다. 독립 협회는 신분에 상관없이 누구나 참여할 수 있는 토론회를 열었어요. 누구든지 조선의 현실에 대해 자신의 의견을 나타낼 수 있었습니다. 제3차 만민 공동회의 첫 연설자이자 백정 출신 박성춘의 연설이 매우 유명하지요.

박성춘의 연설을 같이 한번 살펴볼까요?

백정 출신 박성춘의 연설

　이 사람은 바로 대한에서 가장 천한 사람이고 매우 무식합니다. 그러나 임금께 충성하고 나라를 사랑하는 뜻은 대강 알고 있습니다. 이제 나라를 이롭게 하고 백성을 편리하게 하는 방도는 관리와 백성이 마음을 합한 뒤에야 가능하다고 생각합니다. 저 차일(천막)에 비유하면, 한 개의 장대로 천막을 받치면 힘이 부족합니다. 하지만 많은 장대로 힘을 합친다면 그 힘은 매우 튼튼합니다. 삼가 원하건대, 관리와 백성이 마음을 합해 우리 대황제의 훌륭한 덕에 보답하고 국운이 영원토록 무궁하게 합시다.

　만민 공동회는 조선의 현실에 대해 다양한 비판을 할 수 있었던 토론의 장이 되었으나, 점차 정부에 대한 비판이 늘어났어요. 결국 정부는 독립 협회를 탄압했고, 1898년 12월에 독립 협회는 해산됩니다.

옛 것을 기본으로 새로운 것을 배우다

　독립 협회의 환궁 요구는 고종에게 커다란 힘이 되었습니다. 러시아 공사관으로 처소를 옮긴 후 고종 역시 자신의 판단이 잘못된 것을 깨달았지만 번복할 용기가 없었어요.

　그때 독립 협회가 고종의 환궁을 요구함으로써 조선의 백성들은 고종에게 기회를 준 것이지요. 덕수궁(경운궁)으로 돌아온 고종은 조선이 자주 국가임을 알리기 위해 국호를 '대한 제국'으로 변경하고 환구단을 세워 황제로 즉위했어요.

? **단어 돋보기**

창간: 신문, 잡지 등 정기 간행물을 처음 만들어 펴냄
간행: 책, 신문 등을 인쇄해 발행함

고종은 나라를 다시 일으키려 여러 노력을 펼칩니다. 옛 것을 기본으로 삼고 천천히 서양의 새로운 문물을 배우자는 '구본신참'을 중심으로 '광무개혁'을 실시해요. 교육 강화를 위해 학교를 세우고, 경제 육성을 위해 회사를 설립했습니다. 고종은 조선의 근대화를 목표로 노력했어요.

이러한 노력에도 불구하고 고종이 추진했던 광무개혁은 실패로 끝납니다. 열강의 간섭이 있었던 데다가 황제권을 강화하는 개혁은 시대의 흐름과도 맞지 않았어요. 사실 강화도 조약 이후 조선이 추진했던 다양한 개혁들은 모두 실패로 끝났습니다. 성공했다면 일제의 식민 지배를 받는 일은 없었겠지요.

하지만 우리가 기억해야 할 부분이 있어요. 우리가 아무것도 안 하고 당한 것은 아닙니다. 갑신정변, 동학 농민 운동, 광무개혁 등 조선을 지켜내기 위한 끊임없는 노력이 있었어요. 힘이 부족했던 건 사실이지만 조상님들은 포기하지 않으셨어요. 그분들의 그러한 용기와 희생, 의지가 있었기 때문에 우리는 식민 지배를 벗어나 1945년 8월 15일 독립을 맞이할 수 있었다는 것을 꼭 알아 둡시다. 식민 지배에 관한 이야기는 7장에서 자세히 배워 볼게요.

환구단은 왜 중요할까요?

△ 환구단

환구단은 하늘에 제사를 지내는 곳이에요. 하늘의 아들만이 이곳에서 하늘에 제사를 지낼 수 있었지요. 조선은 중국의 간섭을 받게 되면서 세조 이후 공식적으로 환구단에서 제사를 지내는 것이 어려웠어요. 하지만 고종이 대한 제국을 선포하고 환구단에서 하늘에 제사를 지냄으로써 대한 제국이 자주국임을 국제 사회에 선포한 것입니다.

1 다음 친구들이 학급 게시판을 꾸미고 있습니다. 빈칸 ㉠에 들어갈 내용으로 옳지 <u>않은</u> 것은 무엇인가요?

① 의병 활동　　② 독립문 건설　　③ 고종 환궁 요구　　④ 만민 공동회 개최

2 다음과 같은 개혁이 추진되었던 시기는 언제인가요?

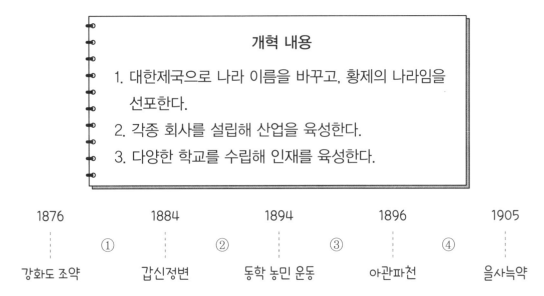

개혁 내용

1. 대한제국으로 나라 이름을 바꾸고, 황제의 나라임을 선포한다.
2. 각종 회사를 설립해 산업을 육성한다.
3. 다양한 학교를 수립해 인재를 육성한다.

1876	①	1884	②	1894	③	1896	④	1905
강화도 조약		갑신정변		동학 농민 운동		아관파천		을사늑약

3 고종이 을미사변 이후 신변에 위협을 느껴 러시아 공사관으로 몸을 피한 사건은 무엇인지 써 보세요.

1 조선 후기의 새로운 변화

① 세계 지도: 세계관의 변화

혼일강리역대국도지도	곤여만국전도
• 조선 전기 • 중국 중심 세계관	• 조선 후기 • 중국 중심 세계관 붕괴

② 실학
- 등장: 성리학에 대한 반발 → 실용적인 학문 등장
- 중농학파(농업 강조, 토지 제도 개혁): 유형원, 이익, 정약용
- 중상학파(상업 강조, 북학파): 유수원, 홍대용, 박지원, 박제가
- 국학파(우리 것 연구): 김정호(대동여지도), 이중환(「택리지」), 안정복, 유득공
- 한계: 실제 정치에 반영되지 못함

③ 모내기법: 생산량 증가, 노동력 감소 → 부농 등장 → 서민 문화 발달

④ 서민 문화의 종류: 판소리, 탈놀이, 한글소설, 민화, 풍속화 등

2 영조와 정조의 정책

① 탕평책: 붕당 정치의 변질 극복, 정치 안정, 왕권 강화

② 영조의 탕평책: 탕평파, 탕평비, 균역법, 삼심제, 가혹한 형벌 폐지

③ 정조의 탕평책: 규장각, 장용영, 수원 화성(정약용의 거중기), 서얼 등용

3 세도 정치(순조, 헌종, 철종)

① 왕이 아닌 특정 가문이 권력을 독점하는 정치 형태(안동 김씨, 풍양 조씨)

② 정치적 혼란: 매관매직, 과거제의 부정

③ 경제적 혼란: 삼정의 문란(전정, 군정, 환곡)

④ 결과: 농민 봉기의 전국적 확산

4 흥선 대원군(고종의 아버지)의 정책

① 집권 전 상황
- 국내: 세도 정치로 혼란
- 국외: 서양 열강의 식민지 쟁탈전 가속화로 혼란

② 국내 정책: 왕권 강화 정책(세도 가문 축출, 양전, 호포제, 사창제, 서원 철폐)

③ 국외 정책: 통상 수교 거부 정책(병인양요, 신미양요 → 척화비)

5 강화도 조약

운요호 사건 발단, 최초의 근대적 조약, 불평등 조약(해안 측량 허용, 치외 법권)

6 고종의 개화 정책

통리기무아문, 별기군, 수신사와 영선사 파견

7 임오군란

① 구식 군인들이 신식 군대에 대한 차별 대우에 반발해 일으킨 난
② 실질적으로 개화 반대 세력이 일으킨 난
③ 청나라군의 개입으로 실패 → 청나라의 내정 간섭 강화

8 갑신정변

① 급진 개화파가 우정총국 개국 축하연을 이용해 일으킨 난
② 신분제 폐지 등 적극적인 근대화를 주장 → 백성들의 지지를 받지 못함
③ 청나라군의 개입으로 3일 만에 실패

9 동학 농민 운동

① 동학: 최제우 창시, 후천 개벽 사상, 인내천 사상 → 천도교
② 반봉건, 반외세의 성격을 갖는 민중들의 사회 개혁 운동
③ 전개 과정: 고부 농민 봉기 → 전주성 점령 → 조선 정부, 청나라에 원병 요청 → 전주 화약 → 집강소
  설치 → 청일 전쟁 후 일본의 내정 간섭 → 2차 봉기 → 우금치 전투 패배 → 농민군 해산

10 외세의 영향

① 삼국 간섭: 러시아, 독일, 프랑스가 랴오둥 반도를 청나라에 반환하도록 일본에 압력을 행사한 사건
  → 조선 내 친러 세력 확장
② 을미사변: 조선 내 세력이 위축되는 것에 불만을 가진 일본이 경복궁에서 명성황후를 시해한 사건
③ 아관파천: 신변의 위협을 느낀 고종이 러시아 공사관으로 피신한 사건

11 독립 협회

독립신문 간행, 독립문 건설, 고종 환궁 요구, 만민 공동회 개최

12 대한 제국

① 고종이 덕수궁으로 환궁, 환구단에서 황제로 즉위
② 광무개혁: 고종 황제가 실시한 개혁 정책, 구본신참

7장

" 1910년, 안타깝게도 대한 제국은 일제에 의해 망하고 맙니다. 이로써 한반도에서 군주제는 사라지지요. 나라는 망했고, 왕은 없어졌습니다. 중앙 집권 국가가 완성된 이후로 나라의 주인이었던 왕이 사라진 것은 처음 겪는 상황이었어요. 이런 상황에서 우리 조상님들은 어떤 모습을 보였을까요? 이번 장에서는 나라를 되찾기 위해 노력한 한반도의 진짜 주인들의 이야기를 공부하려 합니다. 왕은 사라져도, 우리 민족의 역사는 계속되었으니까요. "

King's Road

1879~1910년
안중근
▼

1902~1920년
유관순
▼

나라를 위해 목숨을 걸고 싸운
숨은 영웅들의 시대

1910년 8월 29일, 나라를 잃다.

대한 제국의 몰락

러시아 공사관에서 돌아온 고종은 나라의 힘을 키우기 위해 다양한 노력을 했어요. 기억하나요? 국호를 대한 제국으로 바꾸고 스스로 황제가 되어 나라의 자주성을 지키려 노력했습니다. 하지만 안타깝게도 이 시기의 조선(대한 제국)은 너무나 나약했습니다. 조선의 운명은 조선 스스로가 아닌 주변 강대국들의 이해관계에 따라 결정되었어요.

이때의 상황을 시간 순서대로 살펴봅시다.

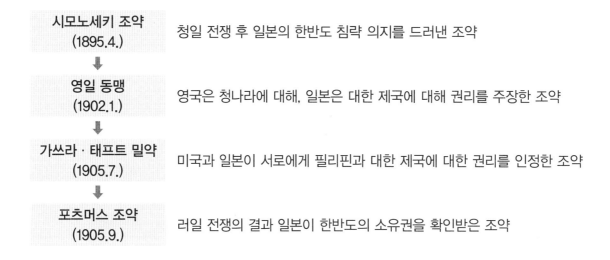

시모노세키 조약 (1895.4.)	청일 전쟁 후 일본의 한반도 침략 의지를 드러낸 조약
영일 동맹 (1902.1.)	영국은 청나라에 대해, 일본은 대한 제국에 대해 권리를 주장한 조약
가쓰라 · 태프트 밀약 (1905.7.)	미국과 일본이 서로에게 필리핀과 대한 제국에 대한 권리를 인정한 조약
포츠머스 조약 (1905.9.)	러일 전쟁의 결과 일본이 한반도의 소유권을 확인받은 조약

정말 많은 조약들이 맺어졌지요? 조선은 제국주의로 무장한 국가들 사이에서 아무것도 할 수 없었습니다. 한반도 침략에 대한 국제 사회의 동의를 야금야금 얻어낸 일본은 대한 제국과 강제로 을사늑약을 체결합니다.

제국주의는 무엇일까요?

'강대국이 약소국을 식민 지배하는 것은 정당하다.'는 논리로 군사력을 앞세워 다른 민족이나 국가를 침략해 식민지로 삼았던 패권주의 정책을 말합니다. 우리나라를 식민 지배했던 세력을 일제라 부르는데, 이는 '일본 제국주의'의 줄임말이에요.

을사늑약의 체결

'을사늑약'은 1905년 11월 17일, 일제가 대한 제국의 외교권을 박탈*하기 위해 강제로 체결한 조약입니다. 을사늑약의 주요 내용은 두 가지가 있어요. 하나는 '외교권 박탈'이고, 다른 하나는 '통감부 설치'입니다. 을사늑약의 주요 조항을 함께 자세히 살펴볼까요?

교과서 미리 보기

을사늑약의 주요 조항

제2조, 일본국 정부는 한국과 다른 국가 사이에 현존하는 조약의 실행을 완수하는 책임을 지며, 한국 정부는 지금 이후로 일본국 정부의 중개를 거치지 않고서는 국제적 성질을 가진 어떠한 조약이나 약속을 하지 않을 것을 약속한다.

제3조, 일본국 정부는 그 대표자로서 한국 황제 폐하의 아래에 1명의 통감(統監)을 두되, 통감은 오로지 외교에 관한 사항을 관리하기 위해 서울에 주재*하고, 직접 한국 황제 폐하를 궁중에서 알현*할 권리를 가진다. 일본국 정부는 한국의 각 개항장과 기타 일본국 정부가 필요하다고 인정하는 지역에 이사관(理事官)을 두는 권리를 가지되, 이사관은 통감의 지휘 아래 종래 재한국 일본 영사에게 속했던 일체 직권을 집행하고 아울러 본 협약의 조관을 완전히 실행하기 위해 필요한 일체 사무를 맡아 처리한다.

? 단어 돋보기 ....

박탈: 남의 재물이나 권리 등을 빼앗음
주재: 직무상으로 파견되어 한곳에 머물러 있음
알현: 왕 등의 높고 귀한 사람을 찾아가 봄

외교권이 박탈된다는 건 무엇을 의미할까요? 이건 상황극을 꾸며 보면 완벽히 이해가 될 거예요. 감기에 걸려 마스크를 쓴 A와 옆집에 사는 B 두 사람이 있어요. A는 누구와도 말을 하지 않습니다. B가 A의 생각이나 입장을 대신 말해 주기로 약속했어요. 그런데 B는 A의 소중한 물건을 자기 마음대로 자신이 가지거나 다른 사람에게 나눠 줍니다. 그리고 주변 사람들이 A에게 함께 놀자고 했을 때 거절해요. 또, 식당에서 A가 싫어하는 음식을 주문합니다. A는 B에게 화를 내고 싶어도 이미 약속을 했기 때문에 어쩔 수가 없어요. B가 하는 대로 따라야 합니다. 대한 제국이 외교권을 박탈당했다는 건 마스크를 쓴 A가 되었다는 말이에요.

통감부는 일제가 조선의 내정을 간섭하기 위해 설치한 기구였어요. 경술국치 이후로는 총독부로 명칭을 바꿔 한반도를 식민 지배하는 기관이 됩니다. 총독부는 뒤에서 더 자세히 살펴볼게요.

을사늑약과 관련해서 꼭 알아야 할 것이 있어요. 당시 이토 히로부미가 고종 황제에게 을사늑약에 서명할 것을 강요했으나 고종은 끝까지 서명하지 않았습니다. 그러자 이토 히로부미는 황제가 아닌 대신들에게 서명을 요구하지요. 그리고 이날 회의에 참석한 대신 중 5명이 서명해 을사늑약이 강제로 시행되었어요. 우리는 을사늑약에 서명한 외부대신 박제순, 내부대신 이지용, 군부대신 이근택, 학부대신 이완용, 농상부대신 권중현을 '을사 5적'이라 부릅니다.

▲ 박제순   ▲ 이지용   ▲ 이근택   ▲ 이완용   ▲ 권중현

이는 오늘날 우리가 을사늑약이 무효임을 주장하는 최고의 근거가 되지요. 대한 제국은 황제의 국가이기 때문에 주권자인 고종의 서명이 없다면 어떠한 조약도 성립되지 않으니까요. 그래서 '을사조약'은 잘못된 표현입니다. 조약은 양국이 서로 합의하는 것인데, 대한 제국은 합의한 적이 없었어요. 을사늑약은 원칙적으로 무효입니다.

앞 장에서 역사를 공부하는 이유는 우리가 어떻게 살아가야 할지 교훈을 얻는 것이라 했는데, 기억하나요? 훌륭한 위인들의 고민과 선택들을 기억하고 따르기 위해 노력하는 것이 역사를 공부하는 이유입니다. 하지만 우리의 조상들이 살아온 시간에는 언제나 훌륭한 위인들만 있었던 건 아니에요. 나라를 뒤로 하고 민족을 배신한 사람들도 있습니다. 그들을 기억하고 벌을 주는 것도 우리가 역사를 공부하는 중요한 이유 중 하나임을 잊지 말아야 해요.

"그 사람들은 오래전에 죽었는데 어떻게 벌을 주나요?"

그들의 악행을 우리의 기억 속에 담아 두고 떠올리며 그들을 부끄럽게 생각하는 것이 가장 큰 벌이랍니다. 사람들의 기억에서 지워지는 것은 친일파 매국노*들이 원했던 미래가 아닐까요?

"어제의 범죄를 벌하지 않는 것, 그것은 내일의 범죄에 용기를 주는 것처럼 어리석은 일이다."
- 알베르 까뮈 -

'어쩔 수 없었다.'는 핑계를 대며 나라를 팔았던 이들을 우리가 잊는다는 건 목숨을 바쳐 나라를 구하려 했던 분들에 대한 예의가 아니잖아요! 을사 5적을 모른다는 사실이 부끄럽지 않다면, 그건 또 다른 을사 5적을 만드는 것임을 기억합시다.

을사늑약에 대한 저항과 나라의 상실

을사늑약이 강제로 체결되자 우리 민족은 거세게 저항했습니다. 고종 황제는 네덜란드 헤이그에서 열린 만국 평화 회의에 이준, 이상설, 이위종을 특사*로 파견했어요. 국제 사회에 을사늑약이 무효임을 알리려 한 거지요. 하지만 실패하고 맙니다. 일본은 이 일을 구실로 고종을 황제의 자리에서 물러나게 했어요. 이후 순종이 대한 제국의 제2대 황제로 즉위합니다.

▲ 헤이그 특사

? 단어 돋보기

매국노: 사사로운 이익을 위해 나라의 주권이나 이권을 남의 나라에 팔아먹는 행위를 한 사람
특사: 특별한 임무를 띠고 외국에 파견되는 사람

민영환은 을사늑약에 저항해 스스로 목숨을 끊었고, 전국에서는 의병 운동(을사의병)이 활발하게 일어났어요. 상인들은 상점의 문을 닫았고, 학생들은 자진 휴학을 하며 일본에 반대했습니다. 장지연은 황성신문에 '시일야방성대곡'을 실어 을사늑약의 부당함을 알렸지요.

▲ 민영환

▲ 시일야방성대곡

안중근은 1909년 10월 26일 하얼빈 역에서 이토 히로부미를 사살했습니다. 이토 히로부미는 당시 일본의 정치, 경제, 사회, 문화 모든 영역에 깊숙이 관여하고 있었어요. 또한, 일본이 조선을 침략하는 과정을 계획하고 실천한 일본 제국주의의 상징적 인물이었지요.

교과서 미리 보기

안중근 의사 법정 진술(1910. 2.)

▲ 안중근

▲ 안중근의 손

"내가 하얼빈에서 이토를 죽인 것은, 이토가 한국의 독립을 빼앗은 까닭이다. 따라서 하얼빈에서 이토를 암살한 일은 한국의 독립 전쟁 중 일부이다. 나는 개인의 자격으로 이토를 죽인 것이 아니라 한국 의병 참모 중장의 신분으로 행한 것이다. 따라서 나는 형사법상의 살인자가 아니라 전쟁 포로다. 그러므로 일본 형법에 따른 이 재판은 부당하며, 국제법으로 재판을 받아야 함이 마땅하다."

▲ 안중근의 가묘

이토 히로부미 사건으로 1910년 3월 26일, 안중근은 뤼순 감옥에서 순국했습니다. 일제는 사형 집행 후 안중근의 유해*를 가족들에게 인도하지 않고 감옥 담장 바깥에 묻어버렸어요. 안중근의 묘가 독립 운동의 성지가 될 것을 두려워했던 일본의 만행이었지요. 일제는 정확한 기록도 남기지 않아 안타깝게도 우리는 안중근의 유해를 찾지 못하고 있습니다. 대신 효창 공원에 안중근의 가묘*를 만들어 기리고 있어요.

이러한 저항에도 불구하고 일제는 나라의 중요한 권리를 하나씩 순서대로 빼앗아갑니다. 1907년에 고종이 강제로 퇴위되었으며, 인사권을 잃고 군대도 해산되었어요. 1909년에는 사법권을 빼앗기고, 이후 경찰권마저 박탈당합니다. 그리고 1910년 8월 29일, 경술국치라 불리는 한일 병합 조약이 체결되면서 나라마저 잃게 되지요.

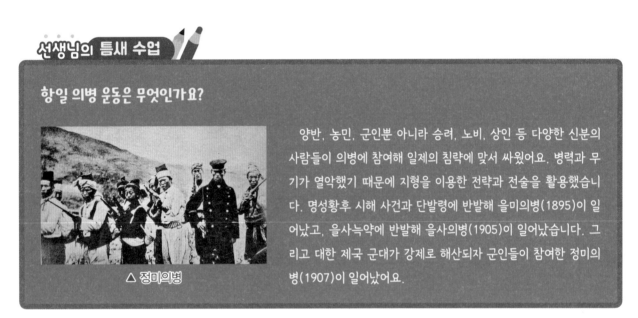

선생님의 틈새 수업

항일 의병 운동은 무엇인가요?

△ 정미의병

양반, 농민, 군인뿐 아니라 승려, 노비, 상인 등 다양한 신분의 사람들이 의병에 참여해 일제의 침략에 맞서 싸웠어요. 병력과 무기가 열악했기 때문에 지형을 이용한 전략과 전술을 활용했습니다. 명성황후 시해 사건과 단발령에 반발해 을미의병(1895)이 일어났고, 을사늑약에 반발해 을사의병(1905)이 일어났습니다. 그리고 대한 제국 군대가 강제로 해산되자 군인들이 참여한 정미의병(1907)이 일어났어요.

❓ **단어 돋보기**

유해: 시신을 태우고 남은 뼈 또는 무덤 속에서 나온 뼈
가묘: 정식으로 묘를 쓰기 전에 임시로 쓰는 묘

1 다음 대화 속에 등장하는 인물로 옳지 <u>않은</u> 사람은 누구인가요?

네덜란드 헤이그에서 열리는 만국 평화 회의에 참석해 을사늑약이 무효임을 전 세계에 알리기 바란다.

네, 꼭 성공해 대한 제국의 자주성을 되찾도록 하겠습니다.

① 이준   ② 이상설   ③ 이위종   ④ 이지용

2 다음 신문 기사의 빈칸 ㉠에 들어갈 인물은 누구인가요?

○○일보

제△△호   ○○○○년 ○○월 ○○일

[속보] 이토 히로부미 사망

1909년 10월 26일, 하얼빈 역에서 이토 히로부미가 ㉠ 의사의 총에 맞고 사망했다.

① 김옥균   ② 민영환   ③ 이완용   ④ 안중근

3 다음에서 설명하는 조약은 무엇인지 써 보세요.

대한 제국의 외교권을 박탈하고, 내정을 간섭하기 위해 통감부를 설치하는 내용을 담은 조약입니다. 1905년 일제에 의해 강제로 체결되었습니다.

02 조선 총독부
제령 제13호 '조선 태형령'

조선 총독부 설치

1910년 8월 29일, 우리는 나라를 빼앗겼습니다. 반만년의 시간 동안 백성들을 지켜 준다고 믿었던 왕의 존재가 함께 사라졌지요. 7장을 시작할 때 우리 역사에서 이런 상황은 처음이라 언급했었는데, 기억하나요? 왕이 사라지고, 나라가 없어지면 어떤 일이 일어날까요? 지금부터 우리 민족이 일제의 식민지가 되면서 겪었던 일들에 대해 알아봅시다.

경술국치 이후 일제는 우리나라를 식민 지배하기 위해 통감부를 폐지하고 그보다 강력한 통치 기구인 조선 총독부를 세웁니다. 초대 총독으로는 육군 대장이었던 데라우치 마사다케가 임명되지요.

▲ 조선 총독부 청사

조선 총독부는 일제가 한반도를 식민 지배하기 위해 설치한 최고의 행정 관청이에요. 입법, 사법, 군사권 등 모든 영역에서 절대적인 권한을 행사했습니다. 총독은 일본 육·해군 대장 중에 선임되었고, 일본 왕에 직속되어 조선에 주둔*하는 일본 군대를 통솔*할 권한을 가졌습니다. 군인에게 식민지 통치를 맡긴 거예요.

왜 일제는 이런 방식을 선택했을까요?

일제는 조선을 침략하는 과정에서 우리 민족의 저항을 부담스럽게 느꼈어요. 이를 물리치고자 강력한 탄압 정책을 시행한 겁니다. 조선은 왕만 제거하면 쉽게 차지할 수 있다고 생각했는데, 오히려 가장 힘들었던 상대는 백성이었거든요.

❓ 단어 돋보기

주둔: 군대가 임무 수행을 위해 일정한 곳에 집단적으로 얼마 동안 머무르는 일
통솔: 무리를 거느려 다스림

목숨을 아끼지 않는 의병들의 활약과 의사들의 의거 활동, 지식인들의 저항 그리고 상인과 학생들까지 일제는 우리 민족의 강력한 저항에 식은땀을 흘렸습니다. 그래서 군인을 통해 강력한 탄압 정책을 시행하기로 한 거예요.

강력한 탄압, 무단 통치

한반도를 강제로 병합한 일제는 '무단 통치'라는 통치 방식을 결정합니다. 헌병을 앞세워 강압적으로 통치했던 방식이에요. 헌병은 군대에서 경찰 역할을 하는 사람입니다.

군인과 경찰의 차이는 무엇일까요? 군인은 적으로부터 나라를 지키기 위해 문제가 발생하면 바로 총을 사용합니다. 하지만 경찰은 국민의 문제를 해결하는 사람이에요. 경찰의 생명이 위협받거나 최악의 상황에서만 총을 사용하지요. 적이 아닌 국민을 상대하니까요.

일제는 1910년대 조선을 통치하는 과정에서 헌병 경찰 제도를 도입했어요. 경술국치에 반대하며 조선의 독립을 요구하는 사람이 있다면 총을 쏘겠다는 의미였지요. 그만큼 많은 사람이 조선의 독립을 원했다는 뜻이기도 합니다. 헌병 경찰은 재판 없이도 사람들을 가두거나 벌금을 매길 수 있었어요. '조선 태형령'과 '경찰범 처벌 규칙' 등 조선인에게만 적용되는 법을 통해 사람들을 감시하고 일상생활을 규제했습니다.

▲ 일제의 헌병 경찰

'태형'은 사람의 신체에 물리적 고통을 가하는 형벌입니다. 쉽게 말하면 때리는 거예요. 일제강점기 독립 운동가의 삶을 다룬 영화나 드라마에서 고문하는 장면을 본 적 있나요? 그 모습들이 모두 합법적인 법 집행이었어요. 조선 사람에 대해서는 고문을 법으로 허용했으니까요.

이번엔 경찰범 처벌 규칙을 살펴봅시다. 지금의 관점이 아닌 당시 일제의 관점으로 말이에요. 경찰범 처벌 규칙은 독립 운동가를 대상으로 만든 겁니다. 그들의 숨겨진 의도가 느껴지나요? 1910년대 일제의 목표는 조선인을 겁에 질리게 만드는 것이었어요. 당시 교사나 관리들이 제복을 입고 칼을 착용했던 것도 마찬가지 이유예요.

▲ 칼을 찬 일본인 교사들

'잔인하게 고문하거나 총으로 쏴서 죽이면
조선인들은 무서워서 반항하지 못할 것이다.'

이것이 당시 일본인의 생각이었습니다. 이외에도 조선인을 어리석게 만들기 위한 정책을 시행했어요. 언론과 출판의 자유를 박탈해 민족 신문과 서적을 발행하지 못하게 했습니다. 집회와 결사의 자유도 빼앗아 각종 계몽 단체들을 모두 해산시켰지요. 계몽 단체는 우리 민족의 근대적 능력을 키워 국권을 회복하려 노력한 사람들을 말합니다. 일제는 이러한 계몽 활동을 금지시켰어요. 조선인들이 많이 배워서 똑똑해지면 일제에 대항할 테니 강제로 다 못하게 만든 겁니다.

❓ 단어 돋보기

즉결: 그 자리에서 바로 결정하거나 그런 결정에 따라 마무리를 지음
불온하다: 사상이나 태도 등이 통치 권력이나 체제에 순응하지 않고 맞서는 성질이 있음
유언비어: 아무 근거 없이 널리 퍼진 소문

1 다음 선생님의 질문에 대한 올바른 답은 무엇인가요?

일제가 조선을 식민 지배하기 위해 세운 기관의 이름은 무엇인가요?

① 통감부   ② 정동행성   ③ 조선 총독부   ④ 통리기무아문

2 1910년대 일본의 식민 통치를 보여 주는 영화를 제작하려고 합니다. 다음 중 이 영화에 들어 갈 장면으로 옳은 것은 무엇인가요?

① 3 · 1 운동   ② 제복을 입고 칼을 찬 교원
③ 일제에 의해 기사가 삭제된 신문   ④ 황국 신민 서사를 암송하는 아이들

3 다음에서 설명하는 법은 무엇인지 써 보세요.

일제가 독립 운동을 막기 위해 조선 사람들에게 신체적 고통을 줄 수 있도록 허용한 법입니다.

조선인을 속이는 친절한 거짓말

겉으로는 허용 뒤로는 탄압, 문화 통치

1919년 3월 1일, 일제강점기에 있었던 최대 규모의 독립 운동이 일어납니다. 바로 '3·1 운동'이에요. 뒤에서 자세히 다루겠지만 3·1 운동은 일본의 무단 통치 정책이 완벽히 실패했음을 보여주는 사건입니다. 경술국치 이후 일본은 헌병 경찰 통치를 통해 '일본을 두려워하는 순종적인 조선인'을 만들려고 노력했습니다. 총칼을 앞세워 사람들을 괴롭히면 저항하는 조선인이 사라진다고 생각했지요.

하지만 그건 일본의 착각이었습니다. 조선 사람들은 오히려 하나로 똘똘 뭉쳐 강하게 독립을 요구했어요. 일본은 군대를 동원해 많은 사람을 죽이며 간신히 3·1 운동을 진압했고, 그들의 정책이 실패했음을 깨닫습니다. 1920년대 일본은 무단 통치에서 '문화 통치'로 통치 방식을 변경해요. 새롭게 총독으로 부임한 해군 대장 사이토 마고토는 다음과 같은 시정 방침*을 발표합니다.

> **교과서 미리 보기**
>
> 총독은 문·무관의 어느 쪽에서도 임명할 수 있는 길을 열고, 헌병에 의한 경찰 제도를 보통 경찰관에 의한 경찰 제도로 변경한다. 옷차림 규정을 개정해 일반 관리·교원 등의 제복대검(制服帶劍: 제복을 입고 칼을 차는 것)을 폐지하고, 조선인을 임용·대우하는 것을 고려하고자 한다. 요컨대 문화의 발달, 백성의 노력과 충실에 따라 정치상·사회상의 대우에 있어서도 내지인(內地人: 일본인)과 동일한 취급을 하는 것을 목적으로 한다.

? 단어 돋보기

시정 방침: 앞으로의 정치 업무를 시행하기 위한 방향과 계획

한자도 있고 일본어를 번역한 문장이라 조금 어렵지요? 문장이 어색할 수도 있겠네요. 중요한 내용만 추려서 살펴보면 문화 통치는 무단 통치와 달리 조선인에 대한 차별 대우를 없애고, 조선인을 일본인과 동등하게 대우하겠다는 정책이에요.

3·1 운동의 결과 조선이 독립을 얻지는 못했지만, 이 정도면 상당한 성과이지요? 그런데 사실 문화 통치는 무단 통치보다 훨씬 더 무섭고 잔인한 정책이었어요.

3·1 운동을 경험하면서 일본인들은 조선 사람들이 하나로 뭉치는 것에 두려움을 가졌습니다. 그들은 조선인들을 이간질해 분열시키려 했어요. 그 결과 만든 것이 문화 통치였습니다. 문화 통치의 핵심은 조선인에 대한 차별 대우를 없애는 것이 아니라 친일파를 양성해 민족을 분열시키는 것이었지요. 그래서 문화 통치는 다른 말로 '민족 분열 정책'이라 부릅니다. 우리 민족을 회유하고 독립 운동을 무너뜨리려는 기만책이었어요.

지킬 생각이 없었던 약속

문화 통치가 '조선인을 속이는 친절한 거짓말'이라는 증거들을 하나씩 살펴볼게요.

첫째, 문관 총독이 임명된 적이 없습니다. 사이토 마고토가 군인 출신이 아닌 사람을 총독으로 임명해 한반도를 합리적으로 이끌 것처럼 말했었지요? 하지만 실제로 총독은 모두 군인 출신으로 임명했어요.

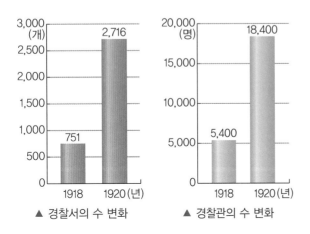

▲ 경찰서의 수 변화   ▲ 경찰관의 수 변화

둘째, 헌병 경찰에서 보통 경찰로 바뀌었으나 그래프를 보면 알 수 있듯이 경찰서의 수나 경찰관의 숫자가 이전보다 3배 이상 늘었어요. 군인 한 명을 경찰관 세 명으로 교체해 감시를 더욱 강화한 겁니다.

▲ 일제에 의해 삭제된
　신문 기사

셋째, 민족 신문의 발간을 허용해 '동아일보'나 '조선일보' 등이 창간되었어요. 하지만 기사를 검열*하거나 삭제하는 등 신문의 내용을 관리했습니다. 신문사가 총독부에 협조하지 않으면 정간*하거나 폐간*시켰어요.

넷째, 친일파를 양성해 우리 민족을 분열시키려 노력했습니다. 사이토 마고토가 수립한 '조선 민족 운동에 대한 대책'을 먼저 함께 읽어봅시다.

교과서 미리 보기

조선 민족 운동에 대한 대책

1. 친일 단체 조직의 필요
　　……(중략)……
　　이때에 일반 인민의 거취를 선명히 하는 방법으로써 민간 유지 중 심복자로 하여금 암암리에 조선인 중 진실로 우리들과 동일한 이상과 정신을 가지고 신명을 바쳐 이상과 정신을 영위할 중심적 친일 인물을 물색케 하고, 그 인물로 하여금 귀족, 양반, 유생, 부호, 실업가, 교육가, 종교가 등 각기 계급 및 사정에 따라 각종의 친일적 단체를 만들게 한 후, 그에게 상당한 편의와 원조를 제공하여 충분히 활동토록 할 것

역시 말이 좀 어렵지요? 중요한 내용을 요약하자면, 일본에 협력하는 친일파를 대량으로 양성해 조선인들 사이에서 활동하도록 하는 것이었어요. 그들을 이용해 조선 사람들이 서로를 믿지 못하게 만들려고 한 거지요. 이제 왜 문화 통치를 민족 분열 통치라 부르는지 이해가 되나요?

문화 통치는 무단 통치보다 훨씬 더 우리를 힘들게 했습니다. 일본은 성공적이라 판단했지요. 3·1 운동 이후로도 수차례 대규모 독립 운동이 일어났지만, 3·1 운동을 능가하는 규모는 없었어요. 이러한 사실은 안타깝게도 문화 통치 정책의 성공을 증명합니다.

? 단어 돋보기

검열: 언론, 출판, 보도 등의 내용을 사전에 심사해 그 발표를 통제하는 일
정간: 신문, 잡지 등의 정기 간행물의 발간을 일시적으로 중지함
폐간: 신문, 잡지 등의 간행을 폐지함

1 다음은 1920년대 일본의 문화 통치가 우리 민족을 기만하는 정책임을 보여 주는 사례입니다. 알맞은 것끼리 이어 보세요.

1) 문관 출신도 총독으로 뽑겠어요!　　•

2) 신문 발행을 허용합니다!　　•

3) 조선 사람도 관리가 될 수 있습니다.　•

• ㉠ 친일파를 양성해서 조선인을 분열시키자!

• ㉡ 실제로는 무관만 총독이 되었지!

• ㉢ 독립 운동 기사는 삭제하자!

2 다음은 일제의 통치 방식의 변화를 나타낸 표입니다. 빈칸 ㉠에 들어갈 사건은 무엇인지 써 보세요.

무단 통치　　　　㉠　　　　문화 통치

3 '문화 통치'의 다른 표현으로 우리 민족을 분열시키기 위한 목적을 가진 일본의 정책은 무엇인지 써 보세요.

04 우리는 조선 사람일까요, 아니면 일본 사람일까요?

세계는 전쟁 중

1930~40년대 일제의 식민 지배 정책에는 변화가 생깁니다. 문화 통치, 즉 민족 분열 정책은 조선의 독립 운동을 약화시키는 데 상당히 효과적이었어요. 하지만 변화하는 국제 정세 속에서 조선 사람들을 일제의 연료로 사용하기 위해 새로운 정책을 수립합니다. 당시 국제 정세가 어땠는지 먼저 살펴볼게요.

▲ 일제의 진주만 공습

제1차 세계 대전의 승전국이었던 일제는 대륙 진출을 목표로 1937년 중국을 침략해 중일 전쟁을 일으켰어요. 1941년에는 더 많은 식민지를 얻고자 독일, 이탈리아와 손을 잡고 제2차 세계 대전을 일으킵니다. 1941년 12월 7일 일제가 하와이 진주만을 공습* 한 사건은 미국이 제2차 세계 대전에 참전하는 계기가 되지요.

전쟁 초기에는 미국을 기습 공격한 일제가 유리했어요. 하지만 전쟁이 길어지면서 점점 일제에 불리해졌지요. 이에 일제는 조선 사람들을 강제로 공장이나 광산, 전쟁터에 동원했으나 그들의 생각만큼 커다란 성과를 얻지는 못했어요. 당연한 결과였습니다. 조선 사람들이 일제를 위해 목숨을 걸고 싸우지 않았으니까요.

? 단어 돋보기

공습: 갑자기 공격함

완벽한 일본인으로, 민족 말살 정책

이제 일제는 새로운 식민 지배 정책을 수립합니다. 그 정책은 '민족 말살* 정책'이었어요. 민족 말살 정책은 조선인의 민족성을 없애고 조선인이 자신을 일본인이라 여기도록 만드는 정책입니다. 일본과 조선은 하나라는 내선 일체론, 일선 동조론 등을 내세우며, 조선인은 모두 일본 황제의 신민(백성)이라는 '황국 신민화 정책'을 실시했지요.

교과서 미리 보기

황국 신민 서사

1. 우리는 대일본 제국의 신민입니다.
2. 우리는 마음을 합해 천황 폐하에게 충의*를 다합니다.
3. 우리는 인고단련*해 훌륭하고 강한 국민이 되겠습니다.

▲ 신사 참배에 동원된 학생들

황국 신민 서사를 강제로 암송*시켰고, 일본 영웅들의 혼령을 모신 신사에 참배하도록 했어요. 창씨개명을 통해 이름도 일본식으로 바꾸게 했습니다. 당연히 우리말과 우리글도 사용할 수 없었지요.

1930~40년대 일제의 정책을 공부할 때면 많은 학생들이 궁금해하는 부분이 있습니다.

"이렇게 한다고 조선 사람이 정말 자신을 일본 사람이라 생각할까요?"

어때요? 비슷한 생각을 했나요? 일제의 민족 말살 정책은 현재를 바꾸려는 정책이 아니에요. 그들도 알고 있습니다. 조선과 일본은 다른 나라라는 사실을 말이지요. 그래서 일제는 미래를 바꾸려고 했어요. 너무 어려서 조선이라는 나라를 인식하지 못하는 아이들과 아직 태어나지 않은 한반도의 수많은 생명의 생각을 바꾸려고 한 거예요. 이해가 되나요? 질문을 하나 할 테니 생각해 봐요.

"여러분은 어느 나라 사람인가요?"

너무 쉬운 질문인가요? 그래도 대답해 봅시다. 당연히 '대한민국 사람'이라 대답했겠지요. 그럼 여러분의 증조할머니와 증조할아버지는 어느 나라 사람일까요? 잘 생각해 보고 대답해 줘요.

이번에도 대한민국을 떠올렸다면 틀렸습니다. 아직 우리가 공부하지 않았지만, 대한민국은 1948년에 수립된 국가입니다. 여러분의 증조할머니와 증조할아버지는 아마도 그 전에 태어나셨을 거예요. 놀랍지 않나요? 이 세상에 대한민국이 등장한 건 100년도 되지 않았어요. 그 짧은 시간에 우리는 모두가 대한민국 사람이라 생각하게 되었지요.

'민족 말살 정책'에는 '지금의 조선인들은 힘들겠지만, 앞으로 태어날 아이들은 일본인으로 만들어야겠다.'는 계산이 담겨 있었어요. 일제는 전쟁이 쉽게 끝나지 않을 거라 판단했습니다. 그래서 미래에 한반도에서 살아갈 생명을 자신들의 연료로 사용하기 위해 조선의 민족성을 없애고 일본인이라 생각하도록 계획했던 겁니다.

▲ 이육사　　　　▲ 윤동주　　　　　　▲ 조선어 학회

이러한 일본의 정책에 맞서 우리 민족의 정신과 문화를 지켜내려는 움직임도 활발하게 나타났어요. 우리말을 지켜내기 위해 최현배의 주도로 '조선어 학회'가 설립되었습니다. 이육사와 윤동주는 이 시기에 활동했던 대표적인 저항 시인이에요. 시를 통해 일제에 저항하는 마음을 나타냈지요.

❓ 단어 돋보기

말살: 어떠한 사물이나 사상 등을 뭉개어 아주 없애 버림
충의: 왕이나 국가에 충성하고, 절개와 의리를 지키는 마음
인고단련: 어려움을 참고 몸과 마음을 굳세게 함
암송: 글을 보지 않고 입으로 외움

꼭 어떤 직접적인 행동만이 일제에 대한 저항을 나타내는 건 아닙니다. 이렇게 일제가 우리의 정신과 문화를 없애지 못하도록 지키는 것도 독립 운동에 포함됩니다. 당시의 식민 지배를 벗어나기 위해서 우리의 조상님들은 다양한 방법으로 독립 운동을 펼쳤답니다.

시를 통해 어떻게 저항하는 마음을 나타냈을까요?

〈광야〉

까마득한 날에
하늘이 처음 열리고
어디 닭 우는 소리 들렸으랴.

모든 산맥들이
바다를 연모해 휘달릴 때도
차마 이곳을 범하진 못하였으리라.

끊임없는 광음을
부지런한 계절이 피어선 지고
큰 강물이 비로소 길을 열었다.

지금 눈 내리고
매화 향기 홀로 아득하니
내 여기 가난한 노래의 씨를 뿌려라.

다시 천고의 뒤에
백마 타고 오는 초인이 있어
이 광야에서 목놓아 부르게 하리라.

「광야」는 이육사가 일제강점기에 지은 저항시예요. 일제에게 식민 지배를 받는 현실을 '눈이 내리는 상황'에 비유하고, 그에 맞서 싸우는 우리 민족을 '매화 향기'에 비유했어요. 지금은 일제의 식민 지배로 우리 조국과 민족이 많이 힘든 상황이라는 것을 나타내지요. 마지막에는 '백마 타고 오는 초인'을 통해 언젠가 꼭 독립이 될 거라는 믿음과 의지를 보여 줍니다.

이육사와 같은 저항 시인은 직접적으로 일제에 피해를 주는 독립 운동을 한 것은 아니에요. 하지만 글로써 같은 민족에게 조국의 독립을 열망하는 의지를 심어 주었답니다.

1 다음은 1930~40년대 일제의 식민 통치를 공책에 정리한 내용입니다. 옳지 <u>않은</u> 것은 무엇인가요?

> **1930~40년대 일제의 식민 통치**
>
> • 방식: ① 민족 말살 정책
> • 목적: ② 제1차 세계 대전이 길어지자, 조선인들을 전쟁에
>   동원하기 위해 시행
> • 정책: ③ 황국 신민화 정책 추진
>   ④ 창씨개명과 신사 참배 강요

2 일제가 아이들에게 강제로 암송시킨 것은 무엇인지 써 보세요.

3 일제강점기 동안 우리말을 지켜내기 위해 최현배의 주도로 만들어진 단체의 이름은 무엇인지 써 보세요.

세계로 울려 퍼진 '대한 독립 만세!'

3·1 운동의 배경

이번에는 국제 사회에 우리 민족의 독립 의지를 알린 '3·1 운동'에 대해 살펴볼게요. 1914년부터 1918년까지는 전 세계가 제1차 세계 대전에 휩싸였습니다.

제1차 세계 대전은 열강 국가들의 식민지 쟁탈전이었어요. 영국과 프랑스의 주도로 세계는 제국주의 국가와 그들의 지배를 받는 식민지로 나뉘었습니다. 뒤늦게 제국주의에 참여했던 독일과 오스트리아가 자신들이 차지할 식민지가 부족해지자 전쟁을 일으켰지요. 세계는 독일을 중심으로 한 동맹국과 영국을 중심으로 한 협상국으로 나뉘어 치열한 전투를 벌였어요. 전쟁은 협상국의 승리로 마무리되었습니다. 일본은 이때 미국과 함께 협상국에 가담했어요.

제1차 세계 대전이 끝나고 전후 문제를 처리하는 과정에서 승전국들은 패전국들에게 전쟁의 책임을 묻기로 했습니다. 패전국을 완전히 무너뜨려 다시는 자신들에게 덤비지 못하도록 만들려는 계획이었지요. 막대한 전쟁 배상금도 있었지만, 가장 커다란 타격은 패전국의 식민지를 독립시킨 것이었어요. 이때 미국 대통령 윌슨이 주장한 '민족 자결주의'는 패전국의 식민지를 독립시키는 사상적 배경이 되었습니다.

윌슨의 민족 자결주의가 무엇인지 함께 읽어 봅시다.

　민족 자결주의는 당시 식민 지배를 받았던 많은 약소국에 영향을 미쳤으나 안타깝게도 패전국의 식민지에만 적용되는 반쪽짜리 이론이었어요. 승전국들은 민족 자결주의를 인용해 패전국의 식민지를 독립시켰으나 자신들의 식민지는 여전히 무력을 앞세워 독립 운동을 무자비하게 탄압했습니다.

만세 운동으로 나라를 되찾자, 3·1 운동

　우리나라도 민족 자결주의에 영향을 받았어요. 먼저 일본으로 유학을 갔던 학생들이 '조선 청년 독립단'을 조직하고 1919년 2월 8일에 독립 선언서를 낭독*합니다.

▲ 2·8 독립 선언서

　국내에서 독립 운동을 준비하고 있었던 종교계를 비롯한 다수의 민족 지도자들은 이에 감명 받아 학생들과 힘을 합쳐 독립 운동을 계획하고 손병희를 대표로 뽑았어요. 최남선은 2·8 독립 선언서를 참고해 3·1 독립 선언서를 작성했습니다. 이 선언서에 민족 대표 33인이 서명했어요.

❓ 단어 돋보기

낭독: 글을 소리 내어 읽음

1910년대는 일본의 무단 통치가 한창이던 시기라 많은 사람이 모이기 힘들었어요. 독립 선언서를 발표할 날을 고민하던 민족 대표들은 고종 황제의 장례식(3월 3일) 즈음에 발표하자는 결정을 내립니다. 당시 대한 제국의 황제였던 고종이 갑작스럽게 사망하면서 일본에 대한 여론이 더욱 나빠졌고, 고종의 장례식에 참석하기 위해 사람들이 모이는 것을 일본도 막을 수는 없었거든요.

1919년 3월 1일 오후 2시, 민족 대표들은 서울의 태화관(지금의 종로구 인사동에 있었던 음식점)에서 독립 선언식을 거행*합니다. 그리고 조선 총독부에 스스로 연락해 독립 선언식이 이뤄졌음을 알리지요. 이에 일본 경찰이 달려와 태화관을 포위했고, 민족 대표들은 한용운의 선창으로 대한 독립 만세를 외친 후 일본 경찰에 연행되었어요.

같은 시각 학생과 시민들은 탑골 공원에서 독립 선언서를 낭독한 후 태극기를 흔들며 만세 운동을 펼쳤습니다.

민족 대표 33인은 왜 태화관에서 독립 선언서를 낭독했을까요? 당시는 헌병 경찰이 있던 시기였어요. 사람들이 모여 만세 운동을 벌인다면 수많은 사람이 총을 맞고 목숨을 잃게 되겠지요. 민족 대표들은 그 부분에 대해 고민했던 거예요.

그들의 예상보다 훨씬 더 많은 사람이 모였고, 이 사람들을 모두 죽음으로 이끌 수는 없다고 생각했습니다. 독립 선언식은 독립 운동 과정에서 커다란 상징이 되겠지만 지금 당장 독립이 되지는 않을 테니까요. 자신들의 희생이면 충분하다고 판단한 겁니다. 그래서 자리를 옮겨 독립 선언식을 거행했고 스스로 총독부에 연락한 거예요.

하지만 민족 대표들이 민중과 함께 독립 운동에 참여하는 것이 아니라 여전히 백성을 보호하고 이끌어야 한다는 생각만을 가졌던 점은 아쉬움으로 남습니다. 역사를 공부해 보면 실제로 나라를 지켰던 사람은 이름조차 알지 못하는 '백성'으로 불렸던 사람들인데 말이지요.

3·1 운동은 우리 민족의 독립 의지를 전 세계에 알리는 사건이었습니다. 그날 탑골 공원에 모인 수만 명의 군중들이 평화적으로 태극기를 흔들며 만세 운동을 벌였고, 전국으로 확산되었어요.

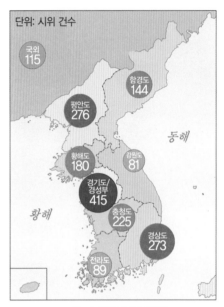

▲ 3·1 운동 봉기 지역

3·1 운동에 두려움을 느낀 일제는 군대를 동원해 무차별 사격을 가했고, 수많은 사람이 목숨을 잃었습니다. 일제의 잔혹한 학살이 나타나면서 평화적이었던 3·1 운동도 군청이나 면사무소를 파괴하는 등 과격한 모습으로 변하게 됩니다. 이후 만주, 연해주, 도쿄, 오사카, 필라델피아 등 해외에서도 독립 시위가 일어났어요.

▲ 필라델피아 자유 한인 대회

? 단어 돋보기

거행: 의식이나 행사 등을 치름

3·1 운동은 일제의 통치 방식을 무단 통치에서 문화 통치로 바꾸었어요. 그리고 우리 민족 지도자들이 체계적인 독립 운동의 필요성을 느끼게 했습니다. 그 결과 대한민국 임시 정부가 수립되지요. 또한, 중국의 5·4 운동과 인도의 비폭력·불복종 운동에도 영향을 끼쳤답니다.

선생님의 틈새 수업

3·1 운동의 복수, 제암리 주민 학살 사건

△ 제암리 학살 사건

1919년 4월 15일, 일제가 3·1 운동에 대한 보복으로 제암리 주민 약 20명을 교회당에 가둔 후 집중 사격을 통해 살해하고, 교회에 불을 지른 사건입니다. 일제는 이에 그치지 않고 인근 주민 6명을 3·1 운동의 주동자*로 몰아 총살했어요. 일제의 잔혹함이 드러나는 대표적인 사건입니다.

? 단어 돋보기

주동자: 어떤 일에 대표가 되어 행동하는 사람

개념 쏙쏙 확인 문제

1 다음 선생님의 질문에 대한 학생들의 대답으로 옳지 <u>않은</u> 것은 무엇인가요?

> 3·1 운동에 영향을 받아 발생한 사건을 하나씩 대답해 봅시다.

① "제2차 세계 대전이 일어났어요."

② "제암리 주민 학살 사건이 일어났어요."

③ "대한민국 임시 정부가 수립되었어요."

④ "인도의 비폭력·불복종 운동에 영향을 줬어요."

2 3·1 운동 직전에 일본으로 유학 간 학생들이 '조선 청년 독립단'을 조직하고, 독립 선언서를 낭독한 날을 달력에 표시해 보세요.

1919년 2월

월	화	수	목	금	토	일
					1	2
3	4	5	6	7	8	9
10	11	12	13	14	15	16
17	18	19	20	21	22	23
24	25	26	27	28		

3 미국 대통령 윌슨이 주장해 3·1 운동에 영향을 끼친 사상은 무엇인지 써 보세요.

06 김구, 대한민국 임시 정부를 이끌다.

독립 운동의 구심점을 위한 움직임

3·1 운동 이후 각지의 민족 지도자들은 체계적인 독립 운동의 필요성을 깨닫고 독립 운동의 구심점을 마련하기 위해 정부를 수립했어요. 이때 모두 7곳에서 임시정부의 수립이 선언되었습니다. 이는 분열이 아닌 독립 운동가들의 의욕이 넘쳐서 나타난 결과였어요. 일제의 삼엄한* 감시 아래 서로 연락을 주고받지 못하는 상황에서 정부 수립을 추진했기 때문이었지요.

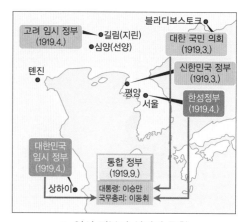

▲ 임시 정부의 설립과 통합

7개의 정부 중에서 국내에 수립된 한성 정부, 연해주에 있었던 대한 국민 의회 그리고 상하이의 대한민국 임시 정부는 구체적인 기록들이 남아있으나 나머지 4곳에 대해서는 안타깝게도 실질적인 존재조차도 정확히 파악하지 못하고 있습니다. 아마도 일본을 피해 비밀리에 조직되어 기록이 없는 것으로 추측하고 있어요.

대한민국 임시 정부의 수립과 전개

▲ 대한민국 임시 정부

한성 정부, 대한 국민 의회 그리고 대한민국 임시 정부의 주요 세력들은 힘을 하나로 합치는 것에 동의했고, 그 결과 상하이의 대한민국 임시 정부로 통합되었습니다. 대한민국 임시 정부는 비밀 연락망인 '연통제'를 실시해 국내에 임시 정부의 소식을 전달하고 독립 자금을 전달받았어요.

대한민국 임시 정부는 해외로도 활동했어요. 1차 세계 대전 이후 전후 문제를 처리하기 위해 개최된 파리 강화 회의에 김규식을 파견했습니다. 미국에서는 구미 위원회의 이승만을 중심으로 외교 활동을 벌여 국제 사회에 우리의 독립을 강력하게 호소했습니다. 또한, 독립신문을 발행하고, 육군 무관 학교를 세워 무장 독립군을 양성하기도 했어요.

▲ 대한민국 임시 정부의 이동

그런데 대한민국 임시 정부에 위기가 찾아옵니다. 독립 운동의 방향에 대해 견해가 달랐던 독립 운동가들 사이에 분열이 나타났어요.

그리고 일본의 중국 내 영향력이 강화되면서 임시 정부는 상하이(1919), 항저우(1932), 전장(1935), 창사(1937), 광둥(1938), 류저우(1938), 치장(1939), 충칭(1940)으로 이동하면서 근거지를 옮겨야 했습니다.

대한민국 임시 정부의 위기는 주석이었던 김구의 노력으로 안정을 되찾게 됩니다. 김구는 '한인 애국단'을 조직해 의열 투쟁을 전개했어요. 이는 전 세계가 대한민국 임시 정부를 주목하도록 했지요.

한인 애국단의 단원이었던 윤봉길의 의거로 중국 정부의 적극적인 지원까지 받게 되었습니다. 이때 중국 정부는 오늘날의 공산당 국가가 아닌 장제스가 이끌었던 국민당 정부를 말해요. 한인 애국단에 대해서는 뒤에서 자세히 설명할게요.

▲ 한국 광복군

무장 독립 투쟁의 필요성을 느낀 임시 정부는 1940년에 '한국 광복군'을 창설합니다. 한국 광복군은 태평양 전쟁(제2차 세계 대전)이 일어나자 대일 선전 포고*를 하고 연합군의 일원으로 참전했어요. 그 결과 우리는 국제 사회로부터 독립을 약속받게 되었답니다.

❓ **단어** 돋보기

삼엄하다: 무서우리만큼 질서가 바르고 엄숙함
선전 포고: 한 나라가 다른 나라에 대해 전쟁을 시작한다는 것을 공식적으로 알리는 일

한인 애국단의 조직

'한인 애국단'은 1931년 중국 상하이에서 당시 대한민국 임시 정부의 국무령이었던 김구가 조직한 항일 독립 운동 단체입니다. 일본의 주요 인물을 암살하는 것을 목적으로 했어요. 대한민국 임시 정부의 다양한 독립 활동 중 한 가지였지요.

김구를 중심으로 김석, 안공근, 이수봉, 이유필이 애국단의 조직을 운영하고 윤봉길, 이봉창, 유상근, 유진만, 이덕주, 최흥식 등이 단원으로 참여했어요. 일본의 소수 지도자를 제거해 일본의 국가 운영과 대외 침략 정책을 좌절시키려는 목표로 운영되었답니다.

▲ 이봉창　　▲ 윤봉길

대표적인 한인 애국단의 활동을 알아볼게요. 이봉창은 1932년 1월 8일 일본 국왕 히로이토에게 폭탄을 던졌어요. 하지만 아쉽게 실패하고 그해 10월에 사형에 처해집니다.

윤봉길은 1932년 4월 29일 상하이 홍커우 공원에서 물통 폭탄을 던졌어요. 이로 인해 시라카와 사령관과 상해 일본 거류민 단장 가와바다 등을 제거하고 우에다 육군 대장, 노무라 해군 중장, 주중공사 시게미쓰 등에게 중상을 입혔습니다.

1932년 4월 이덕주와 유진만은 조선 총독을 암살하려다 실패했고, 최흥식과 유상근은 관동군 사령관 혼조 시게루 등을 암살하려 시도했으나 발각되어 사형을 당하고 맙니다.

한인 애국단은 우리의 독립 의지를 국제 사회에 널리 알리고, 어려움을 겪던 임시 정부와 국민들에게 커다란 희망을 안겨 주었던 단체였어요.

1 다음은 인터넷 검색을 통해 얻게 된 대답입니다. 검색창에 들어갈 말은 무엇인가요?

대한민국 임시정부가 국내에 소식을 전달하고 독립 자금을 전달받기 위해
만든 비밀 연락망입니다.

① 연통제   ② 독립 협회   ③ 한국 광복군   ④ 조선어 학회

2 다음 연표에서 대한민국 임시정부가 수립된 시기는 언제인가요?

1876	①	1894	②	1910	③	1919	④	1945
강화도 조약		동학 농민 운동		경술국치		3·1 운동		광복

3 일본의 주요 인물을 제거할 목적으로 대한민국 임시정부의 주석이었던 김구가 조직한 항일
독립 운동 단체의 이름은 무엇인지 써 보세요.

독립을 향한 두 개의 커다란 물줄기

독립 운동의 두 가지 방향

이번 장의 마지막은 독립을 향한 커다란 두 개의 물줄기에 대해 살펴볼게요. 학생들이 독립 운동 과정을 공부할 때 가장 어렵게 느끼는 부분이기도 합니다. 투쟁의 방식과 시기에 따른 용어의 차이를 머릿속에 명확히 구분해 봅시다.

우선 아래 표를 먼저 살펴볼까요?

구분	경술국치 전	경술국치 후
총, 칼	항일 의병 운동	무장 독립 운동
책	애국 계몽 운동	실력 양성 운동

조선이 열강 국가들의 침략을 받았던 순간부터 일제의 식민 지배를 벗어날 때까지 우리 민족은 자주성을 지키기 위해 한순간도 노력하지 않았던 적이 없었어요. 사람마다 자신의 재능과 능력에 따라 저항하는 방식은 달랐지만, 조선을 지키기 위한 그리고 조선을 되찾기 위한 사람들의 노력은 끊임이 없었습니다.

전쟁터에서 총, 칼을 들고 적들의 침략에 맞서 싸우는 사람들이 있었고, 일제의 핍박* 속에서도 꿋꿋하게 버티며 민족의 힘을 키우기 위해 노력했던 사람들이 있었습니다.

경술국치를 기준으로 총, 칼을 들고 싸웠던 사람들을 항일 의병 운동과 무장 독립 운동으로 구분하고, 책을 통해 민족의 힘을 키우려 했던 사람들은 애국 계몽 운동과 실력 양성 운동으로 구분합니다.

총과 칼을 든 독립 운동

▲ 1920년대 무장 독립 단체

조선이 일본과 강화도 조약을 맺은 후로 경술국치까지의 과정에 있었던 의병을 기억하나요? 을미의병, 을사의병, 정미의병이 있었습니다. 의병은 위기에 처한 나라를 구하기 위해 백성들이 자발적으로 조직한 군대였지요.

경술국치 이후로는 위기에 처한 나라를 구하는 것이 아니라 일제에 의해 빼앗긴 나라를 되찾는 것으로 목표가 바뀌게 됩니다. 의병과 독립군은 똑같은 사람들이었어요. 어제의 의병이 오늘의 독립군이 되었지요. 나라를 빼앗긴 후 한반도에서 활동이 힘들어진 의병들은 만주나 연해주로 넘어가 독립군이 되었습니다.

강력한 신식 무기를 갖춘 일본군에 비하면 독립군의 무기는 형편없었지만, 나라를 되찾겠다는 뜨거운 피가 그들의 심장을 타고 흘렀습니다. 독립군은 두려워하지 않았고 당당하게 일제에 맞서 싸웠어요.

1920년 6월 홍범도 장군의 대한 독립군은 국민회군과 연합해 봉오동에서 승리를 거두게 됩니다. 이후 1920년 10월에는 김좌진 장군의 북로 군정서군과 대한 독립군이 북간도 지역의 독립군들과 연합해 청산리에서 최대 규모의 승리를 거뒀지요.

❓ **단어 돋보기**

핍박: 몹시 괴롭힘

무장 독립 운동은 독립군의 활약만 있었던 것은 아니에요. 앞에서 살펴본 '한인 애국단'과 김원봉이 조직한 '의열단'의 의거 활동도 무장 독립 운동에 포함됩니다.

▲ 김원봉

의열단은 1919년 만주 지린성에서 김원봉을 중심으로 조직된 항일 무장 투쟁 단체입니다. 1920년대에 일본 고관*을 암살하고, 관공서를 폭파하는 등의 활발한 활동을 했습니다. 대표적인 인물로는 조선 총독부에 폭탄을 던진 김익상, 종로 경찰서에 폭탄을 던진 김상옥, 동양 척식 주식 회사에 폭탄을 던진 나석주 등이 있어요.

책을 든 독립 운동

애국 계몽 운동과 실력 양성 운동은 교육과 산업을 일으켜 우리 민족의 힘을 기르자는 목표를 가지고 있었어요. 일제의 침략으로부터 나라를 구하기 위해 인재를 양성해야 한다고 생각했습니다.

안창호와 이승훈이 중심이 되어 만든 '신민회'가 대표적인 애국 계몽 운동 단체입니다. 신민회는 학교를 세우고 책을 발행해 국민을 계몽하려 노력했어요.

1907년에는 일본에 진 빚을 갚기 위해 '국채 보상 운동'도 일어납니다.

실력 양성 운동으로는 '문맹 퇴치 운동'과 '물산 장려 운동'이 있었어요. 일제 강점기에는 우리 민족이 지식을 얻는 것을 두려워 한 일제의 식민 지배 정책으로 글을 읽지 못하고 쓰지 못하는 사람들이 늘어났어요. 그래서 신문사를 중심으로 한글을 보급하기 위한 문맹 퇴치 운동이 전개되었습니다.

▲ 조선일보의 『한글원본』

▲ 동아일보의 브나로드 운동

그리고 우리의 산업을 발전시켜 경제적 힘을 기르기 위해 국산품 사용을 장려하는 물산 장려 운동이 일어났습니다. '우리의 것 우리가 쓰자!'는 구호와 함께 전국적으로 퍼져 나갔지요.

▲ 국산품 선전 광고

일제에 나라를 잃었고 왕도 존재하지 않았지만, 이 땅에는 나라를 되찾으려는 사람들의 뜨거운 눈물이 커다란 두 개의 물줄기가 되어 '독립 운동'의 강을 만들었다는 사실을 기억합시다. 그렇게 우리의 역사는 '대한 독립'이라는 바다를 향해 나아가고 있었어요.

? **단어** 돋보기

고관: 지위가 높은 벼슬이나 관리

1 다음 지도를 본 학생의 대답으로 옳은 것은 무엇인가요?

① 일제강점기 무장 독립군의 활약을 보여주고 있어.

② 몽골에 끝까지 맞서 싸운 삼별초의 의지가 느껴져.

③ 임진왜란에서 활약한 의병의 모습을 나타낸 지도야.

④ 4군 6진을 개척해 북방으로 영토를 확장한 모습이야.

2 다음과 같은 구호를 외치며 전개되었던 민족 운동은 무엇인가요?

① 국채 보상 운동   ② 물산 장려 운동   ③ 문맹 퇴치 운동   ④ 항일 의병 운동

3 안창호와 이승훈이 중심이 되어 만든 단체로, 학교를 세우고 회사를 수립하는 등 국민을 계몽하기 위해 앞장섰던 단체의 이름은 무엇인지 써 보세요.

1 을사늑약(1905)

① 내용: 외교권 박탈, 통감부 설치

② 효력: 고종 서명 없음, 을사 5적(이완용, 이근택, 이지용, 박제순, 권중현)이 대신 서명 → 무효

③ 고종의 대응: 헤이그 특사 파견(이준, 이상설, 이위종) → 고종 강제 퇴위

④ 저항: 민영환(자결), 장지연(시일야방성대곡), 을사의병, 안중근의 이토 히로부미 사살

2 경술국치(1910.8.29.)

주권 상실

3 일제의 식민 통치 정책

① 1910년대: 헌병 경찰 통치(무단 통치) → 조선 태형령, 교원과 관리(제복, 칼 착용)

② 1920년대: 보통 경찰 통치(문화 통치) → 친일파 양성 → 민족 분열 정책

③ 1930~40년대: 민족 말살 정책 → 황국 신민화 정책, 신사 참배, 창씨개명 등

4 3·1 운동

① 배경: 민족 자결 주의 + 일본 유학생들의 2·8 독립 선언

② 전개: 1919년 3월 1일 민족대표 33인 독립 선언식 거행, 탑골 공원 만세 운동 → 전국적으로 확산 → 일제의 무자비한 탄압(제암리 주민 학살 사건)

③ 결과: 대한민국 임시 정부 수립, 일제의 통치 방식 변경, 다른 나라의 독립 운동에 영향

5 대한민국 임시 정부

① 중국 상하이에서 수립 → 여러 차례 근거지를 옮기며 충칭으로 이동

② 연통제(국내 비밀 연락망, 독립 자금 운반), 독립신문 발행, 한국 광복군 조직

6 독립 운동의 종류

구분	경술국치 전	경술국치 후

총, 칼	• 항일 의병 운동
	  – 을미의병
	  – 을사의병
	  – 정미의병
		• 무장 독립 운동
		  – 봉오동 전투: 홍범도, 대한 독립군
		  – 청산리 대첩: 김좌진, 북로 군정서군
		  – 한인 애국단: 김구
		  – 의열단: 김원봉

책	• 애국 계몽 운동
	  – 신민회: 안창호, 이승훈
	  – 국채 보상 운동
		• 실력 양성 운동
		  – 문맹 퇴치 운동
		  – 물산 장려 운동

8장

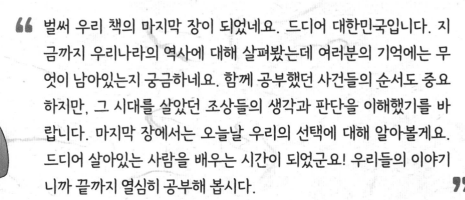

벌써 우리 책의 마지막 장이 되었네요. 드디어 대한민국입니다. 지금까지 우리나라의 역사에 대해 살펴봤는데 여러분의 기억에는 무엇이 남아있는지 궁금하네요. 함께 공부했던 사건들의 순서도 중요하지만, 그 시대를 살았던 조상들의 생각과 판단을 이해했기를 바랍니다. 마지막 장에서는 오늘날 우리의 선택에 대해 알아볼게요. 드디어 살아있는 사람을 배우는 시간이 되었군요! 우리들의 이야기니까 끝까지 열심히 공부해 봅시다.

King's Road

1917~1979년
박정희

1875~1965년
이승만

1931~2021년
전두환

드디어 대한민국, 국민이 국가의 주인이 되다

01 정치와 민주주의는 다른 건가요?

02 1945년 8월 15일, 1948년 8월 15일

03 6월 25일, 우리는 왜 싸웠던 것일까요?

04 우리의 이야기는 통일로 마무리 되겠지요?

정치와 민주주의는 다른 건가요?

정치와 민주주의의 의미

마지막 장을 공부하기 전에 먼저 정치와 민주주의에 대해 알아볼게요. 정말 중요한 사실! 대한민국은 민주주의 국가입니다. '에이~ 그걸 누가 몰라요.'라며 웃고 있나요? 그럼 질문을 하나 할 테니 멋지게 대답해 줘요.

"민주주의는 무엇인가요?"

여러분이 학교에서 정치와 민주주의를 공부할 때면 머리를 쥐어뜯는 경우가 많습니다. 두 개념이 상당히 비슷하기 때문이지요. 그럼 먼저 정치와 민주주의의 개념부터 살펴볼까요?

> **교과서 미리 보기**
> - 정치(政治): 사회에서 발생하는 다양한 문제를 해결하는 과정
> - 민주주의(民主主義): 사회에서 문제가 발생했을 때 구성원들의 의견을 반영해 문제를 해결하는 정치 형태(방식)

'사회'는 사람들이 모여서 생활하는 공간을 뜻하고, 사회 구성원들 사이에서 발생하는 갈등과 다툼은 '문제'가 됩니다. '정치'는 이러한 사회의 다양한 문제를 해결하는 과정이에요. 다르게 표현하면 '사람들 사이에서 발생하는 갈등과 다툼을 해결하는 과정'이라 말할 수 있지요. 즉, 사회에서 문제가 발생했을 때 그 문제를 해결하려는 다양한 노력을 우리는 정치라 부릅니다.

문제를 해결하는 방식은 다양합니다. 우리가 지금까지 공부한 내용을 떠올려 볼까요? 조선 시대에는 왕과 소수의 지배 계급(양반)에 의해 모든 문제가 해결되었지요. '해결되었다'보다는 '결정되었다'는 표현이 적합할지도 모르겠네요. 예를 하나 들어볼게요. 영화 '광해'와 '남한산성'의 소재로 쓰인 '중립 외교 정책'과 '친명 배금 정책'을 떠올려 봅시다.

조선은 쇠퇴하는 명나라와 성장하는 청나라 사이에서 '어떠한 외교적 노선을 취해야 하는가?'라는 국운이 걸린 문제에 당면*했어요. 조선과 조선 백성들의 생사를 판단하는 외교적 선택을 누가 결정했나요? 조선에서는 왕과 소수의 지배 계급의 의견만이 반영되었지요. 나라의 문제를 해결하는 과정에 백성들의 의견은 전혀 반영되지 못했습니다. 이런 방식으로 사회 문제를 해결하는 정치 형태를 '군주제'라 부릅니다.

지금의 우리는 어떨까요? 대한민국의 헌법을 함께 살펴봅시다.

교과서 미리 보기

대한민국 헌법

제1조 1항, 대한민국은 민주 공화국이다.
제1조 2항, 대한민국의 주권은 국민에게 있고, 모든 권력은 국민으로부터 나온다.

8장

대한민국에서는 사회 문제가 발생하면 당연히 국민의 의견을 반영해 해결책을 선택합니다. 헌법에 명시*되어 있듯이 대한민국의 주인은 국민이기 때문이지요. 이처럼 사회에서 문제가 발생했을 때 구성원의 의견을 반영해 문제를 해결하는 정치 형태를 '민주주의'라 부릅니다. 민주주의에서는 구성원들이 모두 그 사회의 '왕'이 되는 것이지요.

? **단어 돋보기**

당면: 바로 눈앞에 당함
명시: 분명하게 드러내 보임

마지막으로 정치와 민주주의에 대해 정리해 봅시다. 정치는 사회에서 문제가 발생했을 때 문제를 해결하는 것을 뜻해요. 민주주의는 문제를 해결하는 다양한 방법 중에서 구성원의 의견을 반영해 문제를 해결하는 방식을 말합니다. 어때요? 이제는 확실히 두 가지를 구분할 수 있겠지요?

민주주의의 수립

오늘날 우리는 민주주의를 너무나 당연하게 받아들입니다. 그런데 우리에게 민주주의가 정말 당연한 것일까요? 약 반만년의 역사를 가졌다 자부*하는 우리에게서 민주주의는 언제 처음 시작되었을까요?

고조선부터 조선, 대한 제국까지 우리 역사 속의 나라는 계속 군주제 국가였어요. 국가의 모든 권력은 왕과 소수의 지배층이 독점했으며, 백성들은 일방적으로 지배층의 결정을 따랐습니다. 전쟁이 나면 전쟁터에서 목숨을 바쳐 나라를 구한 사람들은 대부분 역사에 기록되지 못한 백성들이었지만, 그들은 어떠한 선택도 하지 못했어요.

경술국치 이후 치욕스러운 일제의 식민 지배 기간은 어떨까요? 그건 말할 필요도 없을 겁니다. 그때는 어느 한 사람도 사람답게 살지 못했으니까요.

이렇게 흘러온 우리 역사에서 민주주의가 처음 반영된 것은 대한민국 임시 정부 수립 때예요. 그리고 실질적으로 민주주의가 정착된 것은 1948년 8월 15일, 대한민국 정부가 수립되면서부터입니다. 1948년이 되어서야 비로소 국민의 말에 귀를 기울이게 된 것이지요. 한반도의 민주주의는 아직 100년도 되지 않았습니다. 충격적이지 않나요?

더구나 대한민국 정부가 수립된 이후로도 민주주의가 온전하게 실현된 것은 아니었어요. 한반도의 민주주의는 몇 차례 커다란 위기를 겪었습니다. 국민의 대표에 불과한 대통령이 자신을 대한민국의 주인으로 착각하는 안타까운 역사가 반복되었거든요.

역대 대통령에 대한 평가는 다양한 관점에서 종합적으로 판단해야 합니다. 하지만 이승만부터 박정희 그리고 전두환, 노태우까지의 대통령들은 민주주의와 관련된 부분에서 부정적 평가를 받고 있어요. 그들은 국민의 의견을 무시하고 대한민국을 자신이 원하는 방향으로 움직이려 했거든요.

하지만 여러분의 할아버지, 할머니 그리고 아버지, 어머니들은 대한민국의 민주주의가 훼손될 때마다 자신의 목숨을 걸고 민주주의를 지켜내셨습니다.

▲ 4 · 19 혁명(1960)

▲ 유신 헌법 반대 운동(1973)

▲ 5 · 18 민주화 운동(1980)

▲ 6월 민주 항쟁(1987)

이승만의 독재와 3 · 15 부정 선거에 대항했던 '4 · 19 혁명', 박정희의 독재에 반대했던 '유신 헌법 반대 운동', 전두환의 독재에 저항했던 '5 · 18 광주 민주화 운동' 그리고 대통령 직선제를 향한 '6월 민주 항쟁'이 바로 그것입니다. 민주주의를 수호하기 위한 그분들의 숭고한* 희생을 우리는 '민주화 운동'이라 부른답니다.

1 다음 연표에서 우리 역사에 민주주의가 실질적으로 처음 정착된 시기는 언제인가요?

BC 2333		1418		1945		1948		2000
	①		②		③		④	
고조선 건국		조선 세종		광복		대한민국 정부 수립		남북 정상 회담

2 다음 선생님의 질문에 알맞은 답을 써 보세요.

사회에서 문제가 발생했을 때 구성원들의 의견을 반영해 문제를 해결하는 정치 형태는 무엇인가요?

3 다음 중 이승만 대통령의 독재와 3·15 부정 선거에 대한 반발로 일어난 민주화 운동은 무엇인가요?

① 4·19 혁명　　② 유신 헌법 반대 운동　　③ 5·18 민주화 운동　　④ 6월 민주 항쟁

02

1945년 8월 15일, 1948년 8월 15일

일본의 항복과 한반도의 독립

우리는 왜 남과 북으로 분단되었을까요? 대한민국의 많은 학생들이 궁금해 하는 부분입니다. 먼저 교과서에 나오는 표현을 빌려 답을 해 볼게요. 우리나라는 일제의 식민 지배로부터는 독립 했습니다. 하지만 미국과 소련 등 당시 강대국들의 이데올로기* 다툼 때문에 안타깝게도 남과 북으로 분열되었답니다. 설명이 조금 어렵나요? 우리는 완전 쉽게 접근해 봅시다.

우리가 남북으로 나뉘게 된 이유는 미국과 소련이 우리나라를 서로 자기편으로 만들려고 했는 데 맘대로 안 되니까 그냥 반으로 쪼개서 자기편으로 하나씩 가져간 거예요. 어때요? 이제는 확실히 이해가 되지요?

"왜 우리나라를 자기편으로 만들려고 했어요?"

8장

다들 이런 궁금증을 가지고 있지요? 왜 미국 과 소련이 우리나라를 서로 차지하려 했을까 요? 그리고 그렇게 중요한 일을 왜 우리가 아 닌 미국과 소련이 결정했을까요? 어떻게 된 일 인지 하나씩 살펴봅시다.

▲ 일본의 항복

▲ 8·15 광복

1945년 8월 15일, 제2차 세계 대전에 참전했던 일본이 갑작스럽게 항복을 선언하면서 드디어 우리는 독립을 맞이합니다. 간혹 일부 사람들이 우리의 독립을 단순한 제2차 세계 대전의 결과 일 뿐이라 말하는데, 그건 매우 잘못된 생각입니다.

❓ **단어 돋보기**

이데올로기: 어떤 사회 집단의 사상, 행동, 생활 방법의 근본이 되는 관념이나 믿음의 체계

역사에 기록된 독립운동가와 기록되지 않은 더 많은 분들의 희생으로 우리는 일본이 항복을 선언하기 전에 이미 국제 사회로부터 독립을 약속받았습니다. 카이로 회담(1943)에서 조선의 독립을 약속받았고, 포츠담 선언(1945)을 통해 조선의 독립을 재확인했지요. 다만 일제의 항복 선언이 너무나 갑작스러운 일이었기 때문에 우리에게 충분한 준비 과정이 부족했다는 점이 아쉬움으로 남습니다.

▲ 한국 광복군과 미국 OSS 대원들

실제로 한국 광복군은 1945년 8월 18일경 국내 진공* 작전(미국에서는 '독수리 작전'으로 불림)을 수립해 서울을 수복할 계획을 세웠어요. 하지만 일본의 항복으로 실행에 옮기지는 못했지요. 물론 이 작전으로 우리가 100% 일본을 물리친다는 확신은 없지만, 독립 과정에서 자주성을 확보할 수는 있었어요. 독립 이후에 강대국의 간섭을 받지 않는 명분을 만들 수도 있었지요. 그래서 아쉬움으로 남습니다. 일본은 항복하는 순간까지도 우리에게 전혀 도움이 되지 않았어요.

예상치 못한 일본의 항복 선언에 연합국도 당황했습니다. 전후 문제를 처리할 계획이 완벽하게 수립되지 않았기 때문이에요. 논의 끝에 제2차 세계 대전의 패전국 중 독일과 이탈리아는 영국과 프랑스의 주도로 유럽이 해결하기로 했습니다.

그런데 일본이 문제였어요. 태평양 전쟁을 통해 일본과 전쟁을 벌였던 미국이 일본의 문제를 담당하기로 했는데, 일본과 미국의 거리가 너무 멀었던 거예요. 미국은 일본 본토의 문제를 해결하는 것에 정신을 쏟느라 한반도까지는 신경 쓸 겨를이 없었어요. 정리되지 않은 상황에서 독립을 맞이한 한반도는 혼란에 휩싸이게 됩니다.

한반도를 지배하는 이데올로기

한반도는 다양한 생각들이 뒤섞여 심각한 갈등이 발생하고 있었어요. 사실 독립 운동가들은 독립 전부터 자본주의 계열과 민족주의 계열 그리고 사회주의 계열로 나뉘어 있었거든요. 추구하는 체제를 통일하진 못했지만 독립 운동 과정에서는 '조선의 독립'이라는 공통의 목표를 향해 손을 잡고 함께 걸었지요.

그들은 서로의 사상에 대해 동의하지는 않아도 조선의 독립을 열망하는 '하나의 뿌리'라는 생각은 분명히 가지고 있었어요. 그런데 조국이 독립하자 각각의 세력은 서로 자신이 추구하는 이데올로기를 한반도에 정착시키려 노력했습니다. 나라를 되찾겠다는 마음은 같았으나, 만들고 싶었던 나라는 달랐으니까요. 조국의 독립을 위해 뜻은 다르나 함께 걸었던 이들이 독립한 후에는 서로를 적이라 여기게 되었지요.

이러한 혼란 속에서 미국과 소련은 한반도에 자국의 체제를 따르는 정부를 수립하려 했어요. '한반도의 안정'이라는 구실로 각자의 군대를 한반도에 주둔시킵니다. 북위 38도선을 경계로 남쪽에는 미군이, 북쪽에는 소련군이 주둔했어요. 우리 땅에 또다시 다른 나라의 군대가 들어옵니다.

1945년 12월, 한반도의 정부 수립 문제를 논의하기 위해 미국, 영국, 소련의 외무 장관이 모스크바에 모여 회의를 개최했어요. 이를 '모스크바 3국 외상 회의'라 부릅니다. 그들은 한반도에 임시 정부를 수립하고, 정식 정부가 수립되기 전까지 최대 5년간 '신탁 통치'를 실시하기로 했어요. 그리고 '미소 공동 위원회'를 설치해 한반도의 문제를 해결하도록 결정했습니다.

신탁 통치는 다른 나라가 우리나라를 대신 통치해 주는 것을 말해요. 모스크바 3국 외상 회의에서 신탁 통치를 결정했다는 내용이 알려지자 우리 민족은 모두 신탁 통치를 반대했어요. 그런데 얼마간의 시간이 지난 후 사회주의 계열은 신탁 통치를 찬성합니다. 이후 사회주의 계열은 신탁 통치를 찬성하는 찬탁 세력이, 민족주의 계열과 자본주의 계열은 신탁 통치를 반대하는 반탁 세력이 됩니다. 그리고 찬탁 세력과 반탁 세력의 극심한 갈등이 시작되지요.

▲ 신탁 통치 반대 운동

? **단어 돋보기**

진공: 적을 공격하기 위해 앞으로 나아감

한반도의 분단 과정

모스크바 3국 외상 회의의 결정에 따라 한반도의 문제를 실질적으로 해결하기 위해 1946년 3월, 미소 공동 위원회가 개최되었어요. 하지만 임시 정부의 구성을 둘러싼 미국과 소련의 의견이 달라 합의를 이루지 못했습니다.

소련은 한반도를 사회주의 국가로 만들려는 속셈을 가지고 있었어요. 그래서 신탁 통치에 찬성하는 사회주의 계열 사람들로만 임시 정부를 구성해야 한다고 주장했지요. 이러한 소련의 계획을 눈치 챈 미국은 한반도를 대표할 수 있도록 모든 정당과 사회단체가 임시 정부에 참여해야 한다고 주장했습니다.

미소 공동 위원회가 합의에 이르지 못하고 계속 결렬되자, 미국은 한반도의 문제를 국제 연합(UN)에 넘깁니다. 당시 국제 연합은 제2차 세계 대전 이후 전후 문제를 처리하느라 정신이 없었어요. 그래서 1947년 11월, 국제 연합은 인구 비례에 따른 남북한 총선거를 통해 한반도의 문제를 한반도 사람들이 스스로 선택하도록 결정했습니다.

1948년 1월, 국제 연합은 공정한 선거를 위해 국제 연합 임시 위원단(한국 임시 위원단)을 한반도에 보냈습니다. 하지만 북한(소련)의 거부로 38도선 북쪽으로는 들어가지 못했습니다. 북한(소련)은 찬탁을 주장했던 사회주의에 대해 당시 여론이 좋지 않았기 때문에 선거에 패배할 것으로 판단했거든요.

북한(소련)의 거듭*된 선거 거부로 인해 한반도는 무정부* 상태가 지속되었어요. 그러자 이승만은 남한만이라도 단독 정부를 수립해야 한다고 주장했습니다.

**"북한이 설득될 가망성이 전혀 없는 상황에서
계속 무정부 상태를 유지하는 건 현실적으로 불가하다."**

이에 김구는 북한을 설득해 통일 정부를 수립해야 한다며 반대했지요.

"한반도에 두 개의 정부가 수립된다면 한반도의 분단을 가져올 것이 분명하기에 어떻게 해서든 설득해야 한다."

북한의 선거 거부가 계속되자 결국 국제 연합은 남한만의 단독 선거를 결정합니다. 그리고 1948년 5월 10일에 제헌 국회 의원을 뽑는 선거가 이뤄지지요.

제헌 국회에서 헌법이 통과되고, 7월 17일에 국회 의장이었던 이승만이 헌법을 공포했어요. 이후 제헌 국회 의원들은 이승만을 초대 대통령으로 선출했고, 1948년 8월 15일에 대한민국 정부가 수립됩니다.

약 한 달 후 9월 9일 북한에서는 김일성이 조선 민주주의 인민 공화국을 수립하면서 한반도에 두 개의 정부가 세워지는 안타까운 역사가 시작되었어요. 북한은 남북 분단의 책임을 남한에 씌우려고 의도적으로 남한보다 정부 수립을 늦춰서 발표했습니다.

선생님의 틈새 수업

제헌 국회는 무엇일까요?

대한민국 정부가 수립되고 나라의 틀을 갖추기 위해서는 국가의 기본적인 운영 체제를 담은 헌법이 필요합니다. 광복 이후 한반도에는 그러한 헌법이 존재하지 않았어요. 그래서 헌법을 만들기 위한 국회가 필요했습니다. 1948년 5월 10일 총선거로 구성된 국회는 우리나라 최초의 의회이며, 헌법을 제정했기 때문에 '제헌 국회'로 불립니다.

? 단어 돋보기

거듭: 어떤 일을 되풀이함
무정부: 정부가 존재하지 않음

1 다음에서 설명하는 선거가 치러진 날은 언제인가요?

제헌 국회 의원을 선출한 우리나라 최초의 민주 선거입니다. 21세 이상 모든 국민에게 투표권을 부여했으며, 보통 · 평등 · 직접 · 비밀 선거 원칙에 따라 치러졌습니다.

① 1945년 8월 15일

② 1948년 5월 10일

③ 1948년 7월 17일

④ 1948년 8월 15일

2 다음에서 서로 관련 있는 것끼리 선으로 연결해 보세요.

1) 김구 •

• (가) •

• ㉠ "북한의 설득은 불가능하다. 따라서 남한만의 단독정부라도 수립해야 한다."

2) 이승만 •

• (나) •

• ㉡ "시간이 걸리더라도 북한을 설득해 통일 정부를 수립해야 한다."

3 다음에서 설명하는 조직의 이름은 무엇인지 써 보세요.

모스크바 3국 외상 회의의 결과 한반도의 문제를 해결하기 위해 미국과 소련의 대표로 구성되어 만들어진 조직입니다.

6월 25일, 우리는 왜 싸웠던 것일까요?

자본주의? 사회주의?

앞서 우리는 이념의 대립으로 인해 한반도가 남북으로 분단되는 과정을 살펴봤어요. 남한에는 자본주의를 선택한 대한민국이, 북한에는 사회주의를 선택한 조선 민주주의 인민 공화국이 수립되었지요. 각각의 정부가 수립된 후 한반도에서는 전쟁이 일어납니다. 이 전쟁이 우리가 알고 있는 6·25 전쟁이에요. 대체 자본주의와 사회주의가 무엇이기에 사람들은 계속 다퉜을까요? 6·25 전쟁을 배우기 전에 자본주의와 사회주의에 대해 먼저 공부해 봐요.

자본주의와 사회주의의 가장 큰 차이는 '사유*재산제'입니다. 자본주의는 개인의 재산 소유를 인정하고, 사회주의는 공동으로 재산을 소유하지요. 자본주의에서는 개인의 능력에 따라 돈을 벌 수 있어요. 능력이 많으면 많은 재산을, 능력이 없다면 적은 재산을 갖게 됩니다. 그래서 자본주의 사회에서는 빈부격차*가 언제나 심각한 문제였지요.

누구나 노력한 만큼 돈을 벌 수 있어!

경쟁에서 밀렸으니 어쩔 수 없지.

하지만 모든 사람의 능력이 똑같지는 않아.

"개인의 능력에 따른 재산의 차이가 뭐가 문제야?"

혹시 이런 생각을 했나요? 그럼 이렇게 생각해 봅시다. 만약 개인의 능력이 공정하게 형성되지 않는다면 어떨까요?

❓ **단어 돋보기**

사유: 개인이 소유함
빈부격차: 부유한 사람과 가난한 사람의 경제적 차이

부잣집에서 태어난 아이와 가난한 집에서 태어난 아이가 능력을 키우는 과정은 공정하지 않아요. 과거에는 신분에 따라 사람들의 삶이 결정되었다면, 자본주의에서는 부모의 경제력에 따라 자식의 삶이 결정됩니다.

사회주의는 이러한 문제를 극복하려고 등장한 체제였어요. 개인의 재산 소유를 부정하고 모든 것을 구성원들이 공동으로 소유하는 형태입니다. 공동 소유, 공동 생산, 공동 분배가 사회주의의 핵심이에요.

하지만 개인의 재산을 인정하지 않는 사회주의는 열심히 일하는 사람들의 생산 의욕을 감소시켰고, 무엇보다 부를 분배하는 과정이 공정하지 않았어요. 누군가가 더 많은 것을 차지했지요. 오늘날의 북한을 보면 사회주의의 결과를 정확히 알 수 있습니다.

지금은 사회주의가 실패한 정치 방식이라는 것을 누구나 알기에 주변에서 사회주의를 주장하거나 그러한 주장에 동요하는 사람을 찾아보기 힘들어요. 그러나 1930~40년대에는 아무도 사회주의가 실패할 거라 생각하지 못했습니다. 사회주의는 빈부격차가 심했던 당시 사람들에게 매력적으로 느껴졌어요. 게다가 우리는 일제의 식민 지배 과정을 겪었기 때문에 '부자'에 대한 사회적 인식이 특히 더 나빴지요. 그래서 사회주의를 선택한 사람들이 많았습니다.

6·25 전쟁의 발발과 전개 과정

이제 '6·25 전쟁'에 대해 살펴봅시다. 보통 6·25 전쟁을 '동족상잔의 비극'이라 표현합니다. 동족상잔(同族相殘)은 같은 겨레(동족)끼리 서로 싸우고 죽인다는 의미의 단어예요. 어렵겠지만 6·25 전쟁을 설명할 때 많이 쓰이는 단어이니 알아 두도록 합시다.

6 · 25 전쟁은 1950년 6월 25일 새벽 4시에 북한군이 남한을 공격하면서 시작되었어요. 북한은 남한을 무력으로 통일하려 했거든요. 38도선 전 지역에서 소련제 탱크를 앞세워 총공격을 시작했지요. 전쟁에 대비하지 못한 국군은 서울을 3일 만에 빼앗기고 낙동강 이남까지 후퇴하고 맙니다.

국제 연합이 북한에 침략 행위를 중지할 것을 요구했지만 북한은 이를 거부했어요. 이로 인해 미국을 포함해 총 16개국으로 이뤄진 국제 연합군(UN군)은 6 · 25 전쟁에 참전합니다. 1950년 9월 15일에 실시한 인천 상륙 작전을 계기로 국군과 국제 연합군은 평양을 비롯한 북한 지역 대부분을 장악하고, 압록강까지 진격했어요.

10월에 중공군(중국 공산당)이 압록강을 넘어 전쟁에 참전하면서 전세가 역전됩니다. 중공군은 북한이 사라지면 미국의 우방인 대한민국과 직접 국경을 맞대야 하는 상황이 부담스러웠거든요. 북한의 존재가 국익*에 도움이 된다고 판단한 중국은 인해* 전술을 앞세워 전쟁에 참여했고, 한반도 통일을 눈앞에 두었던 국군과 국제 연합군은 후퇴하고 맙니다.

8장

전쟁은 계속되었고, 1951년 7월부터 1953년 7월까지는 38도선 부근에서 전선이 고착되었어요. 전선이 고착되었다는 것은 비슷한 위치에서 계속 싸웠다는 뜻입니다. 휴전 협정이 체결될 경우 땅을 조금이라도 더 차지하기 위해서 치열한 전투가 반복되었던 거지요.

?️ 단어 돋보기

국익: 나라의 이익
인해: 수없이 많이 모인 사람들

결국 1953년 7월 27일, 휴전 협정이 체결되면서 드디어 전쟁은 멈추었어요. 그리고 한반도의 중앙에는 약 250km 길이의 휴전선이 그어졌지요.

남북은 오늘날까지도 여전히 분단된 상태로 살아가고 있습니다.

6·25 전쟁이 남긴 것

가치관에 따라 얼마든지 다툼은 발생할 수 있습니다. 중요한 것은 갈등을 해결하는 방법이에요. 상대방이 나와 생각이 다르다면 설득을 해야 합니다. 하지만 북한 정권은 설득이 아닌 전쟁을 선택했어요.

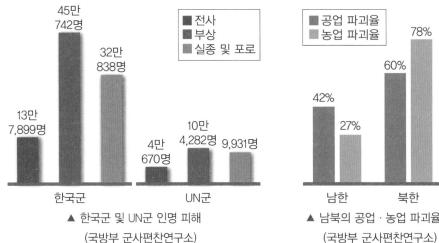

▲ 한국군 및 UN군 인명 피해
(국방부 군사편찬연구소)

▲ 남북의 공업·농업 파괴율
(국방부 군사편찬연구소)

▲ 전쟁으로 폐허가 된 서울

전쟁은 많은 사람들을 죽음으로 몰아넣었어요. 평화롭게 살던 사람들은 삶의 터전을 잃었습니다. 한반도가 둘로 나뉘면서 영영 가족을 만날 수 없는 이산가족도 생겼지요. 그래프 자료를 보면 알 수 있듯이 6·25 전쟁은 인적 피해뿐만 아니라 엄청난 물적 피해도 발생시켰습니다.

6·25 전쟁은 우리 민족에게 정말 많은 피해를 남겼어요. 심지어 현재의 우리는 어떤가요? 지금도 남한과 북한은 휴전 중이기 때문에 전쟁의 공포에서 벗어나지 못했습니다. 과연 전쟁이 올바른 방법이었을까요?

6·25 전쟁을 겪은 한 할아버지가 인터뷰에서 남긴 말씀이 있어요.

"당신은 눈앞에서 부모님이나 아내 혹은 자식을 죽인 사람을 시간이 지났다는 이유로 용서할 수 있겠는가?"

할아버지의 말씀을 읽으니 어떤 생각이 드나요? 6·25 전쟁을 겪은 분들은 모두 이런 고통을 가슴에 담고 살아오셨습니다. 그리고 북한에도 똑같은 일을 겪으신 분들이 있겠지요.

6·25 전쟁은 하나로 똘똘 뭉쳐 독립을 외치던 우리 민족이 서로를 믿지 못하고 미워하도록 만들었어요. 모두의 가슴에 커다란 상처를 남기는 전쟁이 다시는 일어나지 않도록 우리 모두 노력해야 합니다.

선생님의 틈새 수업

6·25 전쟁은 북침일까요, 남침일까요?

북침(北侵)은 남쪽에서 북쪽을 침략하는 것을 의미합니다. 남침(南侵)은 북쪽에서 남쪽을 침략하는 것을 의미해요. '북침'을 북한의 침략으로 '남침'을 남한의 침략으로 잘못 아는 사람들이 많지만, '북침'과 '남침'은 그 자체가 하나의 용어입니다. 하지만 솔직히 많이 헷갈리지요. 그냥 '6·25 전쟁은 북한의 침략으로 시작되었다.'고 하면 좋은데 말이에요.

남침과 북침에 대해 가장 쉽게 이해하는 방법은 '똥침'입니다. 손가락으로 똥꼬를 찌르는 똥침을 생각해 봐요. 손은 찌르고 똥꼬는 찔립니다. 이때 우리가 '손침'이라 하지 않고 '똥침'으로 표현하지요? 공격하는 쪽이 아닌 당하는 쪽을 표현합니다. 이것만 기억하면 북침과 남침은 헷갈리지 않아요!

1 다음은 6·25 전쟁 과정을 나타낸 그림입니다. 순서대로 바르게 나열해 보세요.

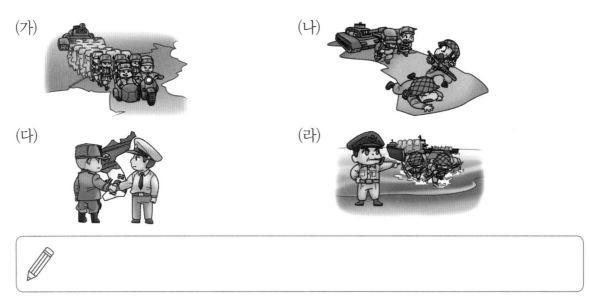

(가)

(나)

(다)

(라)

2 다음에서 설명하는 작전이 이뤄진 곳은 어디인가요?

6·25 전쟁 때 북한군의 배후를 공격해 전쟁의 흐름을 반전시키기 위한 상륙 작전이 이뤄진 곳입니다.

3 6·25 전쟁의 결과로 만들어졌으며, 남북 분단을 상징하는 선의 이름은 무엇인지 써 보세요.

04

우리의 이야기는
통일로 마무리 되겠지요?

우리의 소원은 평화

조상들이 남긴 발자국의 순서를 암기하기 위해 역사를 공부하는 것이 아니라 했던 것 기억하나요? 우리가 역사를 공부하는 까닭은 조상들의 선택을 이해하고 앞으로 우리가 나아가야 할 방향을 정하기 위해서입니다.

그렇다면 대한민국은 무엇을 향해 걸어가야 할까요? 정치인, 운동선수, 과학자, 연예인, 군인 그리고 이 책으로 공부하고 있는 여러분까지도 미래를 바라보는 방향은 저마다 다를 겁니다. 사람들이 꿈꾸는 미래는 분명 차이가 있겠지요?

하지만 대한민국 국민이라면 누구나 한반도의 통일을 원하고 있을 겁니다. 그리고 그 안에 숨겨진 진짜 바람은 '전쟁에 대한 공포 없이 살아가는 세상'일 거예요. 언젠가는 뉴스를 보며 마음 졸이지 않고 살아갈 수 있는 날이 오길 바랍니다.

남북 분단으로 인한 어려움

한국의 역사를 공부할 때면 어떤 책을 선택하더라도 마지막 주제는 '통일'입니다. 학교에서 역사를 공부할 때도 마찬가지지요. 남북 분단으로 겪는 어려움과 남북 통일의 필요성에 대해 공부해요. 우리도 마지막 장에서 이 부분에 대해 생각해 봅시다.

먼저 분단으로 인한 어려움에는 무엇이 있는지 함께 살펴볼까요?

▲ 우크라이나-러시아 전쟁

▲ KBS 이산가족찾기 생방송

첫 번째로 '전쟁에 대한 공포'가 있습니다. 여러분도 '전쟁이 일어나면 어떡하지?'라는 걱정을 해본 적이 있을 거예요. 국가와 민족을 위해 전쟁터에서 적들에 맞서 싸워야 한다는 것을 우리는 알고 있잖아요. 나라를 위해 싸우겠다는 애국심을 늘 가슴에 품고 있지만, 남북 관계가 좋지 못하다는 뉴스를 보면 언제나 두렵고 무섭습니다. 전쟁은 분명 우리에게 커다란 상처를 남길 테니까요.

두 번째는 '이산가족의 아픔'입니다. 남북 분단으로 고향을 가지 못하거나 부모 형제가 떨어져 서로 만날 수 없는 사람들에게 전쟁은 여전히 진행형이에요.

마지막으로 '경제적 손실*'이 있습니다. 남한과 북한이 서로에게 총칼을 겨누며 사용하는 국방비는 고스란히 우리 민족의 경제적 손실이 되고 있어요.

통일이 필요한 이유

이번에는 남북 통일이 필요한 까닭도 살펴봅시다.

첫 번째 이유로 '국방비의 감소'가 있습니다. 국방비로 쓰이는 돈을 우리 민족의 삶이 더 좋아질 수 있는 곳에 보탤 수 있어요. 그렇다고 국방비가 사라진다는 말은 아닙니다. 오해하지 마세요. 당연히 나라의 국방력은 중요합니다. 그리고 국방력 강화를 위해 국방비가 필요해요. 하지만 남한과 북한이 분단되고 대립하는 과정에서 필요 이상의 국방비가 사용되고 있어요. 시야를 넓혀서 생각해 보세요. 남한뿐만 아니라 북한의 국방비까지 포함해서 생각하면 우리는 상당한 금액을 의미 없는 곳에 허비하고 있습니다.

두 번째 이유로 '국가 경쟁력 상승'이 있어요. 북한에는 아직 개발되지 않은 자원이 풍부합니다. 남한에는 축적된 자본과 기술이 있지요. 이 두 가지를 합치면 어떤 일이 일어날까요?

그리고 통일이 되면 국토의 면적이 늘어나고, 인구도 증가할 거예요. 단순히 사람의 수가 늘었다는 것이 아니라 경제 활동 인구의 증가를 의미합니다. 이러한 장점들이 합쳐진다면 엄청난 결과가 나타나지 않을까요? 우리가 상상조차 할 수 없는 경제 대국으로 성장할 겁니다.

마지막으로 '한반도의 지리적 장점'을 활용할 수 있어요. 한반도는 대륙 진출과 해양 진출에 유리한 위치입니다. 하지만 지금은 남북이 분단되어 이러한 장점을 활용하지 못하고 있지요. 남북이 하나로 통일된다면 우리는 비행기가 아닌 기차나 자동차를 타고 유럽에 여행을 갈 수도 있어요.

▲ 아시안 하이웨이(건설교통부)

통일에 대한 필요성을 위에서 몇 가지 언급했지만, 여전히 '통일을 왜 해야 하는지 모르겠어요. 통일하면 우리한테 손해 아닌가요?'라는 생각이 들 수도 있습니다. 그래서 우리 책의 마지막 질문을 하도록 할게요.

"지금 당장 북한이 망하면 그 땅은 누가 가져야 할까요?"

중국, 미국, 러시아 아니면 일본이 북한을 가져도 될까요? 그건 아니겠지요? 당연히 우리가 가져야 한다고 생각했을 거예요. 그게 바로 통일이에요! 통일은 어떤 이유가 있어서 이루어지는 것이 아니라 우리의 것을 되찾는 당연한 과정입니다. 고민하지 않고 머릿속에 당연하게 떠올랐던 대답을 잊지 말아요.

? 단어 돋보기
....

손실: 잃어버리거나 모자라서 손해를 봄

통일을 위한 노력

한반도가 분단된 후부터 현재까지 우리는 통일을 위해 어떤 노력을 했을까요? 연표와 함께 간단하게 알아봅시다.

1972	1991	2000	2007	2018
남북 공동 성명 발표	남북 유엔 동시 가입	최초 남북 정상 회담	2007 남북 정상 회담	2018 남북 정상 회담

1972년 박정희 대통령 때 남북은 '남북 공동 성명'을 발표했어요. '자주 통일, 평화 통일, 민족 대단결'이라는 3대 원칙을 바탕으로 했습니다. 1991년 노태우 대통령 때는 남북이 유엔에 동시 가입을 했어요. 공식적으로 국제 사회에 남북이 함께 입장하면서 서로를 인정한 것이에요. 남북 관계의 엄청난 발전이라 할 수 있습니다.

▲ 최초 남북 정상 회담

2000년 김대중 대통령 때 최초로 '남북 정상 회담'이 이뤄집니다. 남한과 북한의 정상이 총과 칼 없이 평화롭게 만났다는 사실이 놀랍지 않나요? 이때 평양에서 '6 · 15 남북 선언'을 발표합니다. 2007년 노무현 대통령 때도 '2007 남북 정상 회담'이 이뤄졌지요. 2018년 문재인 대통령 때는 '2018 남북 정상 회담'을 통해 더 이상 한반도에 전쟁은 없을 것임을 합의한 '판문점 선언'도 발표합니다.

그동안 꾸준한 노력이 있었지만, 아직 통일은 이뤄지지 못했습니다. 우리는 여전히 뉴스를 보며 전쟁이 일어날지도 모른다는 두려움을 갖기도 해요. 하지만 앞서 말했듯이 북한은 당연히 우리 민족이라는 마음을 잊지 않는다면, 한반도에도 평화가 찾아오지 않을까요?

"언젠가 교과서에 '통일'이라는
새로운 장이 추가되길 기대해 봅니다."

비무장 지대는 무엇일까요?

    비무장 지대(DMZ: demilitarized zone)는 무력 충돌을 방지하거나 국제적인 교통로를 확보하기 위해 조약이나 협정에 따라 무장이 금지되는 완충* 지대예요. 쉽게 말하면, 군대 주둔, 무기 배치, 군사 시설 설치가 금지되는 지역입니다.

    한반도에는 휴전선을 중심으로 남과 북에 각각 2km씩, 총 4km의 폭을 갖는 비무장 지대가 있어요. 1953년 7월, 남한과 북한의 휴전 협정이 타결되고, 군사분계선이 확정되면서 비무장 지대가 설정되었지요.

    휴전 협정을 체결한 지 약 70여 년의 시간이 지나면서 오늘날의 비무장 지대는 새로운 모습으로 사람들에게 관심을 받고 있습니다. 오랜 시간 사람들의 발길이 닿지 않은 덕분에 생태계가 보존되어 자연 생태계 연구의 학술적 보고*로 주목받고 있거든요. 그리고 다른 지역에서는 볼 수 없는 독특한 볼거리들을 바탕으로 '평화누리길'을 조성해 관광지로도 인기를 끌고 있지요. 분단과 대립의 상징이었던 휴전선과 비무장 지대가 통일 한국의 새로운 성장 동력이 될 수 있지 않을까요?

8장

❓ 단어 돋보기

완충: 대립하는 것 사이에서 충돌을 누그러지게 함
보고: 귀중한 것이 많이 나거나 간직되어 있는 곳을 비유적으로 이르는 말

1 다음 중 남북통일로 얻을 수 있는 장점으로 옳지 <u>않은</u> 것은 무엇인가요?

① "국방비를 없앨 수 있어요."

② "기차를 타고 유럽에 갈 수 있어요."

③ "전쟁의 공포에서 벗어날 수 있어요."

④ "경제 성장의 토대를 마련할 수 있어요."

2 다음 폴더에 들어갈 내용으로 옳지 <u>않은</u> 것은 무엇인가요?

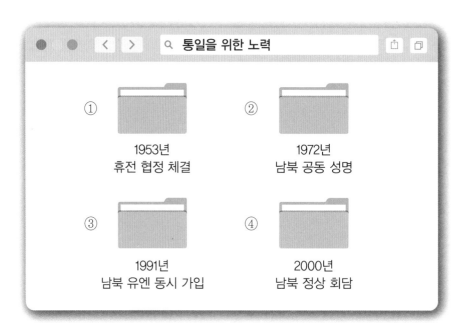

Q 통일을 위한 노력

① 1953년
휴전 협정 체결

② 1972년
남북 공동 성명

③ 1991년
남북 유엔 동시 가입

④ 2000년
남북 정상 회담

3 다음에서 설명하는 장소는 어디인지 써 보세요.

휴전선을 중심으로 남과 북에 각각 2km씩, 총 4km의 폭으로 지정된 지역입니다. 군대 주둔, 무기배치, 군사 시설의 설치가 금지됩니다.

1 정치와 민주주의

① 정치: 사회에서 발생하는 다양한 문제를 해결하는 과정
② 군주제: 왕의 선택에 따라 문제를 해결하는 정치 형태(방식)
③ 민주주의: 사회 구성원의 의견을 반영해 문제를 해결하는 정치 형태(방식)

2 우리나라의 민주주의 발전 과정

① 대한민국 임시 정부(민주주의 반영) → 대한민국 정부 수립(민주주의가 실질적으로 도입)
② 이승만 독재 정권 → 4·19 혁명
③ 박정희 독재 정권 → 유신 헌법 반대 운동
④ 전두환 독재 정권 → 5·18 광주 민주화 운동
⑤ 대통령 직선제 요구 → 6월 민주 항쟁

3 대한민국 정부 수립 과정

8·15 광복(1945) → 모스크바 3국 외상 회의(신탁 통치, 미소 공동 위원회) → 신탁 통치 반대 운동 →
미소 공동 위원회 결렬 → 국제 연합의 남북한 총선거 결정 → 북한의 반대 → 국제 연합의 남한 단독 선거
결정 → 5·10 총선거 시행(1948.5.10.) → 헌법 제정 및 공포(1948.7.17.) → 대한민국 정부 수립
(1948.8.15.)

4 6·25 전쟁

① 전개 과정: 북한의 남침(1950.6.25.) → 국제 연합군 참전 결정 → 인천 상륙 작전 → 서울 및 북한 지역
수복 → 중공군 개입 → 38도선 부근에서 전선의 고착화 → 휴전 협정 체결
② 결과: 인명 피해, 이산가족, 산업 시설 파괴, 남북 분단

5 통일을 위한 노력

1972	1991	2000	2007	2018
남북 공동 성명 발표	남북 유엔 동시 가입	최초 남북 정상 회담	2007 남북 정상 회담	2018 남북 정상 회담

왕으로 읽는 초등 한국사

정답 및 해설

"우리 함께 정답을 맞춰 볼까요?"

1장 단군왕검, 그가 남긴 우리 역사의 첫걸음

01 언제부터 사람들은 한반도에 살았을까?

> **정답 한눈에 보기**
>
> 1 ①   2 문자   3 ②

1 정답 ①

떼석기를 사용한 구석기 시대 사람들은 사냥, 채집, 낚시를 통해 먹을 것을 구했고, 이동 생활을 했습니다. 그들은 동굴이나 바위그늘에서 생활했으며, 막집을 짓기도 했어요. 움집은 신석기 시대 사람들이 살았던 집입니다.

2 정답 문자

인간의 역사는 문자를 통해 선사 시대와 역사 시대로 구분됩니다. 선사 시대는 유물과 유적을 토대로 그들의 삶을 추측하고, 역사 시대는 기록을 해석함으로써 역사를 연구합니다.

3 정답 ②

농경과 목축은 신석기 시대에 시작되었습니다. 신석기 시대에는 돌을 갈아서 만든 간석기를 사용했어요. 주먹도끼는 구석기인들이 사용했던 대표적인 떼석기입니다.

02 이제 세상은 더 이상 평등하지 않아!

> **정답 한눈에 보기**
>
> 1 ②   2 ①   3 반달 돌칼

1 정답 ②

인류가 사용한 최초의 금속은 구리와 주석의 합금인 청동입니다.

2 정답 ①

사진 속 유물은 청동기 시대 지배자의 무덤인 고인돌입니다. 많은 사람을 동원해야만 만들 수 있었기 때문에 청동기 시대 계급이 발생했음을 보여 주는 중요한 증거가 됩니다.

3 정답 반달 돌칼

청동기는 철기와 달리 매우 희소한 금속이었기 때문에 지배층의 무기와 장신구, 제사를 지내는 도구로만 사용되었어요. 피지배층은 농사 도구로 여전히 석기를 사용했습니다. 반달 돌칼은 청동기 시대에 곡식을 수확하기 위해 사용했던 농사 도구에요.

03 우리 민족 최초의 국가가 출현하다!

정답 한눈에 보기

1 ①   **2** ③   **3** 홍익인간

1 정답 ①

고조선은 청동기를 배경으로 수립된 국가입니다. 이후 철기가 보급되면서 사람들이 다양한 영역에서 철기를 사용했어요.

2 정답 ③

고조선의 세력 범위를 알려 주는 대표적인 유물은 비파형 동검, 탁자모양 고인돌, 미송리식 토기입니다. 가락바퀴는 신석기 시대에 실을 뽑기 위해 사용했던 도구입니다.

3 정답 홍익인간

인간을 널리 이롭게 한다는 뜻의 홍익인간은 환인의 아들 환웅이 인간 세상으로 내려올 때 품었던 마음입니다. 이후 단군왕검이 세운 고조선의 건국 이념이 되었습니다.

04 고조선의 뒤를 이은 여러 국가들

정답 한눈에 보기

1 ③   **2** ①   **3** 제가 회의

1 정답 ③

옥저는 해안가에 위치해 소금과 어물이 풍부했고, 민며느리제의 풍속이 있었습니다. 그리고 왕 대신 읍군과 삼로가 다스렸어요.

2 정답 ①

삼한에는 천군이 다스리는 특별한 지역인 소도가 있었습니다. 천군은 종교적 지배자예요. 무천은 동예, 서옥제는 고구려, 순장은 부여에서 볼 수 있는 모습입니다.

3 정답 제가 회의

국가의 중대사를 의논했던 삼국의 귀족 회의로는 고구려의 제가 회의, 백제의 정사암 회의, 신라의 화백 회의가 있습니다.

05 알에서 태어난 사람들

1 정답 ①

고구려를 세운 주몽의 이름은 활을 잘 쏘는 사람이란 뜻입니다. 6개의 알이 변해 왕이 되는 건 가야의 이야기이고, 우물 옆에 흰 말이 무릎 꿇고 우는 모습은 박혁거세 설화에 나오는 내용입니다. 남쪽으로 내려와 백제를 만든 사람은 온조예요.

2 정답 ④

가야를 세운 김수로왕 이야기에 나오는 노래입니다.

3 정답 알에서 태어남

주몽, 박혁거세, 김수로의 이야기를 보면 모두 알에서 태어났다는 것을 알 수 있습니다. 알에서 태어났다는 건 출생의 신성함을 상징합니다.

2장 왕, 나라의 주인이 되다

01 삼국 시대, 왜 가야는 포함되지 않을까요?

1 정답 ①

불교는 왕권 강화에 도움을 준 종교입니다. 고구려, 백제, 신라가 중앙 집권 국가로 성장하는 데 영향을 미쳤어요.

2 정답 왕위의 부자 상속제

아들에게 왕위를 물려준다는 것은 왕의 핏줄에 대한 신성함이 인정받았음을 보여 주는 증거가 됩니다.

3 정답 율령 반포

중앙 집권 국가로 성장하기 위해서는 불교 수용, 왕위의 부자 상속제, 율령 반포가 이뤄져야 합니다. 율령은 국가의 통치 조직과 이념을 담은 법을 말합니다.

02 근초고왕, 광개토 대왕, 장수왕 그리고 진흥왕이 사랑했던 한강

🔍 정답 **한눈에 보기**

1 ③   2 ②   3 ④

1 정답 ③

한강 유역은 한반도의 중심에 위치하고 토지가 비옥하며, 중국과의 교류에 유리합니다. 따라서 어떤 나라가 한강 유역을 점령했느냐에 따라 삼국의 전성기를 판단합니다. 지도에 표시된 (가)는 압록강, (나)는 대동강, (다)는 한강, (라)는 낙동강입니다.

2 정답 ②

사진 속 비석은 광개토 대왕릉비와 충주(중원) 고구려비입니다. 이는 모두 고구려 장수왕 때 만들어진 비석으로 광개토 대왕의 업적과 장수왕의 업적이 기록되어 있습니다.

3 정답 ④

제시문은 6세기 신라의 전성기를 이끈 진흥왕의 업적을 설명하고 있습니다. 근초고왕은 4세기 백제, 광개토 대왕과 장수왕은 5세기 고구려의 전성기를 이끌었던 왕입니다.

3장 무열왕과 고왕이 만든 새로운 시대

01 동서 세력과 남북 세력의 한판 승부!

🔍 정답 **한눈에 보기**

1 돌궐–고구려–백제–왜나라 / 수나라–신라
2 ④   3 ①

1 정답 돌궐–고구려–백제–왜나라 / 수나라–신라

6세기 말부터 7세기 초에는 '돌궐–고구려–백제–왜나라'로 연결되는 남북 세력과 '수나라(당나라)–신라'로 연결되는 동서 세력의 대립이 있었습니다.

2 정답 ④

살수대첩에서 수나라의 침략을 물리친 고구려의 장군은 을지문덕입니다. 계백은 황산벌에서 신라 김유신 장군에 맞서 싸운 백제의 장수이고, 양만춘은 안시성에서 당나라의 침입을 물리친 고구려의 장수입니다.

3 정답 ①

신라의 삼국 통일이 갖는 의의는 우리 민족 최초의 통일이라는 점입니다. 또한, 나당 전쟁을 통해 민족의 자주성을 지킬 수 있었습니다.

02 진골이면 어때? 이젠 내가 왕이라고!

> 🔍 **정답 한눈에 보기**
>
> **1** 골품제　　　**2** ③　　　**3** 만파식적

1 정답 **골품제**

신라에는 골품제라는 독특한 신분 제도가 있었습니다. 골품제는 사람의 신분을 왕족인 골과 왕족이 아닌 품으로 구분했습니다. 골은 다시 성골과 진골로 구분되었고, 품은 4~6두품 귀족과 1~3두품 평민으로 구분되었습니다. 하지만 시간이 지나면서 평민의 구분은 사라지고, 4~6두품 귀족의 신분만이 남게 되었습니다.

2 정답 **③**

자신이 죽은 후 바다에 묻혀 나라를 지키는 용이 되겠다는 유언을 남긴 인물은 삼국 통일을 완성한 문무왕입니다.

3 정답 **만파식적**

이야기에 등장하는 피리의 이름은 '만파식적'입니다. 이 피리는 신문왕이 절대 왕권을 확립하는 데 크게 기여했습니다.

03 우리 역사에는 남북국 시대가 있었습니다.

> 🔍 **정답 한눈에 보기**
>
> **1** ②　　　**2** ③　　　**3** 해동성국

1 정답 **②**

발해는 고구려 장군 출신이었던 대조영이 고구려 유민과 말갈족을 모아 만든 국가입니다.

2 정답 **③**

발해는 일본에 보낸 외교 문서나 구당서에 남겨진 기록 그리고 온돌과 같은 문화에서 고구려를 계승한 국가임을 확인할 수 있습니다.

3 정답 **해동성국**

발해는 선왕 때에 전성기를 맞이합니다. 이 시기에는 중국으로부터 '바다 건너 동쪽의 융성한 나라'라는 뜻으로 '해동성국'이라 불렸습니다.

4장 왕건부터 공양왕

까지, 끊임없는 전쟁의 시대

01 호랑이와 무지개 그리고 서해 용왕이 선택한 사람들

1 정답 ④

호족은 권력을 가진 지방 세력을 부르는 표현입니다. 신라 말에는 진골 귀족들의 왕위 쟁탈전이 발생하면서 지방에 대한 통제력을 상실해 다양한 호족 세력이 성장했어요. 견훤, 궁예, 왕건은 이 시기의 대표적 호족입니다. 김유신은 신라가 삼국을 통일하는 과정에서 큰 역할을 했던 신라의 장군입니다.

2 정답 ②

그림 속 주인공은 견훤입니다. 후백제를 건국한 견훤에게는 호랑이가 젖을 먹여 키웠다는 이야기가 전해지고 있습니다.

3 정답 후후태고발공고신

후삼국의 성립과 고려의 통일 과정을 살펴보면 '후백제 건국 → 후고구려 건국 → 태봉 → 고려 → 발해 멸망 → 공산 전투 → 고창 전투 → 신라 항복 → 후백제 멸망 → 고려의 삼국 통일' 순서로 진행됩니다.

02 29명의 아내, 왕건은 나쁜 남자?

1 정답 ③

고려를 세운 왕건은 고구려 계승 의식을 가지고 북진 정책을 추진했기 때문에 거란과 사이가 좋지 못했습니다. 그리고 발해 유민을 흡수했던 고려가 발해를 멸망시킨 거란과 친하게 지내는 것은 한계가 있었습니다.

2 정답 ①

고려는 (가) 평양을 서경으로 승격시켜 북진 정책을 추진하기 위한 전진 기지로 삼았습니다. 지도에 표시된 (나)는 고려의 수도였던 개경(오늘날의 개성), (다)는 후백제의 도읍이었던 완산주(오늘날의 전주) 그리고 (라)는 신라의 수도였던 경주입니다.

3 정답 훈요 10조

훈요 10조는 태조 왕건이 후대의 왕들에게 남긴 유언으로, 나라를 다스리는 데 필요한 10가지 내용이 담겨있습니다.

03 고려의 기틀을 다진 광종

정답 한눈에 보기

1 ④   2 ④   3 과거제

1 정답 ④

고려 광종은 왕권을 강화시키고 호족들의 세력을 약화시키기 위해 억울하게 노비가 된 사람들을 양인으로 풀어 주는 노비안검법을 시행했습니다. 골품제는 신라의 독특한 신분 제도, 서옥제는 고구려의 혼인 제도, 훈요 10조는 왕건이 남긴 유언입니다.

2 정답 ④

고려의 제3대 왕으로 왕권을 강화하기 위해 서경 천도 등 다양한 계획을 세웠으나 호족과 백성들의 반발로 실패한 인물은 정종입니다.

3 정답 과거제

과거제는 고려 광종 때 처음으로 실시된 관리 선발 제도로, 시험을 통해 관리를 뽑았던 제도입니다. 광종은 과거제와 노비안검법을 바탕으로 왕권을 강화했습니다.

04 똑! 똑! 똑! 고려의 문을 두드리는 사람들

정답 한눈에 보기

1 ②   2 ③   3 별무반

1 정답 ②

고려의 서희는 거란의 1차 침입에 맞서 전쟁이 아닌 외교로 거란의 침략을 물리치고, 오히려 영토까지 확장했습니다. 계백은 백제, 장문휴는 발해, 을지문덕은 고구려의 장군입니다.

2 정답 ③

서희는 거란의 1차 침입, 양규는 거란의 2차 침입, 강감찬은 거란의 3차 침입을 물리친 인물입니다. 윤관은 여진에 대비해 별무반을 만들고 동북 9성을 쌓은 인물입니다.

3 정답 별무반

별무반은 윤관의 건의로 여진에 대비하기 위해 만든 군대입니다. 별무반은 신기군, 신보군, 항마군으로 구성되어 있습니다.

05 우리는 절대 항복하지 않아!

🔍 **정답 한눈에 보기**
1 ②   2 ①   3 음서 제도

1 정답 ②

팔만대장경은 부처님의 힘으로 몽골의 침입을 극복하고자 만들어졌습니다. 경판의 수가 8만 1258판에 이르며, 현재 합천 해인사에 보관되어 있습니다.

2 정답 ①

지도는 몽골에 끝까지 저항한 삼별초의 이동 경로를 나타내고 있습니다. 삼별초는 강화도에서 진도 그리고 제주도로 이동하며 몽골과 맞서 싸웠어요. 이는 고려인의 자주성을 보여 줍니다.

3 정답 음서 제도

고려에는 5품 이상 관리의 자식에게 과거 시험을 보지 않아도 관리가 될 수 있도록 하는 음서 제도가 있었습니다. 이는 고려가 아직 개인의 능력보다 신분에 따른 사회임을 보여 주는 증거가 됩니다.

06 고려보다 아내를 사랑한 남자, 공민왕

🔍 **정답 한눈에 보기**
1 ②   2 ②   3 노국 대장 공주

1 정답 ②

신진 사대부는 충과 효를 강조하는 성리학을 공부했던 유학자들로, 고려 왕실에 충성하는 세력이었습니다. 원 간섭기 원나라에 충성하며 권력을 얻었던 사람들은 권문세족이었어요.

2 정답 ②

고려 말 원나라에 대항해 고려의 자주성을 회복하기 위해 노력한 인물은 공민왕입니다. 공민왕은 다양한 개혁 정책을 시행했으나 아내의 죽음 이후 개혁 의지를 상실하고, 그의 개혁 정책들도 실패로 끝나게 됩니다.

3 정답 노국 대장 공주

원나라의 공주 출신으로 공민왕의 아내가 된 인물은 노국 대장 공주입니다. 그녀는 원나라 출신이었으나 공민왕의 개혁 정책을 지지했어요. 하지만 출산의 과정에서 안타깝게 사망합니다.

1 정답 성리학

중국 송나라에서 발달했으며, 고려 말 우리나라에 들어온 학문은 성리학입니다. 성리학을 익히는 사람들을 신진 사대부라 불렀어요. 이들은 충과 효를 중요하게 여겨 원 간섭기 권문세족에 대항하는 세력으로 성장합니다.

2 정답 ②

고려 말에 활약한 대표적인 성리학자로, 조선 건국에 반대하다가 이방원에 의해 죽음을 맞이한 인물은 정몽주입니다.

3 정답 신진 사대부

성리학이 처음 발달한 송나라에서는 성리학을 공부하는 사람들을 사대부라 불렀습니다. 이후 고려에서는 성리학자들을 신진 사대부라 불렀으며, 이들은 권문세족과 대립하며 성장했습니다.

5장 태조가 세우고 세종이 키운 성리학의 나라

01 이성계, 조선의 문을 열다.

1 정답 ④

이성계가 요동 정벌을 반대했던 4불가론에는 홍건적이 아닌 왜구의 침입을 걱정하는 마음이 담겨 있습니다.

2 정답 ③

'하여가'는 조선의 제3대 임금인 태종 이방원이 고려 말 정몽주를 제거하기 전에 정몽주와 나누었던 시조입니다. 이방원은 정도전을 조선 건국 후 제1차 왕자의 난에서 제거했습니다.

3 정답 위화도 회군

고려 말 요동 정벌을 떠났던 이성계는 위화도에서 회군해 우왕을 폐위하고 최영을 제거한 후 권력을 장악합니다.

나랏말싸미 듕귁에 달아

우리 지금 토론 중이거든요?
싸우는 거 아니에요.

정답 한눈에 보기

1 ①   2 ③   3 훈민정음

정답 한눈에 보기

1 ①   2 ②
3 우주의 근원과 인간의 본성을 연구

1 정답 ①

조선 세종 때 천체를 관측하기 위해 만들어진
천문 관측기구는 ① 혼천의입니다. ②는 해시
계인 앙부일구, ③은 물시계인 자격루 그리고
④는 강수량을 측정하는 측우기입니다.

2 정답 ③

①은 신라 김춘추, ②는 고려 광종, ③은 조선
세종, ④는 단군왕검입니다. 인물들을 시대순
으로 나열하면 ④-①-②-③입니다.

3 정답 훈민정음

훈민정음은 '백성을 가르치는 바른 소리'라는
뜻을 가진 우리나라의 글입니다. 오늘날의 한
글은 창제 당시에 훈민정음이라 불렸습니다.

1 정답 ①

조선의 대표적인 성리학자로 오늘날 천 원권
에 등장하는 인물은 퇴계 이황입니다. 율곡 이
이는 오천 원권, 세종대왕은 만 원권, 신사임
당은 오만 원권에 등장하는 위인입니다.

2 정답 ②

성리학을 연구하는 목표는 이 세상에서 우리
인간이 살아가야 할 방향을 찾는 것입니다. 성
리학은 인간이 지켜야 할 도리로 인, 의, 예,
지, 신, 충, 효를 강조합니다.

3 정답 우주의 근원과 인간의 본성을 연구

성리학은 우주의 근원과 인간의 본성에 대해
연구하는 학문입니다. 이 세상에서 우리 인간
이 어떻게 살아야 하는지에 대해 공부합니다.

04 수양 대군은 나쁜 사람일까요?

🔍 정답 **한눈에 보기**

1 ④   2 ①   3 사육신

1 정답 ④

세조(수양 대군)은 계유정난을 일으켜 김종서와 안평 대군 등 반대파를 제거했습니다. 후에 단종을 몰아내고 왕의 자리에 앉습니다.

2 정답 ①

조선의 기본 법전으로 세조 때 편찬되기 시작해 성종 때 완성된 것은 『경국대전』입니다. 『조선왕조실록』은 조선 임금들의 역사를 기록한 책이며, 『삼강행실도』는 유교를 백성들에게 보급하기 위해 만든 그림책입니다. 훈민정음은 세종이 만든 우리글입니다.

3 정답 사육신

조카를 쫓아내고 왕이 된 세조에 반대하며, 단종 복위를 위해 노력하다 목숨을 잃은 성삼문, 박팽년, 하위지, 이개, 유성원, 유응부 여섯 사람을 사육신이라 부릅니다.

05 조선을 바꾼 전쟁, 임진왜란!

🔍 정답 **한눈에 보기**

1 한산도 대첩, 행주 대첩, 진주 대첩
2 ④   3 조선 통신사

1 정답 한산도 대첩, 행주 대첩, 진주 대첩

임진왜란의 3대 대첩은 이순신 장군의 한산도 대첩, 권율 장군의 행주 대첩 그리고 김시민 장군의 진주 대첩이 있습니다.

2 정답 ④

임진왜란 당시 신식 무기인 조총은 일본군이 사용한 무기입니다.

3 정답 조선 통신사

임진왜란 이후 일본에 선진 문물을 전파하기 위해 조선이 파견한 사절단은 조선 통신사입니다. 이들은 단순히 문화 전파만을 위해 파견된 것이 아니라 일본의 정치 상황을 감시하려는 목적도 가지고 있었습니다.

06 현명한 선택을 하고 싶어요.

정답 한눈에 보기

1 ③   2 ①   3 폐모살제

1 정답 ③

광해군은 명나라와 후금 사이에서 중립 외교 정책을 펼치기 위해 강홍립 장군을 명나라에 원군으로 파병하면서 적당한 때에 후금에 항복하도록 했습니다.

2 정답 ①

병자호란은 청나라가 조선에 군신 관계를 요구하며 일으킨 전쟁입니다. 인조는 강화도로 피하려 했으나, 길이 막혀 남한산성에서 항전했습니다. 하지만 결국 삼전도에서 항복합니다.

3 정답 폐모살제

광해군이 인목 대비를 폐위시키고 영창 대군을 죽인 사건은 폐모살제입니다. 이는 인조반정의 원인이 되었습니다.

6장 세계 속의 조선을 꿈꿨던 사람들

01 우리 조선이 달라졌어요!

정답 한눈에 보기

1 ①   2 ②   3 ④

1 정답 ①

모내기법은 생산량의 증가와 노동력의 감소를 가져와 백성들의 생활에 커다란 도움을 주었습니다. 하지만 많은 물이 필요했기 때문에 봄철에 가뭄이 오면 농민들이 어려움을 겪기도 했습니다.

2 정답 ②

사람들의 실제 생활에 도움을 주는 실학은 크게 중농학파, 중상학파 그리고 국학파로 구분됩니다. 상업을 강조했던 중상학파(북학파)의 대표적인 학자는 박지원입니다. 유형원, 이익, 정약용은 토지 제도의 개혁을 주장했던 중농학파입니다.

3 정답 ④

조선 후기에는 서민들의 생활수준이 향상되면서 탈놀이, 풍속화, 판소리 등 다양한 서민 문화가 발달했습니다. 활쏘기는 양반들의 문화였습니다.

02 영조와 정조의 같은 꿈? 어쩌면 다른 꿈!

정답 한눈에 보기
1 ③   2 ②   3 예송 논쟁

1 정답 ③

영조는 붕당 정치의 변질을 극복하기 위해 탕평책을 실시했습니다. 탕평파를 육성하고 탕평비를 건립했으며, 백성들의 생활을 안정시키기 위해 균역법과 삼심제를 시행했습니다.

2 정답 ②

수원 화성은 정조가 아버지인 사도 세자의 무덤을 옮기면서 쌓은 성입니다. 정조의 정치, 경제, 군사적 이상을 담아 만들었으며, 오늘날까지 그 가치를 인정받아 유네스코 세계 문화유산으로 지정되었습니다.

3 정답 예송 논쟁

예송 논쟁은 현종 때 인조의 계비인 조대비가 상복을 얼마나 입어야 하는지에 대해 서인과 남인으로 나뉘어 치열하게 다퉜던 사건입니다. 이는 단순한 상복 문제가 아니라 조선 후기 성리학의 이념 논쟁을 보여 주는 대표적인 사건입니다.

03 정조의 죽음, 선장을 잃은 조선호

정답 한눈에 보기
1 ①   2 ④   3 세도 정치

1 정답 ①

매관매직과 삼정의 문란은 조선 후기 세도 정치 기간에 나타났던 사회 문제입니다. 순조, 헌종, 철종 3대에 걸쳐 60여 년간 안동 김씨와 풍양 조씨 가문의 세도 정치가 나타나 조선은 커다란 혼란에 빠졌습니다.

2 정답 ④

세도 정치 기간 과거제의 부정도 심각했지만, 이는 삼정의 문란에는 해당하지 않습니다. 삼정은 전정, 군정, 환곡을 묶어서 부르는 표현입니다.

3 정답 세도 정치

왕이 아닌 특정 가문이 권력을 독점하는 변질된 정치 형태를 세도 정치라 부릅니다. 조선에서는 순조, 헌종, 철종의 재위 기간에 외척 세력이었던 안동 김씨와 풍양 조씨 가문이 권력을 잡았습니다.

**04 난 왕이 아니야.
하지만 내 아들은 왕이지.**

1 정답 ③

흥선 대원군은 서양과 교류하지 않겠다는 의지를 담아 전국에 척화비를 세웠습니다. 또한, 세도 정치의 문제를 극복하고 왕권을 강화하기 위해 서원 정리, 호포제 실시, 경복궁 중건 등 다양한 정책을 실시했습니다. 장용영은 정조가 만든 친위 부대입니다.

2 정답 ④

지도 속 지역은 강화도입니다. 고려 시대 몽골의 침입에 맞서 싸운 장소이며, 조선 후기에는 프랑스와 미국의 침입을 물리친 장소입니다. 고려 말 이성계가 권력을 잡게 된 위화도 회군은 압록강 유역에 위치합니다.

3 정답 당백전

흥선 대원군이 실시한 대부분의 정책들은 백성의 지지를 받았지만, 경복궁 중건과 관련해서는 백성들의 원망을 듣기도 했습니다. 백성들은 강제로 경복궁 중건 공사에 동원되었고, 재정 확보를 위해 발행한 당백전은 물가를 상승시켜 백성들의 생활을 어렵게 했기 때문입니다.

**05 이제 새로운 조선이
시작될 거예요.**

1 정답 ④

조선이 외국과 맺은 최초의 근대적 조약은 일본과 체결한 강화도 조약입니다. 강화도 조약은 일본에 해안 측량을 허용하고, 치외 법권을 인정해 조선에 불리한 불평등 조약이었습니다.

2 정답 ③

김옥균을 비롯한 급진 개화파는 우정총국 개국 축하연을 이용해 갑신정변을 일으켰으나 청군의 개입으로 3일 만에 실패로 끝났습니다.

3 정답 통리기무아문

강화도 조약을 체결한 이후 개화 정책을 추진하기 위해 설치된 기구는 통리기무아문입니다.

06 백성이 없는 나라를 본 적 있나요?

🔍 정답 한눈에 보기

1 ③　　　　2 ④　　　　3 인내천 사상

1 정답 ③

동학 농민군이 점령한 곳은 조선 최대의 곡창 지대인 호남평야를 관리하는 전주성입니다. 지도에서 전주성은 (다)예요. (가)는 평양, (나)는 한양 그리고 (라)는 부산을 나타냅니다.

2 정답 ④

동학은 최제우가 1860년에 창시한 종교입니다. 오늘날에는 천도교로 명칭을 변경했습니다.

3 정답 인내천 사상

동학의 핵심 사상은 새로운 세상이 열린다는 후천개벽 사상과 인간이 곧 하늘임을 가리키는 인내천 사상이 있습니다. 인내천 사상에는 평등 사상이 반영되어 있어요.

07 왕으로 안 되면, 황제로 해 보자.

🔍 정답 한눈에 보기

1 ①　　　　2 ④　　　　3 아관파천

1 정답 ①

독립 협회는 독립신문 발행, 독립문 건설, 고종 환궁 요구, 만민 공동회 개최 등의 활동을 했습니다. 의병 활동과는 관련이 없습니다.

2 정답 ④

제시문은 고종의 광무개혁을 설명하고 있습니다. 고종은 러시아 공사관에서 덕수궁으로 돌아온 후 나라 이름을 대한 제국으로 바꾸고, 황제의 나라가 되었음을 선포하는 광무개혁을 실시했습니다.

3 정답 아관파천

일본이 명성 황후를 시해하는 을미사변을 일으키자 고종은 신변의 위협을 느꼈습니다. 조선에서 더 세력을 키우고 싶던 러시아와 마음이 맞아 고종은 러시아 공사관으로 처소를 옮겼습니다. 이 사건을 아관파천이라 부릅니다. 이 시기에 조선은 서양 열강에 가장 많은 이권을 빼앗깁니다.

7장 나라를 위해 목숨을 걸고 싸운 숨은 영웅들의 시대

01 1910년 8월 29일, 나라를 잃다.

정답 한눈에 보기

1 ④   2 ④   3 을사늑약

1 정답 ④

고종이 을사늑약의 부당함을 국제 사회에 알리기 위해 만국 평화 회의에 파견한 세 사람은 이준, 이상설, 이위종입니다. 이지용은 을사늑약에 서명한 을사 5적 중 한 사람입니다.

2 정답 ④

하얼빈에서 일본 제국주의의 상징인 이토 히로부미를 저격한 인물은 안중근입니다. 김옥균은 갑신정변을 일으킨 급진 개화파이고, 민영환은 을사늑약이 체결되자 자결해 을사늑약의 부당함을 알린 인물입니다. 이완용은 을사 5적 중 한 사람입니다.

3 정답 을사늑약

일제가 대한 제국의 외교권을 박탈하고 통감부를 설치해 내정을 간섭하려 강제로 체결한 조약은 을사늑약입니다. 고종이 서명하지 않고, 을사 5적이 대신 서명해 원칙적으로 무효인 조약입니다.

02 조선 총독부 제령 제13호 '조선 태형령'

정답 한눈에 보기

1 ③   2 ②   3 조선 태형령

1 정답 ③

경술국치 이후 일제가 조선을 식민 통치하기 위해 만든 기관은 조선 총독부입니다. 통감부는 을사늑약 이후 내정을 간섭하기 위해 만든 기관이고, 정동행성은 원나라가 고려의 내정을 간섭하기 위해 설치한 기관입니다. 통리기무아문은 강화도 조약 이후 개화 정책을 추진하기 위해 설치한 관청입니다.

2 정답 ②

1910년대 일본은 순종적인 식민지인을 만들기 위해 총, 칼을 앞세운 헌병 경찰 통치를 했습니다. 3·1 운동은 일제 강점기에 있었던 우리 민족 최대 규모의 항일 운동입니다. 일제에 의해 기사가 삭제된 신문은 1920년대, 황국 신민 서사 암송 강요는 1930~40년대 일제의 통치 방식에 해당합니다.

3 정답 조선 태형령

조선 태형령은 1912년 일제가 치안 유지를 명목으로 조선인을 증거나 재판 없이 임의로 잡아다가 태형에 처할 수 있도록 만든 법입니다.

03 조선인을 속이는 친절한 거짓말

! 정답 한눈에 보기

1 1)-ⓒ 2)-ⓓ 3)-ⓐ **2** 3·1 운동

3 민족 분열 정책

1 정답 1)-ⓒ 2)-ⓓ 3)-ⓐ

1920년대 일제는 문관 출신 총독을 임명하겠다고 했으나 실제로 임명한 적이 없습니다. 신문 발행을 허용했으나 기사를 검열하고 삭제했습니다. 그리고 조선 사람도 관리로 임명한다고 했으나 이는 친일파를 양성하기 위한 술책에 불과했습니다.

2 정답 3·1 운동

3·1 운동은 일제 강점기 최대 규모의 민족 운동이자 항일 운동입니다. 일제는 무단 통치가 실패했음을 깨닫고, 우리 민족을 분열시키기 위해 문화 통치로 통치 방식을 변경합니다.

3 정답 민족 분열 정책

문화 통치의 목적은 우리 민족을 이간질하고 분열시켜 하나로 뭉치지 못하도록 만드는 것이었습니다. 이러한 일본의 정책을 민족 분열 정책이라 부릅니다.

04 우리는 조선 사람일까요, 아니면 일본 사람일까요?

! 정답 한눈에 보기

1 ② **2** 황국 신민 서사 **3** 조선어 학회

1 정답 ②

1930~40년대에 실시된 민족 말살 정책은 제2차 세계 대전이 길어지면서 조선 사람들을 전쟁에 효과적으로 동원하기 위해 실시되었습니다.

2 정답 황국 신민 서사

일제는 민족 말살 정책을 효과적으로 실현하기 위해 아이들에게 황국 신민 서사를 암송하도록 강요했습니다.

3 정답 조선어 학회

조선어 학회는 일제의 민족 말살 정책에 맞서 우리말을 지키기 위해 최현배의 주도로 만들어졌습니다. 해방 이후 1949년에 한글 학회로 명칭을 바꿔 오늘날까지 이어져 오고 있습니다.

05 세계로 울려 퍼진 '대한 독립 만세!'

정답 한눈에 보기

1 ①   2 8일   3 민족 자결 주의

1 정답 ①

3·1 운동은 민족 자결 주의와 2·8 독립 선언의 영향을 받아 일어난 우리 민족 최대 규모의 항일 운동입니다. 일제는 3·1 운동에 두려움을 느껴 제암리 주민 학살 사건 등을 일으키는 등 무자비한 탄압을 했습니다. 3·1 운동의 결과 일본의 통치 방식이 변경되었습니다. 또한, 대한민국 임시 정부가 수립되었으며, 중국과 인도의 독립 운동에도 영향을 미쳤습니다. 3·1 운동은 제2차 세계 대전과는 관련이 없습니다.

2 정답 8일

3·1 운동은 미국 대통령 윌슨의 민족 자결 주의와 일본으로 유학 간 학생들이 일으킨 2·8 독립 선언의 영향을 받았습니다.

3 정답 민족 자결 주의

민족 자결 주의는 미국 대통령 윌슨이 주장한 사상입니다. 각 민족은 정치적 운명을 스스로 결정할 권리가 있으며, 다른 민족의 간섭을 받을 수 없다는 내용을 담고 있습니다.

06 김구, 대한민국 임시 정부를 이끌다.

정답 한눈에 보기

1 ①   2 ④   3 한인 애국단

1 정답 ①

연통제는 대한민국 임시 정부의 비밀 연락망입니다. 국내에 각종 소식을 전달하고 독립 자금을 받았습니다.

2 정답 ④

대한민국 임시 정부는 3·1 운동의 영향을 받아 수립되었습니다.

3 정답 한인 애국단

1931년 김구의 주도로 대한민국 임시 정부가 수립한 항일 무장 투쟁 단체는 한인 애국단입니다. 윤봉길과 이봉창이 한인 애국단의 대표적인 단원입니다.

07 독립을 향한 두 개의 커다란 물줄기

① 정답 한눈에 보기

1 ①　　　　2 ②　　　　3 신민회

1 정답 ①

일제 강점기에 활약한 무장 독립군을 보여 주는 지도입니다. 봉오동 전투는 홍범도 장군이 봉오동에서 승리한 전투이고, 청산리 대첩은 독립군이 거둔 최대 규모의 승리입니다.

2 정답 ②

물산 장려 운동은 민족의 힘을 육성하기 위한 실력 양성 운동 중 하나입니다. 국내 산업을 키우기 위해 국산품 사용을 강조했습니다.

3 정답 신민회

신민회는 1907년 안창호, 이승훈, 양기탁 등이 국권 회복을 목적으로 만든 항일 비밀 결사 단체입니다. 평양에 대성학교, 정주에 오산학교를 세우고 각종 회사를 설립해 국민을 계몽하고 민족의 힘을 키우려 노력했습니다.

8장 드디어 대한민국, 국민이 국가의 주인이 되다

01 정치와 민주주의는 다른 건가요?

① 정답 한눈에 보기

1 ④　　　　2 민주주의　　　3 ①

1 정답 ④

우리 역사에서 민주주의가 실질적으로 처음 정착된 시기는 1948년 8월 15일 대한민국 정부가 수립되면서입니다.

2 정답 민주주의

정치는 사회에서 발생하는 다양한 문제를 해결하는 것을 말합니다. 민주주의는 다양한 정치 방식 중 하나로 구성원의 의견을 반영해 문제를 해결하는 방법입니다.

3 정답 ①

이승만의 독재와 3·15 부정 선거에 대한 반발로 일어난 민주화 운동은 4·19 혁명입니다. 박정희의 독재에 대한 반발로는 유신 헌법 반대 운동, 전두환의 독재에 대한 반발로는 5·18 광주 민주화 운동이 일어났습니다. 6월 민주 항쟁은 대통령 직선제를 요구한 민주화 운동입니다.

02 1945년 8월 15일, 1948년 8월 15일

1 정답 ②

1948년 5월 10일 제헌 국회를 구성하기 위한 우리나라 최초의 국회의원 선거가 실시되었습니다.

2 정답 1)-(가)-ⓒ 2)-(나)-ⓒ

북한의 선거 거부로 무정부 상태가 계속되자 이승만은 남한만의 단독 선거를 주장했습니다. 김구는 남북한 총선거를 주장했습니다.

3 정답 미소 공동 위원회

한반도의 문제를 해결하기 위해 1945년 12월 소련의 수도 모스크바에서 미국, 영국, 소련의 외상이 모여 회의를 개최했습니다. 이 회의에서는 미국, 영국, 소련, 중국이 최대 5년간 한반도를 신탁 통치할 것과 이를 위해 미소 공동 위원회를 설치할 것이 결정됩니다.

03 6월 25일, 우리는 왜 싸웠던 것일까요?

1 정답 (나)-(라)-(가)-(다)

1950년 6월 25일 북한의 기습적인 남침으로 시작된 전쟁은 국군의 끈질긴 저항과 국제 연합군의 개입으로 점차 대한민국에 유리해집니다. 하지만 중공군이 전쟁에 참전하면서 북위 38도선 부근에서 전선이 고착됩니다. 이후 전쟁이 장기화될 듯하자 참전국들 사이에 휴전에 대한 논의가 시작되었고, 1953년 7월 27일 휴전 협정이 체결되었습니다.

2 정답 ②

북한의 남침 이후 북한군의 배후를 공격해 전쟁을 반전시킨 작전은 인천에서 이뤄졌습니다. 이를 인천 상륙 작전이라 부릅니다.

3 정답 휴전선

1953년 7월 27일 휴전 협정이 체결되면서 한반도의 중앙에는 약 250km 길이의 휴전선이 그어졌습니다. 남북은 오늘날까지도 휴전선을 경계로 여전히 분단되어 살아가고 있습니다.

04 우리의 이야기는 통일로 마무리되겠지요?

1 정답 ①

남북이 통일되어도 국방비가 없어지는 것은 아닙니다. 나라를 지키는 군대는 언제나 필요합니다.

2 정답 ①

휴전 협정 체결은 통일을 위한 노력이 아니라 남북 분단을 상징하는 사건입니다.

3 정답 비무장 지대

남한과 북한의 휴전 협정이 맺어지고 군사 분계선이 확정되면서 군대 주둔, 무기 배치, 군사 시설의 설치가 금지되는 비무장 지대가 설정되었습니다.